スモール M&A の 教科書

売買当事者が安心して 取り組める実務知識

株式会社H²オーケストレーター代表取締役・CEO
公認会計士

久禮義継 [著] Kure, Yoshitsugu

中央経済社

は じ め に

すべては大義ありき

　M&A テックの広がり，第三者承継の急増，働き方改革の推進，人生100年時代の到来など，スモール M&A 市場を後押しするさまざまな動きが世の中でどんどん広がってきている。特に，M&A テックの代表的な形である M&A マッチングサイトが，2018年以降，雨後の筍のようにサービス展開を本格化するようになってきている。これは，これまで極めて閉鎖的で秘密裏で行われていた M&A 取引に一定の市場性を付与するという大きなムーブメントであることから，いささか大げさではあるが2018年は "スモール M&A 元年" ともいえる年であった。このような M&A 業界における環境変化は，M&A 市場の裾野が広がりを意味するものであるため，非常に喜ばしい流れであることは間違いない。

　そこで，この機を捉え，スモール M&A 特有の論点や問題点などを解説することを目的として，本書『スモール M&A の教科書』を執筆するに至ったわけである。しかしながら，読者に学びの場を提供しつつ，それが心を動かすものでないと読者から十分な満足を勝ちうることはできない。そこで，筆者は1つの "大義" を設定し，その大義のためだけにがむしゃらに全力を尽くして執筆することにした。

　筆者の大義は次のとおりである。
「スモール M&A 市場の健全な発展に資する」
この一文に尽きる。

　したがって，執筆途中に解説内容やその方向性について思慮を巡らした場合の判断基準は，すべてはこの大義にいかに適合しているか否かによっている。

2

本書で特に伝えたいこと

スモールM&AはM&Aの1つの形にすぎないが（略すれば，単に規模が小さいだけ），いくつか注意が必要となる独特のポイントがあるため，できるだけそこを強調して解説している。具体的に列挙すると以下のものが挙げられる。

①　ウェットな面にフォーカス

M&Aは会社同士のお見合いにたとえられることが多い。そして，スモールM&Aの場合は，小規模な中小企業同士の取引が多く，売主＝対象会社の経営者であることが一般的である。加えて，場合によっては個人が買主となることもある。したがって，スモールM&Aの場合はより属人的な要素が強いと考えられ，M&Aにまつわる一連のプロセスが，出会いから結婚に進む過程で経験するような人間味のあるウェットなドラマが多分に含まれているといえる。

お見合いのように，売主も買主も行き過ぎない範囲で相手方に対し自らの魅力を熱っぽくアピールしていく。加えて，売主は可愛いわが子（対象会社）を手放す悲しさで涙を見せ，そして無事売却するとステークホルダー[1]にきちっと将来の道筋を立てることができたという安心感で涙を流す……。一方買主は，一生懸命汗を流しながら，慣れないM&Aに必死で取り組む……。だから，そういう違った形で感情を露わにする両者をうまく取り持つ役割を担うFAに求められる責任は，後述のとおりとても深くて重いのである[2],[3]。

---

1) ステークホルダーとは，企業の行動に直接・間接的な利害関係を有する者を指す。具体的には，従業員，株主，顧客，仕入先，得意先，債権者，地域社会，行政機関などが挙げられる。

2) このような背景が，中小企業以下のM&Aでは仲介会社のプレゼンスが大きい理由の1つではないだろうか。

3) 話は変わるが，これまでM&Aの世界でよくいわれてきたのが，M&Aとは「サイエンスではなくアートである」というたとえである。「サイエンス」とは，数量分析や経済合理性など文字どおり科学的な領域を指し，「アート」は，この場合サイエンスの対義語を意図しており，たとえが難しいが，勘や職人芸といった意味で捉えればいいだろう。このように，M&Aは，規模の大小を問わず，国や地域も関係なく，ロジカルな面だけで語られない部分が存在することも1つの特徴である。しかしながら，スモールM&Aの世界は，ウェットな側面をより強く有することから，当然「サイエンス」で済む世界でないし，また「アート」にもとどまらず，一番重要なのは「ハート（思いやる心）」ではないかと感じざるを得ない。

②　現状の実務よりも一段二段ハードルを上げた解説

　この本を読み進めてみると，「スモール M&A は文字どおり小さな M&A であるため，さほど手間がかからないはずだ」，「現場で求められることよりも複雑である」と思われる読者もいるかもしれない。したがって，現場の実情から乖離している，理想論に過ぎないのではないか，といった見方もあるかと思う。

　しかしながら，本書の大義は「スモール M&A 市場の健全な発展に資する」である。それに応じる形で，僭越ながらも，本書の題名を『スモール M&A の教科書』としている。そのため，一切の妥協をすることは許されないのである。確かに，スモール M&A は規模も取引金額も小さい取引である。だからといって，この程度でいいだろうというような安直な態度は決してあってはならないと考える（③で述べているとおり，特に FA は注意しなければならない）。

　「水は高いところから低いところに流れる」。それと同じように，ハイレベルな能力を持っているとそれより低い難度の実務をこなすことはできるが，低レベルの能力しか有していないとそのレベルが顧客に提供できるサービスの上限となる。そういうことだということを理解してほしい（イメージとしては以下図表を参照されたい）。

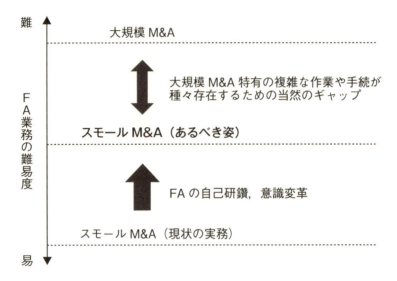

③ FAたる者かくあるべし(ノブレスオブリージュ)

これまでM&A業界は非常に閉鎖的であった。特に，大規模M&AのFAとして業務に携わろうとすると，そこには大きな壁が立ちはだかっていた。一例として大手金融機関の場合を挙げてみると，次のような感じである[4]。

「新卒で大手金融機関に入社した。当初からM&A業務に携わりたいと志願していたが，残念ながら最初は支店配属となる。支店にて営業経験を積み重ね，その合間をぬってM&Aに関わる専門知識を独学で勉強し，来たる日に備える。営業にて目覚しい実績を残した結果(運がよくても最低数年後)，晴れて本社に栄転が決まる。そして運がよければ，当初の希望が叶い投資銀行部門に配属になる。しかしながら，その部門でもM&A案件を手がける部署に配属されるかはわからない。運が悪ければ，そもそも投資銀行部門に配属されることなく本社の別の部署に配属され，再び実績を積み重ね

---

[4] あくまでも，新入社員の場合の例示であって，転職の場合は含まない。

ながら，社内アピール（人事評価の場で投資銀行部門への異動を強く希望するなど）を繰り返して，M&A 部署への異動を目指す──」

しかし，スモール M&A 市場においては，かなり様相が異なる。昨今のスモール M&A 市場の広がりを機会と捉えて，売買当事者の新規参入のみならず，さまざまな属性を有するものが自由気ままに FA として参入してきている[5),6)]。これも市場の成熟につながる流れの 1 つでありプラスの面が大きい一方で，周囲の状況を眺めていると M&A 業界に精通するベテランの専門家のなかには警鐘を鳴らす者も出てくるようになった。それは，スモール M&A 市場の拡大に応じて力量や基本的素養が欠けている FA も増えているという指摘である[7)]。

そもそも M&A 業界には監督官庁がなければ業法もない。さらには国家資格も存在しない（ただし民間資格は存在する）[8)]。したがって，乱暴にいえば，今日でも明日でも自らが名乗れば外見上は FA になることができるのである（周囲が認めてくれるかはどうであれ）。これは今に始まった話ではないが，スモール M&A 市場が拡大するにつれて，その波は大きいものになっているのである。その結果，スモール M&A 特有といってもいいリスクである「誰も気づいていないリスク」について注意を払う必要が出てくるのである[9)]。このリスクは決して無視できない重要なものであるのにもかかわらず，実務においてはあまり意識されていないように見受けられる。そして，さらに問題なのは，FA の力量や基本的素養が欠けていても売買当事者が認識していなかったり，判断することができないことが多い点である。したがって，それらを解消するためには，FA はさることながら売買当事者も一定水準の知見を持つことが必

---

5) M&A コンサルタント，M&A アドバイザーなど名称は関係ない。

6) 感覚的ではあるが，この動きはひょっとしたら，売買当事者の新規参入よりも大きな波かもしれない。

7) FA に求められる力量や基本的素養については，第 3 章第 1 節を参照のこと。

8) より社会的影響が大きい大規模 M&A においては，上述したように社内における極めて厳格なスクリーニングや転職時の門戸の高さによって，行政機関などによる監督などがなくても市場が適切に機能していたといえよう。

9) このリスクは本文の P152 において解説している。

要と考えられる[10]。

感覚的な話ではあるが，市場が急拡大した後に直面する課題で多く見かけるのは「ある事件が発生した場合，その結果，その市場が大きく縮小してしまう」というものである。このことから，力量や基本的素養で疑問符のつくFAと売買当事者との間でトラブルが頻出すると，M&A取引にまつわる訴訟問題が数多く発生するようなことにならないとは限らない。その結果，「M&A＝乗っ取り，危険，信用できない」というような暗いイメージが業界全体に覆ってしまうおそれが出てきてしまう。したがって，スモールM&A市場の将来に大きな問題が生じる前に楔を刺すことも本書で伝えたいことの1つなのである。

ただ，誤解しないでいただきたいのは，さまざまな属性を有するFAの参入を決して否定的に捉えているわけではないということである。必ず物事にはいい面と悪い面の両面が存在するものである。単に，いい面を伸ばして，悪い面を縮めるようにすればいいだけの話である。それが業界内部の自助努力で機能するのであれば，前述したような形式上の枠組み（監督官庁，業法，国家資格など）は必要ではない。したがって，スモールM&A市場を牽引している専門家の啓蒙活動や（できれば）本書を通じて「良貨が悪貨を駆逐する」するように誘導できればいいのではないかと考える。

最後に，個々のFAに対して付言すると，こういうことであろう。FAはM&Aという"ゲーム"をうまく"コントロール"する立場にある。取り立ててスモールM&Aの場合は，売買当事者が右往左往する局面も見受けられ，FAはしかるべき方向に導かなければならない[11]という重要な任務を背負う審判でもある。繰り返しになるが，スモールM&AのFAに課された責任はとてもとても重いものなのである。それをいつも念頭に置いていれば，FAとして力量等の改善に向けた努力や振る舞い方というものは自ずとわかるだろう。

---

10) そのためにも，買主については第5章，売主については第6章を特に精読すればいいだろう。

11) 注意すべきは，これは必ずしも単にクロージングに導くことを意味していないということである。この言葉の意味するところは第3章を参照されたい。

はじめに 7

本書を読み進めるにあたって

　本書を読み進めるにあたって，いくつか指摘しておくべき点があるので，以下に列挙しておく。

　① 「簡にして要」

　スモールM&Aはかなり簡素な取引である一方で，スモールM&A市場への新規参入者はM&Aに不慣れな者も少数とはいえない。そのため，本書の解説はできる限りシンプルにする一方で，多くの図表を挿入して，重要ポイントがわかりやすく伝わるように最大限心がけている。

　ちなみに，『スモールM&Aの教科書』と銘打っているものの，スモールM&Aに限らずM&A全般に共通する部分が多い。確かにそれは事実であるが，本書においては，M&A全般にかかる論点の色彩が強い場面においても「スモールM&Aの場合は，……」というように，できる限りスモールM&Aの当事者に学びを提供する形で解説するようにしている。

　② 独自の切り口の盛り込み

　ひとつ理解していただきたいのは，本書においては，紙面の都合もあり（そして半ば意図的に），類書でよくある法務・会計・税務などM&Aに直接関係する専門領域については部分的にしか解説していない。したがって，本書を読み進める前に，平易なもので構わないので，1冊，M&Aの基礎についてまとめられた書籍を熟読されると，本書の理解がよりスムーズに進むだろう[12]。

　その一方で，本書は独自性を出すことも意識している。つまり，上記したM&Aに直接関係する専門領域の解説に，やや視点をずらした専門領域[13]をクロスオーバーさせることによって，多面的な物の見方を提供し，読者に新たな気づきや思考の広がりにつなげることを1つの狙いとしている。

---

12) ただし，このご時世では，特段書籍でなくても，Web検索で無料で多種多様な情報を入手できるため，それでもある程度賄えるだろう。

13) 心理学，行動経済学，経営学，営業テクニック，マーケティング理論など。

③　柔軟に活用が可能

　前述のとおり，本書は現状の実務よりも一段二段ハードルを上げた解説としている。しかしながら，そうはいいつつもやはり現実にも目を配る必要がある。一度にすべてを満たすことは現実的ではない。そんなに物事というものは目指す場所までに問題なくすみやかに進むわけではないということも理解している。そこで，実務においては，本書の内容に一字一句沿いながらプロセスを進めていくというよりは，読者の判断で，本書で記載している内容を適宜簡素化するなどして，1つずつ階段を登っていっていいのだろうとも考える。また，スモールM&Aの規模，案件の複雑さ，売買当事者の性格や意向などに応じて求められるものも変わってくるため，臨機応変に必要な箇所だけをピックアップして活用するのも1つのやり方であろう。

　また，本書における記述はスモールM&Aのみならず，中小・中堅企業のM&Aや大規模なM&Aにおいても活用可能な部分が各所に含まれている。そのため，スモールM&Aのみならず，読者の皆さんが置かれたシチュエーションに応じて，目的を達成するための手段として有効であるならば適宜参考にされたい。

④　買主目線重視の解説

　M&Aを通じて，売主は対象会社（または事業）を売却し，その後通常一定期間買主に対し一定のフォローを行いながらも，いずれはフェードアウトしていく立場である。一方，買主はM&Aプロセス期間は当然として，無事クロージングすると，そこからが本当のスタートといわれ，対象会社（または事業）との長い付き合いが始まる。したがって，本書においては，どうしても買主目線の記述が相対的に多くなってしまっていることにつきご了解いただきたい。

閉塞する日本経済を再び勃興させるための起爆剤

　以上，本書に対する思いなどについて，いささか厳し目の内容で伝えたが，

繰り返しになるが，冒頭にて触れているとおり，スモール M&A 市場を後押しするさまざまな動きが世の中でどんどん広がってきている。そして，一粒一粒は小さいものの，塵も積もれば山となるという塩梅で，閉塞する日本経済を再び勃興させるためのソリューションとなることが大いに期待できる領域なのではないだろうか。スモール M&A 市場の本格的拡大は今始まったばかりである。売買当事者は当然として，彼らを支える FA やその他の専門家は強い希望や大きな期待にあふれている。だから，さあ，本書を読んで，一緒にスモール M&A を通じて輝く未来を見にいこうではありませんか。

結　語

　本書は，約19年前に筆者が出版した『流動化・証券化の会計と税務』と同じ出版社かつ同じ編集者のご尽力により世に出すに至ったという奇跡的な縁に恵まれて実現したものである。実は約10年前に別のテーマで一度出版を試みたものの私の都合により途中で断念せざるを得なくなり迷惑をかけてしまった前科がある。それにもかかわらず，この度の出版テーマに対する私の思いに共感いただき温かく受け入れてくださった㈱中央経済社の取締役・編集長の坂部様には感謝の気持ちで一杯である。そして，スモール M&A 業界の第一人者である齋藤由紀夫氏（つながりバンク㈱代表取締役），事業承継問題に対し行政を巻き込み積極的に取り組みされている一般社団法人事業承継協会，スモール M&A 市場の健全な発展に尽力している全国虎ノ門会，主として士業専門家の独立や事業拡大を支援している㈱エクスウィルパートナーズからのさまざまな示唆やサポートなしでは本書出版には至らなかったことから，ここに最大限のお礼を申し上げたい。最後に，本書の執筆にかかわらず，筆者の精神的支柱であり続けてくれた母の志津子，兄の義臣，弟の啓三，2 年前の 6 月28日に天国に旅立った父の義博，そしてわが息子の敬史に本書を捧げたい。

　令和元年 8 月

久禮　義継

CONTENTS

はじめに

本書における基本用語の定義

第1章 **本格的なスモールM&A時代の到来**·········1

第1節　スモールM&Aの定義と本書の対象範囲··················2

　⑴　スモールM&Aの定義·····························2

　　①　取引金額が十分に少額であること　2

　　②　対象会社が十分に小規模であること　5

　⑵　本書の対象範囲·····························8

　　①　本書において前提としているスモールM&Aのスキーム　8

　　②　本書における買主の定義　9

　　③　本書における売主の定義　10

　　④　本書の対象外とする売買当事者　10

　　⑤　本書の対象外とする取引　11

第2節　スモールM&A市場の動向···················13

　⑴　中小企業M&Aの市場動向···················13

　⑵　スモールM&A市場の動向···················15

第3節　スモールM&A市場の拡大を後押しする外部環境·····16

　⑴　深刻な事業承継問題···················16

　　①　事業承継問題の概要　16

　　②　事業承継問題の根幹にある後継者問題について　18

　　③　第三者承継の急激な増加　20

　⑵　スモールM&Aに密接に関連したプラットフォームの拡大···24

　　①　事業引継ぎ支援センター　24

② M&Aマッチングサイト　25

(3) **個人買主の参入を促進するさまざまな地殻変動**……………27

① 個人買主の参入を促進するさまざまな地殻変動　27

② スモールM&Aが個人の生き方に与えるインパクト　31

第2章　スモールM&A概論……………33

第1節　スモールM&Aの特性……………34

(1) **M&Aの特性**……………34

① 企業単独ではなくステークホルダーを巻き込んだ一体としての取引　34

② 多くの関係者が関与　34

③ 評価方法と評価額が多種多様であり，能動的に変動する　34

④ スケジュール管理が難しい　35

⑤ 取引の個別性が強い　36

⑥ 自身の意思どおりに取引できない可能性が大きい　37

⑦ 多種多様なスキルが要求される　37

⑧ 後戻りできない取引　37

⑨ 厳格な守秘性が要求される　38

(2) **スモールM&Aの特性**……………38

① 売買当事者の判断は主観的になりがち　38

② ロジックよりも感情が優先　38

③ 売主の親族への配慮の必要性　39

④ 結果重視で迅速なM&Aプロセス進行　39

⑤ 新たな買主として個人が参入　40

⑥ 相手方の素性に注意を払う必要性が高い　40

⑦ 友好的M&Aが前提　41

⑧ M&Aに不慣れな者同士の取引の増加　41

⑶　M&Aプロセスにおける大規模M&AとスモールM&Aの違い
　　　　　　　　　　　　　　　　　　　　　　　　　　　　42

第2節　個別プロセスごとのポイント整理　　　　　　46

⑴　M&Aプロセスの全体像　　　　　　　　　　　　　　46

⑵　ソーシング　　　　　　　　　　　　　　　　　　　　47

　　①　ステップ1：ターゲット企業の選定　47

　　②　ステップ2：ターゲット企業へのアプローチ　50

⑶　初期的検討段階　　　　　　　　　　　　　　　　　　51

　　①　初期的情報開示　51

　　②　トップ面談　53

⑷　MOU締結　　　　　　　　　　　　　　　　　　　　60

　　①　概　要　60

　　②　取引金額（暫定）の記載方法　60

⑸　DD（全体像）　　　　　　　　　　　　　　　　　　61

　　①　DDの目的　61

　　②　DDの種類　62

　　③　DDの形式　64

　　④　DDスケジュールのイメージ　65

　　⑤　スモールM&AのDDにおける留意事項　65

⑹　DD（個別DDにおけるポイント整理）　　　　　　68

　　①　財務DD　68

　　②　ビジネスDD　71

⑺　バリュエーション　　　　　　　　　　　　　　　　　85

　　①　スモールM&Aで利用されるバリュエーション手法の概要
　　　　85

　　②　バリュエーションにおいて留意すべき点　89

⑻　スキーム　　　　　　　　　　　　　　　　　　　　　93

① スモールM&Aにおいて一般的に採用されるスキーム　93

② 主要スキームのメリット・デメリット比較　94

③ 資本業務提携　97

(9) **DA** ………………………………………………………………98

① 概　要　98

② DAの重要条項　99

③ その他の重要条項　101

④ DA交渉上の注意事項　106

(10) **クロージング** ………………………………………………109

① 概　要　109

② クロージングのタイミング　110

③ スモールM&Aの案件公表に関するスタンス　110

(11) **PMI** ………………………………………………………………111

① PMIの役割　111

② PMIの重要性　111

③ スモールM&AにおけるPMIの3つのフェーズ　112

④ スモールM&AにおけるPMIの特性　113

⑤ 対象会社の業種によるPMIスタイルの違い　113

第3章　スモールM&Aの要諦（FA編）…………115

第1節　FAに求められる力量と基本的資質 ………………116

(1) FAに求められる力量 ……………………………………117

① FAの力量を推し量るためのチェックリスト　117

② 重要ポイント：M&Aプロセス全体への精通度合　118

③ 重要ポイント：M&Aにまつわる多面的な専門知識　119

④ 重要ポイント：ソーシング能力　119

⑤ FAの力量との関係で押さえておくべきポイント　121

(2) FAに求められる基本的資質 ……………………………………123

 ① 売買当事者の利益最大化を最優先に考える　123

 ② 「GOと言えるアドバイザー」，「NOと言えるアドバイザー」
 124

 ③ 人間力　125

 ④ きめ細かなサポート　126

 ⑤ 柔軟な発想力　126

第2節　FAが留意すべき事項 ……………………………………128

(1) 売買当事者への十分な配慮 ……………………………………128

 ① 友好的M&Aを前提とした立ち居振る舞い　128

 ② 売買当事者の関心の正しい理解　128

 ③ 全体スケジューリング設定における配慮　129

 ④ 売買当事者間で年齢ギャップが大きい場合の配慮　130

 ⑤ できる限り短期でのクロージングを目指す　130

(2) M&Aに不慣れな売買当事者への対処 ……………………………131

 ① 感情のコントロール　131

 ② M&Aプロセスのコントロール（売買当事者のニーズをわき
 まえる）　131

 ③ 売買当事者とのすれ違いの回避　132

 ④ 売買当事者が理解可能な形での説明　132

 ⑤ 重要書類の読み聞かせ　133

 ⑥ M&Aの特性についての認識　134

(3) 買主FAが留意すべき事項 ……………………………………135

 ① PMIへの関与　135

(4) 売主FAが留意すべき事項 ……………………………………135

 ① プレM&Aにおける売主とのコミュニケーション　135

 ② DDにおける丁寧な対応　139

③ バリュエーションにおける売主の期待値コントロール　140

④ クロージング時における売主への行動要請や各種調整　141

⑤ その他　142

(5) その他‥‥‥‥‥‥‥‥‥‥‥‥‥‥‥‥‥‥‥‥‥‥‥‥‥‥‥144

① 相手方のFAがM&Aに慣れていなかった場合の対応　144

② 反社チェックの必要性　144

③ 売買当事者の案件にかける意気込みのチェック　145

④ 売買当事者とのインフォーマルなコミュニケーション　145

第4章　スモールM&Aの要諦（売買当事者編）

‥‥‥‥‥‥‥‥‥‥‥‥‥‥‥‥‥‥‥‥‥‥‥‥‥‥‥147

第1節　M&A専門家のリテイン‥‥‥‥‥‥‥‥‥‥‥‥‥‥148

(1) **FAのリテインの必要性**‥‥‥‥‥‥‥‥‥‥‥‥‥‥‥‥‥148

① FAを雇わない場合の弊害　148

② FAをリテインすることのメリット　149

(2) **FAの選定基準**‥‥‥‥‥‥‥‥‥‥‥‥‥‥‥‥‥‥‥‥‥150

① FAの力量と基本的資質を見極める必要性　150

② FAとしての力量と基本的資質を見極めるうえでの留意点
151

(3) **FA契約締結上の留意点**‥‥‥‥‥‥‥‥‥‥‥‥‥‥‥‥154

① 契約方式　154

② 報酬体系　158

③ 報酬水準　160

④ 損害賠償規定　162

(4) **外部専門家の選定**‥‥‥‥‥‥‥‥‥‥‥‥‥‥‥‥‥‥‥162

① 外部専門家のリテインの必要性　162

② 外部専門家の選定　164

③　外部専門家に対する報酬　164

④　外部専門家コストの削減手段　165

第2節　売買当事者双方が留意すべきポイント……………166

(1)　守秘義務の遵守と秘密情報の管理の徹底……………………166

(2)　M&A案件情報の授受…………………………………………167

　①　直接ルートかインターネット経由か　168

　②　M&A案件情報の入手・提供先の見極め　169

　③　優良な売買当事者と認知されるための振る舞い　169

(3)　相手方への誠実な対応………………………………………169

　①　相手方を慮った発言や振る舞い　169

　②　迅速性の要請　170

　③　ディールブレイクにおける意思表示の仕方　170

(4)　相手方の風評調査の必要性……………………………………171

(5)　売買当事者の交渉力の関係……………………………………172

　①　時間軸でみた売買当事者の交渉力の関係（一般論）　172

　②　売買当事者の交渉力の関係において一般論から乖離する場合
　　173

(6)　スモールM&Aにおける人気企業と不人気企業……………175

　①　人気企業　175

　②　個人買主の場合における人気企業の傾向　176

　③　不人気企業　177

(7)　その他の留意ポイント………………………………………178

　①　正しい判断ができるよう平常心を維持する　178

　②　M&Aは投資の1つの形　178

　③　M&Aの専門知識を持つこととFA・外部専門家活用とのバ
　　ランス　179

　④　M&Aプロセスの主導権を握る　179

第5章　スモールM&Aの要諦（買主編）⋯⋯⋯181

第1節　プレM&A⋯⋯⋯182

(1) 買収戦略立案の必要性⋯⋯⋯182

(2) 買収戦略の構築⋯⋯⋯183

　① ゴールデンサークル　183

　② WHY　184

　③ HOW　186

　④ WHAT　189

　⑤ 買収戦略を構築するうえで留意すべき事項　191

第2節　個別M&Aプロセスにおける留意点⋯⋯⋯195

(1) 初期的検討段階⋯⋯⋯195

　① 初期的情報の収集　195

　② 初期的検討段階では交渉力が弱いことを理解する　195

　③ トップ面談における熱い思いの伝達　196

　④ 対象会社の顧問弁護士・税理士について留意すべきこと
　　196

(2) DD⋯⋯⋯197

　① 買主のリスクヘッジ手段としてのDDの重要性　197

　② スモールM&AのDD特有の留意点　198

　③ スモールM&AのDDを有効かつ効率的に実施するための方
　　策　199

　④ その他の留意点　204

(3) バリュエーション⋯⋯⋯207

　① バリュエーションの実施タイミング　207

　② 事業計画の作成とDCF法によるバリュエーションの必要性
　　207

(4) スキーム⋯⋯⋯208

① 事業譲渡スキームの採用　208

② リスク軽減を目的とした資本業務提携の活用　209

(5) DA…………………………………………………………………211

① 表明保証条項　211

② 前提条件　212

③ その他の留意事項　214

(6) PMI………………………………………………………………216

① フェーズ1：アイスブレーク（Icebreak）― 不安からの解放　216

② フェーズ2：相互理解（Unlearn）― 固定観念を捨てる　217

③ フェーズ3：実質的統合（Refreeze）― フレッシュスタート　219

④ その他の留意点　221

第3節　買主として理解しておくべき事項……………………223

(1) Point of No Return……………………………………………223

(2) 経験の蓄積………………………………………………………223

(3) 買主のM&A責任者とクロージング後の対象会社経営者が同一人物であること……………………………………………………225

(4) トータルコストで考える………………………………………226

① 案件関連コストと追加コスト　226

② 潜在コストへの対応　227

(5) シナジーの検討…………………………………………………229

① シナジーの種類　229

② シナジーの検討プロセス　230

③ 事業計画の作成　232

(6) 買主としての適格性……………………………………………233

① 売主やFAに気に入られるストロングバイヤーを目指す

233

② 優良な買主の3要件　233

③ 買主が個人の場合に役立ついくつかのヒント　236

(7) スモールM&Aと多角化戦略……………………………239

① スモール企業が多角化戦略を採用することの合理性　239

② スモールM&Aと多角化戦略　240

(8) スモールM&Aと地理的近接性との関係………………241

第6章　スモールM&Aの要諦（売主編）………243

第1節　プレM&A………………………………244

(1) プレM&Aの必要性……………………………244

① M&Aプロセスを有利に進め，好条件で売却できる可能性が高くなる　244

② 余裕を持ってエクセキューションを進めることが可能になる　245

③ プレM&Aによって負担が大きく増えるわけではない　245

(2) 見える化・魅せる化・磨上げ………………………245

① 概　要　245

② 見える化・魅せる化・磨上げの期待効果　247

(3) 売却戦略の構築………………………………252

① 売却タイミングの見極め　253

② 買主候補の選定　257

③ ステークホルダー対策　257

④ 少数株主対策　260

⑤ 売却後のプランの明確化　261

第2節　個別M&Aプロセスにおけるポイント………263

(1) 初期的検討段階………………………………263

① 初期的情報の開示内容とタイミングについて　263

② 初期的情報の開示様式　264

③ 買主への積極的なアピール　264

(2) DD ………………………………………………………… 265

① DDにおける積極的な対応　265

② その他の留意点　267

(3) スキーム ………………………………………………… 267

(4) バリュエーション ……………………………………… 268

(5) DA ………………………………………………………… 268

① リスクリバーサル条項の協議について　268

② キーマン条項　269

③ 従業員からの同意の取り付け　270

④ 補償条項における補償範囲の限定に対する売主のスタンス　271

⑤ 対象会社と売主との間で特別な関係を有する資産　271

(6) PMI ……………………………………………………… 272

① クロージング後における業務の引継ぎ　272

② クロージング後における事業運営の継続　273

③ 売主の個人保証や担保の取扱い　274

④ M&Aプロセスに入ってからの業績推移　275

⑤ 売却することを怯まない　275

第7章　スモールM&Aのさまざまな可能性 …… 277

第1節　スモールM&Aにおいて活用しうる各種ITツール … 278

(1) M&Aテック ……………………………………………… 278

① M&Aテックの定義とその範囲　278

② 個別M&Aプロセスごとのサービス活用イメージと各サービ

スの概要　279

　③　M&Aテックの今後の展望　282

⑵　M&Aマッチングサイトの今後の動向と課題……………283

　①　今後の動向　283

　②　課　題　283

第2節　今後想定されうるスモールM&Aの発展形態………286

⑴　クロスボーダーM&A……………………………………286

　①　インバウンド型　286

　②　アウトバウンド型　286

　③　クロスボーダーM&Aにおける有力な相手方　290

⑵　事業承継型スタートアップ……………………………290

　①　事業承継型スタートアップとは　290

　②　現状の課題　292

　③　事業承継型スタートアップに託される期待　293

⑶　連続買収家………………………………………………293

⑷　アービトラージ型………………………………………295

あとがき　297

本書における基本用語の定義

M&A関係者の定義

用語	説明
買主	スモールM&Aで対象会社を譲り受ける主体。また，M&Aプロセスに入る前の買主候補も含むものとする。
売主	スモールM&Aで対象会社を譲渡する主体。また，M&Aプロセスに入る前の売主候補も含むものとする。
売買当事者	買主と売主の双方または一方を指す。なお，解説の便宜上，M&Aプロセスに入る前の買主候補と売主候補も含むものとする。
従業員	本書では対象会社の従業員のことを指し，買主の従業員など別の意味で使用する場合は本文中にて別途明示する。
対象会社	M&Aで譲渡の対象となる企業または事業（事業譲渡や会社分割によるスキームもあるが，説明を簡素化させる都合上，スキームに関する記述以外においてはすべて株式譲渡を前提にしている）。
スモール企業	スモールM&Aの対象となる企業。本書のP2からP7において具体的な定義付けを試みている。なお，紙面の都合上，スモール企業の経営者＝筆頭株主とし（これは㈱帝国データバンクのオーナー企業の定義とも符合する），説明を簡便にするために，スモール企業は複数でなく単一の事業のみ行っているものと仮定する。
キーマン	対象会社の事業運営上欠かすことができない役員または従業員を指す（本書では売主自身は除くものとする）。

M&A専門家の定義

用語	説明
FA	ファイナンシャルアドバイザー（Financial Advisor）の略。買主・売主のいずれかとアドバイザリー契約を締結して，スモールM&Aの実行にかかる総合的・包括的なサポートを行う専門家。
仲介会社	売買当事者とM&Aにかかる仲介契約を締結し，DDや交渉などのM&Aプロセス全体においてM&A当事者の間の調整や取次ぎなどのサポートを行う者をいう。
外部専門家	DD業務の遂行，DA等の法的文書の作成，契約交渉サポート，PMIサポートといった個別M&Aプロセスのサポートを行う専門家。典型的には弁護士，会計士・税理士，経営コンサルタントが該当する。
士業専門家	本書では，弁護士・会計士・税理士といった一般的に難関といわれる国家資格を保有している専門性の高い専門家を想定している。

法人の定義

用語	説明
中小企業	中小企業基本法に定める中小企業（スモール企業を含む）
大企業	中小企業以外の企業

（参考）中小企業，小規模事業者の定義

（中小企業）

業種分類	中小企業基本法の定義
製造業その他	資本金の額または出資の総額が3億円以下の企業または常時使用する従業員の数が300人以下の企業および個人

卸売業	資本金の額または出資の総額が1億円以下の企業または常時使用する従業員の数が100人以下の企業および個人
小売業	資本金の額または出資の総額が5,000万円以下の企業または常時使用する従業員の数が50人以下の企業および個人
サービス業	資本金の額または出資の総額が5,000万円以下の企業または常時使用する従業員の数が100人以下の企業および個人

（小規模事業者）

業種分類	中小企業基本法の定義
製造業その他	従業員20人以下
商業・サービス業	従業員5人以下

出所：中小企業庁

M&Aの分類にかかる定義

用語	説明
スモールM&A	スモール企業を売主から買主に譲渡する取引であり，具体的には第1章第1節(1)で定めた取引を指す。
大規模M&A	売買当事者の双方または一方が大企業のM&A取引。
多角化型M&A	M&Aを活用して多角化戦略を推進する場合における当該M&A取引を指す。なお，多角化戦略には，新製品・サービス拡大戦略，新市場開拓戦略，まったく無関連な事業に進出する無関連多角化戦略に分けられる。
事業承継型M&A	P22（参考）にて定義している。

M&Aにかかる専門用語の定義

用語	説明
DD	デューディリジェンス（Due Diligence）の略。買主が情報の受け手，売主が情報の出し手として，対象会社に内在する課題・問題点や対象会社と買主の間で想定されるシナジーなどをDA締結前に最終的に分析・評価を行うための手続である。
DA	最終契約書（Difinitive Agreement）の略称であり，M&Aプロセスの最終段階で売買当事者間の売買条件を最終的に定めた契約書のことをいう。
PMI	Post Merger Integrationの略。買収前に想定したシナジー効果を最大化するためにクロージング後において行う対象会社と買主の間の組織的統合プロセスのことをいう。
ソーシング	売主の場合は買主候補，買主の場合は売主候補（対象会社）を選定し，そしてその相手方への打診をスタートするというM&Aプロセスの最も初期段階の活動を指す。
ネームクリア	ノンネームで打診した相手方が，M&A案件を進めることに関心を示した場合，その者の名称を当該案件の依頼元に開示することをいう。
M&Aプロセス	プレM&Aの段階からPMIまでの個別のプロセスを総称したもの。
論理的評価手法	バリュエーションにおける類似企業比較法，類似取引比較法，ＤＣＦ法のことを指す。
クロージング	DAで定められたクロージングの前提条件が満たされることを条件に取引金額の決済が完了することをいう。M&A案件の成約ともいう。

IM	インフォメーションメモランダム（Information Memorandum）の略。これは，初期的検討段階で対象会社の情報をプレゼンテーション資料の形で買主に提示されるもので，買手はIMに記載されている情報に基づいて対象会社の初期的な評価を行う。
MOU	基本合意書（Memorandum of Understanding）の略。買主が対象会社の初期的な検討を行った後，DD開始前に締結されるM&Aの主要な取引条件について定めたものである。最終的な合意はDAにより合意するものであり，MOUは，初期的検討時点における売買当事者間の仮の合意となる。
NDA	秘密保持契約（Non Disclosure Agreement）の略。 CA（Confidentiality Agreement）ともいう。
ノンネームシート	ノンネームシートはNDAを締結することなく，買主候補に初期的な関心を確認するための対象会社に関する基礎的情報が記載された資料である。通常は売主がソーシングを行う際に買主候補に提供されることが一般的である。また，スモールM&Aの場合，A4片面1枚程度のボリュームである。
情報開示リスト	DD開始時に，買主が売主または対象会社に情報開示を依頼する内容をリストアップしたもの。なお，表計算ソフトに具体的な内容を列挙する形で売主または対象会社に提供することが一般的である。
バリュエーション	対象会社の財務情報をベースに対象会社を取り巻く外部環境（経済市況，業界動向など），対象会社に内在するリスク要因，さらには買主が期待するシナジー効果などを総合的に考慮しながら，対象会社の価値を見極めることをいう。売買当事者はそれぞれバリュエーションを実施し，その結果を基礎として相手方と価格交渉を進めることになる。

株式価値・企業価値・事業価値	バリュエーションにより算定される株式価値・企業価値・事業価値の定義およびそれらの関係性は以下のとおりである。 ●株式価値＝株主に帰属する価値の総額＝企業価値－有利子負債（厳密には有利子負債総額－現金および現金等価物） ●企業価値＝事業価値＋事業外資産（事業に使われていない余剰資金や遊休資産など） 株式価値・企業価値・事業価値の関係 企業価値 { 事業価値 ／ 有利子負債 ／ 株式価値 ／ 事業外資産
ディールブレイク	M&Aプロセスの途中で，M&A当事者のいずれかの意思により，M&Aにかかる協議や交渉が決裂してしまうこと。
CoC条項	チェンジオブコントロール（Change of Control）条項の略。M&Aなどにより契約当事者の一方に経営権の移動が生じる場合，契約の相手方への通知や承諾を求め，契約の相手方は契約内容に何らかの制限や契約解除を求めることができる規定である。
取引金額	売主が買主に対象会社株式を譲渡する際に，売主が買主から受け取る対価。言い換えると，バリュエーションにより算定される価値をベースに，売買当事者間で交渉を行い，双方で合意した価額をいう。

知的資産	知的資産とは，経営ノウハウ，人材，技術，組織力，顧客とのネットワーク，ブランド等の目に見えない資産のことで，企業の競争力の源泉となるものをいう。これは，知的財産（例：特許権，実用新案権，意匠権，商標権，著作権）だけではなく，組織や人材，ネットワークなどの企業の強みとなる資産を総称する幅広い考え方であり，図表で表すと以下のとおりとなる。 【図表】知的財産権，知的財産，知的資産，無形資産の分類イメージ図 **無形資産** ex.）借地権，電話加入権等 **知的資産** ex.）人的資産，組織力，経営理念，顧客とのネットワーク，技能等 **知的財産** ex.）ブランド，営業秘密，経営ノウハウ等 **知的財産権** ex.）特許権，実用新案権，著作権等 （左側縦書き）知的資産 （出所）経済産業省ホームページ
関係者間取引	売主またはその親族と対象会社との間の取引。
正常収益	事業そのものが生み出す実態の収益を指し，決算上の利益から，事業と無関係な損益や非経常的な損益を除外することで算出する。
リテイン	リテインとは，通常「維持する，保有する，持続する，覚えている，かかえる」と訳されるが，M&Aにおいては，売買当事者がFAや士業専門家などとの間で「アドバイザリー契約や業務委託契約などを正式に締結する」という意味で利用される。

ガバナンス	ガバナンスとは，関係者がその相互作用や意思決定により，一定の規範や制度を形成・強化・再構成していくという統治のためのあらゆるプロセスをいう。これはさまざまな局面で用いられる概念であるが，本書では，コーポレートガバナンスに限定して記載している（例：経営判断プロセスの統制，不祥事の予防・対策のための枠組み）。
リテイナーフィー	M&Aプロセス中のさまざまなサポートに対して支払われる一定期間ごと（通常は月ごと）の定額報酬のことを指す。

その他の用語の定義

用語	説明
伝統的投資	上場株式などの金融商品や不動産などへの投資をいう。
伝統的投資家	伝統的投資を行う個人投資家。
リアル	現実社会，実社会のこと。インターネット社会の逆の概念。

―第1章―

本格的な
スモールM&A時代の
到来

第1節　スモールM&Aの定義と本書の対象範囲

(1)　スモールM&Aの定義

　スモールM&Aについては現状，特に明確な定義は存在しない。そこで「スモール」の意味を2つに分解して考える。1つは，スモールといえるためには取引金額が十分に少額であること[1]。もう1つは，スモールといえるためには対象会社が十分に小規模であること。この2つを同時に満たした場合にのみ，スモールM&Aに該当するものと考える。

①　取引金額が十分に少額であること

　スモールM&Aの第一人者である㈱つながりバンク代表取締役社長の齋藤由紀夫氏は，スモールM&Aを次のように定義している。

　「スモールM&Aとは，取引金額が数百万円から数千万円程度，従業員規模が数名から30名以下という事業規模の比較的小さいM&Aを意味します」（「企業の買い方　いま「スモールM&A」が注目を集めている理由」2017.5.1幻冬社 GOLD ONLINE）

　まず，スモール企業の最も有力な買主である中小企業（後述のとおり，本書では法人のうち中小企業に限定している）におけるスモールM&Aの取引金額（買収予算といってもよい）について考察を試みる。

　当然ながらM&Aを実施するには一定の資金が必要となるが，企業の場合，利益計上，運転資金の回収，資産売却，外部資金の調達（借入れ，増資など）など手元資金を増加させる手段はいくつも存在する。しかしながら，ここでは

---

1)　後述しているが，スタートアップは企業規模が小さいものの論理的に説明が困難な高値で売却されることが多いため，この条件を設定している。

議論を単純化させるために，企業の余剰資金＝取引金額（買収予算）という前提としている。

　そこで，中小企業の余剰資金の水準について確かめてみると，2017年6月末において，手元流動性という捉え方で，売上の約20％もの現預金・有価証券を中小企業は抱えている[2]。そのため，次に中小企業の1社当たり年間売上高を推定し，それにこの20％に乗じることで余剰資産残高の試算を試みた。以下【図表1-1-1】[3] がその結果であるが，資本金残高3億円以下が中小企業に該当することから[4]，【図表1-1-1】における1社当たり余剰資産残高（試算）約1.2億円がひとつの目安になるものと考える。

　当然ながら，これはあくまでも試算に過ぎず，企業ごとに余剰資金の多寡は異なってくることから，中小企業が法人買主である場合のスモールM&Aの取引金額（＝買収予算）は，多くても数億円程度と考えることができるのではないだろうか。

【図表1-1-1】 中小企業が買主の場合における取引金額の水準（試算）

資本金残高	売上高（平成29年度）（億円）	法人数（社）	1社当たり年間売上高（億円）	余剰資金比率	1社当たり余剰資金残高（試算）（億円）
1,000万円から1億円	5,492,909	952,935	5.76	20%	1.153

　次に，後述のとおり，スモールM&Aの特徴の1つとして，個人が有力な買主としてスポットライトを浴びていることであるため，個人買主についても考察を試みる。そこで，スモールM&Aの有力な個人買主の1つである退職サラリーマンの退職金の水準を見てみると，【図表1-1-2】における「平成30年調査計」では，退職事由にもよるが，大学・大学院卒の場合で平均2,000万

---

2) 「中小企業の金あまり」第一生命経済研レポート（2017年4月）。
3) 「四半期別法人企業統計調査 概要－平成30年10～12月期－（金融業，保険業を除く）」（財務総合政策研究所）をもとに作成。
4) 厳密には，中小企業庁によると，中小企業とは「製造業その他」の場合には資本金3億円以下，「卸売業」の場合には資本金1億円以下，「小売業」および「サービス業」の場合には資本金5,000万円以下と定義されている。

円前後である。また，極めて直感的ではあるが，個人買主にとって取引金額が1億円を超えるような案件はごく少数であるだろう。したがって，齋藤氏が述べるとおり，個人買主に関していえば，スモールM&Aの予算として数千万円程度が1つの目安といえよう。

図表1-1-2 退職者1人平均退職給付額（勤続20年以上かつ45歳以上の退職者）

年，退職事由	大学・大学院卒（管理・事務・技術職）			高校卒（管理・事務・技術職）			高校卒（現業職）		
	退職時の所定内賃金（月額）（千円）	1人平均退職給付額1)（万円）	月収換算2)（月分）	退職時の所定内賃金（月額）（千円）	1人平均退職給付額1)（万円）	月収換算2)（月分）	退職時の所定内賃金（月額）（千円）	1人平均退職給付額1)（万円）	月収換算2)（月分）
平成30年調査計									
定年	513	1,983	38.6	398	1,618	40.6	320	1,159	36.3
会社都合	611	2,156	35.3	499	1,969	39.5	331	1,118	33.8
自己都合	513	1,519	29.6	363	1,079	29.7	287	686	23.9
早期優遇	536	2,326	43.4	412	2,094	50.8	301	1,459	48.6
平成30年調査計3)									
定年	517	1,788	34.6	387	1,396	36.1	320	1,155	36.1
会社都合	613	2,084	34.0	504	1,987	39.4	330	1,116	33.8
自己都合	499	1,518	30.4	381	1,025	26.9	289	658	22.8
早期優遇	535	2,182	40.8	412	2,071	50.2	297	1,444	48.6
平成25年調査計									
定年	516	1,941	37.6	421	1,673	39.7	322	1,128	35.0
会社都合	561	1,807	32.2	409	1,573	38.5	291	1,004	34.5
自己都合	509	1,586	31.1	366	1,159	31.7	286	784	27.4
早期優遇	435	1,966	45.1	360	1,945	54.1	293	1,418	48.5

注：1) 「退職給付額」は，退職一時金制度のみの場合は退職一時金額，退職年金制度のみの場合は年金現価額，退職一時金制度と退職年金制度併用の場合は，退職一時金額と年金現価額の計である。
2) 「月収換算」は，退職時の所定内賃金に対する退職給付額割合である。
3) 「平成30年調査計」は，「常用労働者30人以上である会社組織の民営企業」で，「複合サービス事業」を含まない集計であり，平成25年調査と時系列で比較する場合には，こちらを参照されたい。
（出所）平成30年就労条件総合調査（厚生労働省）
https://www.mhlw.go.jp/toukei/itiran/roudou/jikan/syurou/18/dl/gaiyou04.pdf

② 対象会社が十分に小規模であること

　企業規模を決定づける基本的な変数（年商および従業員数）に基づき，小規模の範囲を定義することとする。そこで，客観的データが存在する「中小企業の従業員１人当たり売上高」などを用いてスモールM&Aの企業規模の水準の判定を試みる。

ⅰ．ステップ１：スモール企業の従業員１人当たり売上高の推定

　【図表1-1-3】を見ると，中小企業の多くが小規模事業者に該当する（中小企業380.9万者のうち，小規模事業者が約325.2万者）。したがって，スモール企業の一定数は小規模事業者と考えられる。

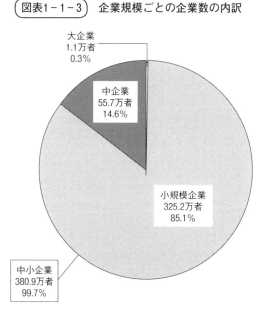

図表1-1-3　企業規模ごとの企業数の内訳

（出所）「事業承継ガイドライン」（中小企業庁）

次に，【図表1-1-4】を見ると，中小企業白書（2016年版）において中小企業の従業員1人当たり売上高の平均が4,500万円との調査結果が報告されている。ただし，中小企業の従業員1人当たり売上高の平均を大きく超過する企業が一定数含まれており，それらは常識的に考えると小規模事業者でないものと推察される。したがって，この図表の平均値は中小企業の従業員1人当たり売上高の平均を大きく超過する企業の影響を受けているため，小規模事業者の従業員1人当たり売上高の平均はこの白書における平均を一定程度下回るものと推察される。そこでその影響を排除するために，非常に簡易ではあるが中位値を確認してみると，目測ではあるが約3,000万円程度と推測される。

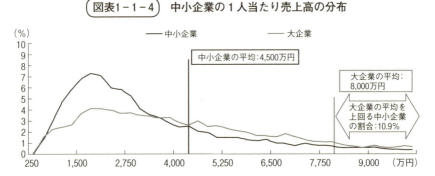

図表1-1-4　中小企業の1人当たり売上高の分布

（出所）『中小企業白書（2016年版）』390頁

ⅱ．ステップ2：スモール企業の年商水準の推定

　スモール企業は従業員数を考えると小規模事業者が中心と考えられるが，その従業員規模は20人以下（製造業その他）または5人以下（左記以外）である。また，P2の「企業の買い方　いま「スモールM&A」が注目を集めている理由」によると，スモールM&Aの対象となる従業員規模は30名以下としている。これらを前述の「従業員1人当たり売上高の平均（調整後）」約3,000万円に当てはめると，年商は多くても10億円程度と推計される。ちなみに，この結果はP10で述べているとおり，㈱帝国データバンク「全国オーナー企業分析」

における「オーナー企業（代表者名と筆頭株主が一致した企業と定義）の社数全体のうち9割近くが年商10億未満の企業で占められている」という報告内容とも符合する。さらに，【図表1-1-5】によると，年商1億円未満の小規模零細企業をマイクロキャップと呼んでおり，年商1〜20億円の中小企業をスモールキャップと呼んでいる。加えて，前述のとおり中小企業の一定数が小規模事業者と考えられることから，スモール企業の年商は多くても10億円程度という試算はさほど違和感ない水準であろう。

図表1-1-5　2018年3月期㈱日本M&Aセンター決算説明資料

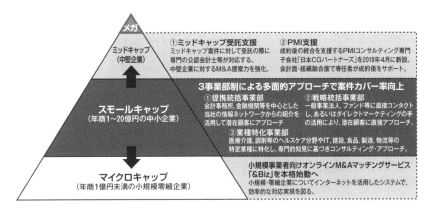

出所：2018年3月期㈱日本M&Aセンター決算説明資料
https://www.nihon-ma.co.jp/ir/pdf/180427_information3.pdf

　以上のとおり，スモールM&Aの定義を試みたものの，あくまでも一定の前提条件に基づくラフな試算に過ぎず，実務上はさほど厳格に捉えずに，ある程度柔軟に判断してもらえばよい。本書で示すポイントや論点の解釈などは仮に年商が10億円以上であろうが基本的には変わらない。さらに，より規模が大きい中堅・中小企業M&Aにおいても通じる部分が多いものと考えられるからである。

(2) 本書の対象範囲

① 本書において前提としているスモールM&Aのスキーム

　本書の本文全体を通じて前提としているスモールM&Aのスキームは，紙面の都合上，【図表1-1-6】に示したとおり，最も簡素化した形としていることをご容赦いただきたい（P93などのスキームの説明などの一部は除く）。

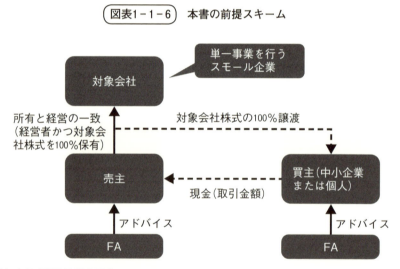

（注）点線は譲渡取引を示す

　上の図表のとおり，本書は売買当事者双方がFAをリテインすることを前提としている。ただし，実務では仲介会社にサポートを依頼する場合も多いだろう。そこで，本書を読むに際しては「売主FA＋買主FA（ただし，仲介会社の場合は，DDや交渉などにおいて，一部業務範囲が限定される点について注意が必要）≒仲介会社」というイメージで理解してもらえば，仲介会社の立場としてもそのサポートを受ける売買当事者の立場としても特段大きな支障はな

いものと考える。

② 本書における買主の定義

スモールM&Aの買主として本来さまざまなバラエティはあるものの，本書においては紙面の都合により以下の者に限定している。まず，当然ながら法人はスモールM&Aにおける最有力な買主である。ただ，法人は株式会社に限定し，さらに大企業は含めず中小企業を対象とする（当然ながらスモール企業も含む）。また，スモールM&Aの特徴の1つとして，対象会社の事業がシンプルであり取引規模も小さく，最近個人買主のプレゼンスが日を増すにつれて強くなっていく一方であることから，買主として個人も対象に含めている。そこで，スモールM&Aにおける買主を属性ごとに詳しく分類を試みてみると，およそ【図表1-1-7】のとおりとなるだろう。

$$\boxed{図表1-1-7}\quad スモールM\&Aにおける買主属性と分類$$

中小企業
- 優良企業（業績や財務が健全，資金的に余裕があるなど）
- 事業拡大などを目的としてM&Aに積極的な企業
- 対象会社独自の強み（技術，優良顧客層など）に強い関心 がある企業

個人
- 退職サラリーマン（第2の人生の手段として，あるいは，老後の生きがいとして企業経営を希望する者）
- 起業家，脱サラリーマン（ゼロイチ起業よりもM&Aによる起業を優先する者）
- 伝統的投資商品（不動産，金融商品など）の代替手段として企業買収に関心のある者
- サラリーマンの副業の一手法
- インバウンド投資家（主としてアジア諸国の富裕層）

③ 本書における売主の定義

【図表1-1-8】の㈱帝国データバンク「全国オーナー企業分析」に基づくと，オーナー企業（本調査において代表者名と筆頭株主が一致した企業と定義している）の社数全体のうち9割近くが年商10億円未満の企業で占められている。また，オーナー率（本調査において年商レンジ別の社数総計のうちオーナー企業の割合と定義している）についてみると，年商規模が小さい企業ほどオーナー率が高くなっていることがみて取れる。具体的には「年商規模が1億円未満」の場合は87.9%で最高，次いで「年商規模が1億〜10億円未満」の場合が81.2%，さらに年商規模が大きくなるにつれてオーナー率は大幅に低下している。以上のことから，本書においては，単純化させて「スモールM&Aの売主＝対象会社の経営者であり，その株式を100%所有している」と定義した。

図表1-1-8　全国オーナー企業分析

	社数	構成比（%）	オーナー率（%）
1億円未満	125,628	28.9	87.9
1億〜10億円未満	259,129	59.7	81.2
10億〜50億円未満	43,102	9.9	58.3
50億〜100億円未満	4,057	0.9	34.6
100億〜500億円未満	2,016	0.5	19.0
500億〜1000億円未満	113	0.03	7.8
1000億円以上	58	0.01	3.8
合計	434,103	100.0	77.3

（出所）㈱帝国データバンク「全国オーナー企業分析」（2016/11/25）
https://www.tdb.co.jp/report/watching/press/pdf/p161105.pdf

④ 本書の対象外とする売買当事者

十分な資力やM&Aに対する積極的姿勢を鑑みると，大企業や投資ファンドはスモールM&Aにおける売買当事者として有力であることは間違いない。

第1章　本格的なスモールM&A時代の到来　11

しかしながら，下記理由により，本書における売買当事者には含めないこととした。

- 大企業や投資ファンドにおいては，主として，より企業規模の大きな案件を対象としており，まだスモールM&A総数に占める割合は少ないものと想定されるため
- 大企業は株主への説明責任，投資ファンドの場合も投資家への説明責任があるが，そのような責任は中小企業や個人の場合には限定的であり，紙面の都合上，異なる性質を持つ両者を同時に解説することが困難であるため

⑤　本書の対象外とする取引

次の取引については，スモールM&Aに該当したとしても本書の対象から除外するものとする。

ⅰ．対象会社のMBOまたはEBO[5]

買主が対象会社の役員や従業員である場合，対象会社の内部ステークホルダーへの売却であるため純然たる第三者への売却ではない。本書は第三者への売却を前提として解説しており，それらとの平仄を保つことが困難な部分が多いことから，本書の対象外とする。

ⅱ．ノンコア事業の売却（選択と集中の戦略）

企業を取り巻く環境の変化や経営者の意向により，複数営んでいる事業の一部やグループ企業を売却する場合がある。それが本書で定義するスモールM&Aに該当することもあるが，当該取引を含めると多くの例外や別途解説が必要となることから，紙面の都合上本書の対象外とする。

---

5) MBO（Management Buyout：マネジメントバイアウト）とは，対象会社の経営陣が対象会社の経営者兼株主（オーナー：売主）から株式を譲り受け，新たな経営者として独立する取引をいう。従業員が株式を譲り受ける場合にはEBO（Employee Buyout：エンプロイーバイアウト）と呼ばれる。

ⅲ．事業再生型M&A

スモールM&Aにおいても事業再生型M&Aが一定数存在する。しかしながら，そういったM&Aの実行においては特に法律面での詳細な解説が必要となり論点も多岐にわたることから，本書におけるスモールM&Aの対象から除外している。

Ⅳ．スタートアップの売却

スタートアップについては，創業直後や売上が微々たる水準で外見上はスモール企業の要件を満たしていたとしても，スタートアップを対象としたM&Aは論理的に説明が難しい高値で売買がなされることも多いため，本書における売主の対象から除外している。

第1章　本格的なスモール M&A 時代の到来　13

第2節　スモールM&A市場の動向

　スモール M&A 市場の動向を考える前に，まずは中小企業全体を対象とした M&A の市場動向を確認する。

(1)　中小企業M&Aの市場動向

　日本経済において高いプレゼンスを有する中小企業ではあるが，そのほとんどは非上場企業であり，大規模 M&A とは異なり，中小企業 M&A のクロージング件数にかかる情報は極めて限定的である。しかしながら，以下のとおり，限定的な情報ではありつつも全体の傾向として中小企業 M&A が盛んになっていることは間違いないだろう。中小企業 M&A においては仲介会社を介さないケースも多く存在するものの，【図表1-2-1】を見てみると，中小企業の M&A 仲介を手掛ける上場3社のクロージング件数は急増（2012年に比べて2017年では3倍超）している。また，別のデータである【図表1-2-2】を見てみると「2015年以降」に M&A を実施した割合が最も多い。

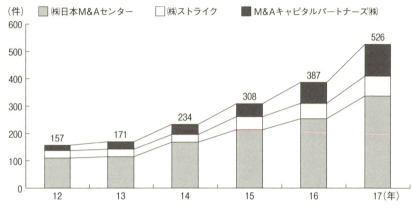

図表1-2-1 中小企業のM&A仲介を手掛ける上場3社のクロージング件数の推移

（出所）中小企業庁「2018年度版 中小企業白書」

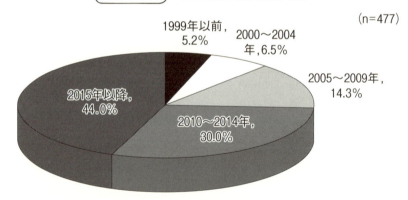

図表1-2-2 中小企業のM&A実施時期

（出所）三菱UFJリサーチ＆コンサルティング㈱「成長に向けた企業間連携等に関する調査」
　　　（2017年11月）P39

(2)　スモールM&A市場の動向

　残念ながら，スモール M&A のうち日の目を見る案件は氷山の一角にすぎ
ず，中小企業 M&A と同様にクロージング件数にかかる客観的なデータは存
在しない。ただ，これまで小規模案件を積極的に取り扱わなかった大手仲介会
社において，スタンスの変化が現れてきている。

　例えば，M&A 仲介会社最大手である㈱日本 M&A センターは，同社2018年
3 月期有価証券報告書において「近年，当社グループは，従前の中堅中小企業
の M&A 仲介事業にとどまらず，上場企業から小規模事業者までの多様な対
象会社に対し，M&A におけるすべてのプロセスにおいて付加価値の高いサー
ビスを提供できるよう，M&A 総合企業への取組を段階的に進めてまいりまし
た。」と述べている。そして，その100% 子企業である M&A マッチングサイ
トの㈱バトンズも「全企業（個人事業者を含む）の85% を占める年商 1 億円
未満の小規模事業者の M&A ニーズに対応」と表明している。したがって，
もはや現在では M&A は大企業が中心となって実施する敷居の高い取引では
なく，中小企業 M&A やスモール M&A，さらにはマイクロ M&A といった極
小規模にまで裾野は広がってきているといえる。

　また，P 5 のとおり，小規模事業者はわが国企業数の約85％を占めるため潜
在的な市場は非常に大きい一方で，自社が売却できると認識しているスモール
企業の経営者はまだまだ少ないものと想定されることから，今後スモール
M&A 市場が拡大する余地は大きいものと考えられる。

第3節 スモールM&A市場の拡大を後押しする外部環境

(1) 深刻な事業承継問題

① 事業承継問題の概要

事業承継問題はスモールM&A市場の広がりと密接な関係がある。しかしながら，この問題は，すでに数多くの出版物において詳細に解説されている[6]。そのため，一般的な内容についてはできるだけ本書で触れることは避け，スモールM&Aに直接関係する第三者承継[7]の部分を中心に述べる。

事業承継問題とは，現在日本が直面している大きな社会問題の1つであり，「今後10年の間に70歳（経営者の平均引退年齢）を超える中小企業・小規模事業者の経営者は約245万人となり，うち約半数の127万（日本企業全体の約1/3）が後継者未定」と試算されている社会問題である（概要は【図表1-3-1】参照）。特に全企業の85%を占める年商1億円未満の事業者における後継者不在率は実に78%に達し，このままでは地方経済・雇用に大きなダメージを与えかねない深刻な状況になっている。

---

6) 事業承継問題についてより深く知りたいという方は，数多くの有料の出版物もあるが，行政機関より『中小企業白書』（中小企業庁）など膨大かつ詳細な情報が無料で提供されているので，それらを確認することも効果的である。

7) 第三者承継には，先代オーナーが外部の第三者を招聘して経営を委ねるという場合もあるが（例：いわゆるプロ経営者と呼ばれる人材による経営への移行），解説を簡潔にするため，本書では第三者承継とM&Aを同義と捉えるものとする。

第1章 本格的なスモールM&A時代の到来　17

図表1-3-1　事業承継問題の概要

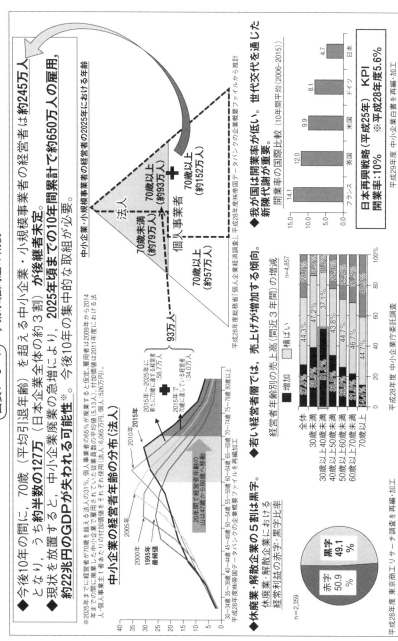

② 事業承継問題の根幹にある後継者問題について

ⅰ．高齢経営者であっても高い経営者不在率

【図表1-3-2】のとおり，オーナー[8]の年齢が高くなるとともに後継者不在率は低下しているが，一般に事業承継の準備を始めるべき年代といわれている60歳前後のオーナーでも後継者不在率がまだ7割近くあり，さらに事業承継が喫緊の課題となる65歳以上でも後継者不在の割合が50.7％にものぼることが見て取れる。

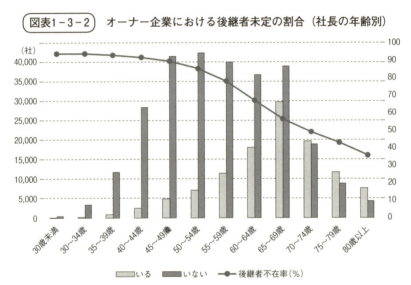

図表1-3-2　オーナー企業における後継者未定の割合（社長の年齢別）

（出所）㈱帝国データバンク「全国オーナー企業分析」（2016/11/25）

ⅱ．後継者問題は企業規模が小さいほど深刻

また，年商規模別に見ると，1億円未満のオーナー企業[9]の後継者不在率は78.0％，次いで1～10億円未満では69.8％である。年商規模がこれより上回る

---

[8]　オーナーの定義はP10参照。
[9]　オーナーの定義はP10参照。

と，だんだん後継者不在率は低下していっている。すなわち，年商規模と後継者不在率が反比例していることから，小規模のオーナー企業ほど後継者問題を抱えている実態が透けて見える（【図表1-3-3】参照）。

【図表1-3-3】 オーナー企業における後継者未定の割合（年商規模別）

	いる（社数）	構成比（%）	いない（社数）	構成比（%）	後継者不在率（%）
1億円未満	25,929	21.9	92,013	31.5	78.0
1億～10億円未満	73,798	62.4	170,879	58.4	69.8
10億～50億円未満	15,946	13.5	26,075	8.9	62.1
50億～100億円未満	1,689	1.4	2,316	0.8	57.8
100億～500億円未満	858	0.7	1,134	0.4	56.9
500億～1000億円未満	40	0.03	72	0.02	64.3
1000億円以上	24	0.02	32	0.01	57.1
合計	118,284	100.0	292,521	100.0	

（出所）㈱帝国データバンク「全国オーナー企業分析」（2016/11/25）

ⅲ．事業承継問題がなかなか解決しない背景

　事業承継の対象となる企業は，業界全体が構造不況に陥っているなど業界・企業ライフサイクルいずれでみても成熟期の後半あるいは衰退期のステージに位置付けられている場合が多い。高度経済成長期を支えてきた中小企業が変化の激しい現代社会においてビジネスモデルが陳腐化してしまい衰退期を迎えていたり，近く迎えようとしているというイメージだろう。したがって，業歴は通常数十年以上にもわたり，経営者も高齢であることが一般的である。

　そういった暗いイメージがある一方で，前掲の【図表1-3-1】の左下の円チャートにおいて「休廃業・解散企業の5割は黒字」とあるように，事業を譲渡すれば経営を継続できるものも少なくない。しかしながら，後継者側から考えてみると，次のとおり，たとえ黒字であっても跡を継ぐことに消極的にならざるを得ない理由がいくつも存在するため，オーナーは事業承継問題を抱えた状態でズルズルと経営を続けていくケースが多い。

・跡を継いで事業を維持・継続していく自信やメリットを感じない。

- 跡を継いだ後であっても先代オーナーが引き続き経営に干渉してくること
  も多い。
- 多額の借金や個人保証を引き継ぐことが必要である。

③　第三者承継の急激な増加

　そういった状況の中で，事業承継において第三者承継の割合が急増している。中小企業庁の調査によると20年前に約９割であった親族内承継は年々減少し，直近の調査では４割を切っている。一方，「「社外の第三者への事業承継を検討している」と回答した者が，中規模企業は約４割，小規模事業者は約５割いる」（『中小企業白書（平成26年度）』中小企業庁）との報告がなされている。

ⅰ．第三者承継による売主や対象会社のメリット

　第三者承継は，買主の独自の強みや経営資源を活用したり，新たな目線で事業を見直すことが期待できることから，事業承継問題を抜本的に解決に導く起爆剤となりうる。第三者承継を選択した場合の売主や対象会社のメリット（後継者問題の解消を除く）として，具体的には次のようなものがある。

第1章　本格的なスモールM&A時代の到来　21

（図表1-3-4）　第三者承継のメリット（対象会社）

企業体質の強化

・買主の新たな目線や強みを生かして，事業を復活させる起爆剤となりうる。
・強い熱意や優れた経営能力を有するような経営者に買収された場合，対象会社の事業リスクを低減させることが期待できる。
・対象会社や売主の資力が乏しかったとしても，買主の資力で解決できる場合がある。

ステークホルダーの保護

・従業員の雇用を守ることができる（場合によっては処遇の改善も期待できる）。
・取引先や取引金融機関からの信頼を回復することが期待できる。

廃業を回避

・企業の永続性を維持することができる。
・第三者承継は一般的に廃業に比してメリットが大きい（P23にて後述）。

（図表1-3-5）　第三者承継のメリット（売主）

ハッピーリタイヤの実現

・換金性のない非上場株式の売却を通じて現金に変換し，また同じタイミングで役員退職慰労金も受領することが多いことから，退職後の第2の人生が安泰である。
・また，売却によりいったん経営に区切りを置いたとしても，売主が希望し，買主も理解を示せば，売却後も継続して対象会社に関与をすることができる。

相続対策として有効

・M&Aを通じて多額の現金を受領するため，将来相続が発生した場合，各相続人に円滑に相続することができる。
・また，M&Aに伴い，売主個人に付された個人保証や担保権は通常解除されることから，相続関係者に安心感を与えることとなる。

自尊心の充足

・M&Aを通じて，これまで血汗を流して築き上げてきた事業が正当に評価されることから，満足感を得ることにつながる。

ⅱ．買主の年齢には留意が必要

　第三者承継を行う場合は，買主の年齢に注意する必要がある。なぜなら，買主が売主と同じくらいの年代だと，事業承継の問題がまた近く発生するからだ。

　その場合，売買当事者はM&Aプロセスのどこかのタイミングにおいて次なる事業承継の方向性と計画についてきちんと協議しておく必要がある。

ⅲ．第三者承継の今後の動向について

　第三者承継の割合は大幅に上昇してきているものの，これまでは事業を任せる人，つまり事業の買主を探すのは決して簡単ではなく，多大な手間やコストを要する部分でもあった。

　しかしながら，M&Aマッチングサイトやインターネットでの検索サービスが一般的になってきており，それらは上記問題を解決に導く可能性がある。

> （参考）　第三者承継とスモールM&Aの関係
>
> 　第三者承継は必ずしもスモールM&Aに該当するわけではなく，逆にスモールM&Aも第三者承継に限られるわけではない。そこで本書においては，第三者承継でありスモールM&AでもあるM&A案件を「事業承継型M&A」と定義し，以降はこの用語に基づき第三者承継に該当するスモールM&Aの解説を行うこととする。ちなみに，図で表せば，【図表1-3-6】のとおりの関係となる
>
> 図表1-3-6　事業承継型M&Aと第三者承継・スモールM&Aの関係
>
>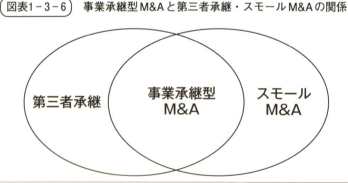

iv．廃業問題と第三者承継について

　事業承継問題に直面している企業で親族内・親族外で後継者を見つけられない場合の選択肢は2つしかない。つまり，これまで述べてきた第三者承継を行うか，廃業を選択するということである。

　ここで第三者承継と廃業について，主要なポイントを比較してみると【図表1-3-7】のようになる。

図表1-3-7 第三者承継と廃業の比較

	廃業	M&A（株式譲渡を前提）
取引金額	• 個別の資産ごとの評価となり，土地など含み益を有する資産があったとしても，足元をみられて時価よりも安い価格での売却を余儀なくされる場合もある。 • 土地建物がある場合，解体・原状回復費用が別途必要となる。	• 個々の資産は株式という形で一体として評価される。この場合，公正価値で評価されることとなるが，これまで培ってきた知的資産の価値や営業権（のれん）を加算した価値で売却される。 • 人気業種，人気企業といった場合には，買主が想定シナジーの一部を放棄して，取引金額の上乗せが期待できる。
ステークホルダーへの影響	従業員の雇用や販売先・仕入先との取引の面で重大な悪影響を与える（＝社会的コストがかかる）。	ステークホルダーとの関係を継続できる（従業員の継続雇用，販売先・仕入先との取引継続など）。

　以上のとおり，廃業して企業を清算するよりもM&Aで事業を譲渡したほうがさまざまな点で優れているのが一般的である。また，別途述べているように，たとえ企業規模が小さくても，以前と比べてM&Aを実施できる環境は整ってきている。したがって，短絡的に廃業という選択を行うのではなく，廃業に直面するような事態に陥る前に早め早めに周りのFAや外部専門家に相談しながら第三者承継をチャレンジしてからでも決して遅くはない。

24

⑵　スモールM&Aに密接に関連したプラットフォームの拡大

　スモール M&A に密接に関連したプラットフォームとして，事業引継ぎ支援センターと M&A マッチングサイト[10] がある。事業引継ぎ支援センターとは第三者承継の支援を目的とした公的機関の１つであり，M&A マッチングサイトとは主として民間ＩＴ事業者が M&A プロセスの効率化を目的として売買当事者のマッチングサービスを提供するものである。いずれもサービスの対象はスモール M&A に限ったものではないが，小規模案件の取扱いが多いことから，スモール M&A 市場の拡大に多大な貢献をしている。

①　事業引継ぎ支援センター

ⅰ．概要

　事業引継ぎ支援センターとは，経済産業省が中小企業基盤整備機構を通じて全国47都道府県に配置した，事業承継型 M&A を促進することを目的とした公的な組織である。同センターは数年前から１都道府県につき１拠点ずつ順次設置されてきた。現在ようやく業務が軌道に乗ってきており，売買当事者にとってスモール M&A を検討する際のツールとして利用価値が高くなっている。

---

10)　古参のM&Aマッチングサイトである㈱トランビによると，マッチングとは「売主と買主それぞれが，匿名でのメールのやりとり後，NDAを締結（差入れ）し，実名にて，対象となる企業や権利等の売買に必要となる諸条件や財務数値情報等をより詳細に確認・協議する意思を有する」と定義している。　本書では，M&Aマッチングサイトで主流の「売主が対象会社の売却案件を登録し，買主候補が登録された売却案件リストを見て，そこから特定の案件を選定して買主候補として名乗り上げる」というビジネスモデルに限定して解説するものとする。

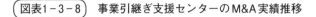

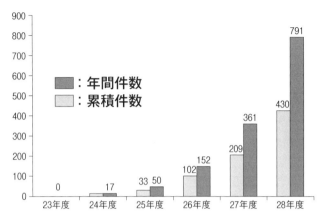

（出所）「日本経済・地域経済を支える中小企業の円滑な事業承継に向けた集中支援」経済産業省

ⅱ．利用価値

　同センターを活用すると全国の売却案件などのデータにアクセスすることができる[11]。公的機関であることから，中立性が担保されており，また一定のスクリーニングのうえでデータベースに情報が掲載されていることから安心感がある。

　そして，最大のメリットは無料でサービスを受けることができることである。

②　M&Aマッチングサイト

ⅰ．概要

　民間のＩＴ事業者により売買当事者のマッチングを主たるサービスとしたＩＴプラットフォーム事業が出現し，いまや対象会社や売買当事者に関する一定

11）　事業引継ぎ支援センターでは，中小企業からの売却案件や買主企業の情報など約２万4,000件のデータを保管しており，そのうち匿名での公開につき了承を得ている約3,000件の情報を金融機関などに限定して公開している。また，経済産業省はこのデータベースをさらに充実させるために，2019年度には地方銀行や税理士が有する取引先情報をデータベースに登録できるようにし，民間のデータベースとの接続も検討するとのことである。

の情報がインターネット経由で簡単に得られる時代となった。その結果，以前は考えられなかったことであるが，不動産や上場株式のように，M&A業界においても一定の流通市場が育ちつつある。

ⅱ．既存のM&A取引に与える影響

M&Aマッチングサイトが提供するサービスにより，既存のM&A取引に次のような影響を与える結果となっている。

● M&Aの取引コストを激減させることが可能になった

　　インターネットをフル活用しているため，従前と比べマッチングコスト（仲介会社の営業コストなど）を大幅に減少させることができる。これまでは小規模の案件であっても仲介会社に多額の報酬を支払うケースもあったが，M&Aマッチングサイトでは報酬総額が比較的安価である。

● M&Aプロセスを進めることが容易になった

　　売買当事者は，FAに依頼しなくても，自ら簡単にM&Aの相手方を探すことが可能になった。また，インターネット経由であるためいつでも情報にアクセス可能であり，また場所にもとらわれることなくM&Aプロセスを進めることができる。

● M&Aの対象案件が拡大した

　　これまでFAや仲介会社が関与することに消極的であった小規模な案件であっても，M&Aの機会が提供されることにつながった。

● M&A取引に関して一定の流動性が付与された

　　これまで企業を買収しても再売却することが難しかった。M&Aマッチングサイトの出現によりこれまでと比較し企業を買いやすくなったが，それは裏を返せば売りやすくなったということでもある。例えば，買収後において買主に特段の事情が発生し急遽売却する必要性が出てきたとしても，M&Aマッチングサイトを利用することで迅速に解決することが可能になった。

ⅲ．M&Aマッチングサイトの選定基準

各 M&A マッチングサイトの外観はとても見栄えがよく，各社はさまざまな形で独自性を追求しながら競争している。利用者にとって考えると，どのサイトを選定するかどうかを判断するうえでのポイントとして，報酬水準，報酬体系，案件の質，案件の量，サービス範囲，ビジネスモデルなどが挙げられるだろう。特に，案件の質と量はクロージング件数に正比例してくるものと考えらえるため，サイト選定において最も重要視する部分といえよう。

ⅳ．補足

M&A マッチングサイトではないが，今は SNS 経由でも案件情報の入手や発信をする時代になっている。参加者が限定されたコミュニティ内でノンネームシートレベルの情報を共有する場合もあれば，オープンな場で比較的限られた情報で売主や買主を募っている場合も見受けられる。このような動向について，実際どのように M&A プロセスを進めていっているのか，どの程度クロージングに至っているかどうかについては不明であるし，案件の守秘性をどのように担保しているかといった点については気になるところであるが，IT 化の進展を反映した M&A プロセスの進化形の１つといえるのではなかろうか。

(3)　個人買主の参入を促進するさまざまな地殻変動

①　個人買主の参入を促進するさまざまな地殻変動

(1)，(2)で述べた以外で，さまざまな地殻変動が発生しており，それらが個人買主のスモール M&A 市場への参入を後押ししていくものと推測される。

図表1-3-9　個人買主の参入を促進するさまざまな地殻変動と個人買主の属性

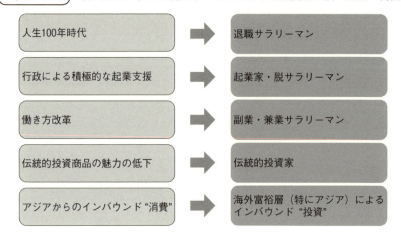

i．退職サラリーマン

　スモールM&Aを通じた新たな人生のスタートは，自分自身の知識・経験をフルに生かせる場ともなりうる。企業で長年経験を積んだシニア層は，ビジネスマンとしての足腰が鍛えられており，例えば前職が大企業のサラリーマンであるならば，大組織で機能的に働いていた経験そのものが，スモール企業へのノウハウの引継ぎという形で，一種の社会貢献につながりうる。それがたとえ元役員といった華やかな経歴でなく管理職レベルであったとしても，大企業であれば一定数の部下を抱えた経験があることから，スモール企業でいえば十分社長・役員と同じレベルの責務を負って業務に従事してきたともいえ，スモール企業のトップとして必要な資質を十分兼ね備えていることが期待できるだろう[12]。

---

12)　ただ，企業規模の大小を問わず社長という立場でしか得られない経験や立ち振る舞いといったものも求められる。そのような暗黙知については，事前に自分自身で足りないスキルを整理しておき，買収後可及的速やかにキャッチアップが必要な部分もあるだろう。

> **（参考）　人生100年時代到来に伴う新たな生き方の１つとしてのスモール M&A**
>
> 　2016年秋に出版されたベストセラー『LIFE SHIFT』（リンダ・グラットン，アンドリュー・スコット，東洋経済新報社）は，豊富な統計データで平均寿命100年時代の到来を予言し，長寿化社会の働き方に一石を投じている。同書において，人生 100 年時代においては，人々はこれまでの「教育・仕事・老後」という３ステージの単線型の人生ではなく，マルチステージの人生を送るようになると述べている。また，ある海外の研究をもとにすれば「日本では，2007 年に生まれた子供の半数が 107 歳より長く生きる」と推計されており，日本は健康寿命が世界一の長寿社会を迎えることになる。こうした長寿社会を世界に先駆けて迎える日本において，個人の人生や社会をより豊かにするために，家族のあり方の変化，生涯学習の重要性，スポーツや文化芸術活動・地域コミュニティ活動などへの積極的な関わりなどが指摘されている。そして，私案ではあるが，今後訪れる長寿社会に求められる人生の再設計の１つの解として，スモール M&A の実行を通じて経営者として新たな生き方を模索することも一つの可能性として十分あるのではないかと考える。

ⅱ．起業家・脱サラリーマン

　現在，国や地方自治体などにおいてさまざまな形で積極的な起業支援が行われている。政府は諸外国に比べて日本の起業率の低さを問題視しているが，例えば廃業リスクの高い企業をスモール M&A を通じて復活できるのであれば，スモール M&A は純粋な起業ではないものの起業と類似する効果があるといえるのではないだろうか。つまり，廃業してしまうと企業数が１社減少してしまうが，スモール M&A により廃業を免れると企業数は変わらない（つまり，廃業により１社減少したが，新たに１社起業したと考えることもできる）（別途 P290事業承継型スタートアップを参照）。また，脱サラして事業を立ち上げるサラリーマンも起業家の１つである。特に社内で新規事業を立ち上げた経験がある者にとっては，ある程度の経験を有しているため，起業は比較的抵抗感

30

が少ないだろう[13]。

そして，ゼロイチ起業と比較してスモール M&A で事業を興す場合，さまざまな長所がある点も見逃せない。典型的には，スピーディーに，場合によっては事業リスクを限定して企業経営をスタートさせることができるのである。

ⅲ. 副業・兼業サラリーマン

昨今，個人の生き方に関して，さまざまな視点から新たな見方が示されている。そのムーブメントの 1 つとして，サラリーマンの副業・兼業促進がある。

厚生労働省では，「働き方改革実行計画」（平成29年 3 月働き方改革実現会議決定）を踏まえ，副業・兼業の普及促進を図ることとし，その具体的な施策として，平成30年 1 月に「モデル就業規則」[14]に副業・兼業についての規定を新設するとともに「副業・兼業の促進に関するガイドライン」を公表している（したがって，2018年は「副業解禁元年」と呼ぶ方も多い）。

その流れを受ける形で，これからのサラリーマンにとっても，副業・兼業の新たな形としてスモール M&A を通じて企業経営に携わることが選択肢の 1 つとなる可能性がある。例えば，一定期間ごとに安定収入が見込まれるストック型事業を行う企業を買収した場合，さほど事業運営の手間を要しないことから，現業を続けながら経営者という立場を確保することも決して不可能ではない。これまでも不動産投資や親族の死亡により不動産を相続した場合において，その土地にマンションを新たに建設するなどして不動産賃貸経営を営むケースはあったが，スモール M&A を通じた会社経営はそれを一歩二歩進めた形といえよう。

ただ，副業・兼業が認められていても，同一事業や類似事業を行うことは制限しているなど，社内規則で定められたルールを順守することを怠ってはなら

---

13) ただ，日本企業の場合は，新規に何かを生み出すというよりは既存事業上の欠点や課題を改善していくことに長けている場合が多いため，起業と自らのスキルやマインドとの間で本当に親和性があるかどうかをしっかりと見極めてから行動したほうが安全であろう。

14) 「モデル就業規則」とは，厚生労働省が作成および公表しているものであり，企業が就業規則を定める際に参考とする規則をいう。

ない。

iv．伝統的投資家

スモール M&A も投資の 1 つの形であり，次のような理由により，昨今新たな投資手段として脚光を浴びるようになってきている。

（図表1－3－10） スモール M&A が伝統的投資家に脚光を浴びてきている背景

伝統的投資商品の投資リターンの低下

現在株価や不動産価格が高止まりしており，投資利回りが低下しているといわれている。それに加えて，今後の市況の不透明感を指摘する専門家もいる。

投資対象としての面白さ

伝統的投資商品の投資に対するリターンは市況などの外部要因に依拠する部分が大きい「受身型」である一方，M&A は投資後における自らの経営の巧拙によりリターンが変動する「能動型」であることから，そこにワクワク感ややりがいを感じるという意見もある。

新たな経営者マーケットの広がり

退任した役員などを対象としたプロ経営者派遣サービスや顧問派遣サービスなどが広がりを見せている。したがって，買主が経営に自信がなかったとしても，純粋な投資としてスモール M&A を行い，経営については外部の専門家に依拠することも可能な状況にある。

v．海外富裕層（特にアジアからのインバウンド投資）

P286にて解説しているのでそちらを参照いただきたい。

② スモールM&Aが個人の生き方に与えるインパクト

これからの人生を歩んでいくうえで，スモール M&A は人生をさらに豊かにするための選択肢の 1 つではないだろうか。確かに，M&A は総合格闘技といわれるほど広範囲にわたる知見が求められるし，買収後は経営者として辣腕を奮い，場合によっては経営のテコ入れなどタフな業務を行う必要もある。しかしながら，数多くの困難に直面しながらも苦労をして事業を育てていくとい

う経験は，同じ投資でも伝統的投資商品とは比較にならないほどの満足感を味わうことができ，経営者としても人間としても大きく成長させるものである。また，万一事業に失敗したとしても，スモールM&Aは文字どおり小規模であるため，致命傷は回避して再挑戦することが可能なレベルである点も見逃せない。

―第2章―

スモールM&A概論

第1節 スモールM&Aの特性

(1) M&Aの特性

　スモールM&Aの特性に入る前に，まずは一般論としてM&Aの特性について触れたい。M&Aは商取引の一形態であり，対象会社のリスクと経済価値を売主から買主へ移転する取引である。しかしながら，M&Aは特殊な取引であり，債権，金融商品，動産，不動産といったモノの売買とは次のような点で異なる。

① 企業単独ではなくステークホルダーを巻き込んだ一体としての取引

　【図表2-1-1】に示すように，会社という法人格（器）だけではなく，個々の経営資源や企業を取り巻くステークホルダーが有機的一体となって相互作用している全体を譲渡する取引である。したがって，社会の公器である企業の将来を見据えて，売主だけの目線ではなく，できる限りステークホルダー（従業員，取引先など）の立場も鑑みて判断することが望ましい。

② 多くの関係者が関与

　売買当事者のみならず，FAや外部専門家，間接的に影響を受けるステークホルダーなど，多くの関係者が介在する場合が多い。これは特に大規模M&Aの場合顕著である。

③ 評価方法と評価額が多種多様であり，能動的に変動する

　M&Aにおいては，さまざまなバリュエーション手法があり，そしてそれぞれの手法で算定される価値は異なる。また，どの買主が買収するかによっても

第2章 スモールM&A概論　35

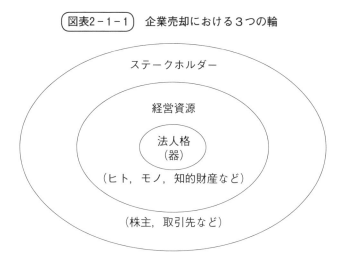

図表2-1-1　企業売却における3つの輪

評価額が異なってくる。さらに，クロージング後においては対象会社の価値は買主の経営手腕の巧拙で大きく変わってくる。株式などの金融商品も値動きがするが，市況などの外部環境によって変動する部分が大きく，自ら自由に変えることはできない受動的なものである。

④ スケジュール管理が難しい

　M&Aプロセスは当初設定したスケジュールより遅れることが多い。これはM&A固有の問題というわけではなく，複数のメンバーが1つのプロジェクトに関与する場合によく直面する問題である。特にプロジェクトの関係者が多くなると，それに反比例して案件進行のスピードが遅くなる傾向がある。ただ，M&Aの場合は下記理由によりこの問題が顕著に現れるケースが多い。

- M&Aプロセスの進捗は「ウォーターフォール型」[1]の一形態といえ，チー

---

1) ウォーターフォール型とは，ITシステムの開発を行う際に，「基本計画」「外部設計」「内部設計」「プログラム設計」「プログラミング」「テスト」という工程に分けて，順に段階を経て行う方法である。前の工程には戻らない前提であることから，下流から上流へは戻らない水の流れにたとえてウォーターフォールと呼ばれている。
（出所）http://www.okapiproject.com/computer/leran_comp/sysdev/sd_01_003_0.htm

ムの誰かが先に作業を終えたとしても，一番スピードの遅いメンバーに合わせて，次のM&Aプロセスに移行することになる。したがって，チームのうちの一部メンバーの作業が滞るとどうしても当初予定したスケジュールよりも遅れがちになってしまう。

- M&Aは特殊な商取引であるため不慣れな場合が多く，また，売買当事者はその時々で重要な経営判断が求められることから，どうしても意思決定のスピードが遅れがちとなる。
- M&Aの場合は，どうしても関係者全員または一定人数が集まって協議をすることが多く，ミーティングひとつをとってもその調整に時間を要するケースが多い。
- M&Aは一般的に数か月，半年，1年，場合によっては複数年とクロージングに至るまでに一定の期間を要する。その過程においてM&Aプロセス進捗に重大な影響を与える想定外の事態が発生することがある（下記参考例）。
  - ➢ 対象会社の直近業績が想定よりも大きく下回った。
  - ➢ M&Aの情報が漏洩し，トラブルが発生した（例：キーマンや従業員の退職）。
  - ➢ 売主の親族や少数株主などがM&A実行に強く抵抗を示すようになった。
  - ➢ DDにおいて重大な事実が発覚した（例：多額の簿外債務の発覚）。

⑤ 取引の個別性が強い

会社は個々の経営資源がパズルのように複雑に絡み合ってできた生き物のようなものであり，まったく同じ企業など存在せず，類似する企業（同業他社）であっても，売上規模，強み，社風などいろいろなところで差異がある。このように企業ごとの個性が強いことからM&Aプロセス中の個々の作業や手続の標準化が難しく，M&Aプロセスを円滑かつ効率的に進めることに限界がある。

第2章　スモールM&A概論　37

⑥　自身の意思どおりに取引できない可能性が大きい

　M&Aはタイミングの問題がある。すなわち，いつどんなタイミングで買主が望む条件を有する案件に巡り合うかわからない。

　また，M&Aプロセスに入ったとしても，買収できるかどうか，希望した条件で買えるかどうかは売主との交渉次第である。さらに，取引終了までにある程度（通常数か月から1年程度）の期間を要する。これは不動産の売買と類似しているが，不動産の場合と異なり，クロージングまでに要する期間はM&Aプロセスの最初のほうにさかのぼるほど読みづらい。

⑦　多種多様なスキルが要求される

　M&Aプロセスを最後まで導くためには多面的な知識が必要となる。それは専門的スキル（会計，税務，戦略論，組織論，法務，人事，IT）に留まらず，交渉術，心理学，マネジメントスキル，コミュニケーションスキル，人間力なども必要である。まさにM&Aが総合格闘技と呼ばれる所以である。そして，M&Aに関わることにより，副産物として，こういったさまざまな知識を短期間で学ぶことができる格好の教材であるという点も無視できない。

⑧　後戻りできない取引

　M&Aは，基本的に，特定商取引法などに基づくクーリングオフ制度のように，取引を完了させてから一定の条件のもとで契約を解除できるという性質のものではない[2]。また，市場性や流動性がなく[3]，さらに，ステークホルダーとの関係性も考慮する必要があるため，買収した後に短期的に売却することは難しい。

---

2)　ただし，合併，会社分割，株式交換・株式移転といった組織再編行為では，一定の場合において，当該組織再編行為を無効にすることが可能である。

3)　流動性がない点については，M&Aマッチングサイトの出現により，一定程度緩和されることが期待できる（P25参照）。

⑨ 厳格な守秘性が要求される

関係者は全員，M&A案件にかかる守秘義務の遵守および秘密情報の管理を最重要事項の1つとして認識する必要がある。M&Aプロセスは場合によっては長丁場になることもあり，誰かのちょっとした過ちなどにより案件にまつわる秘密情報が漏洩した場合は，M&A取引自体が台無しになりかねない。例えば，案件にまつわる秘密情報が流出した場合，キーマンが退職したり，重要取引先との関係が悪化してしまったりといった対象会社の価値に甚大な悪影響を及ぼす事態が発生する可能性がある。

(2) スモールM&Aの特性

① 売買当事者の判断は主観的になりがち

スモールM&Aの売買当事者は，双方ともに，M&Aプロセスの過程において判明した論点や問題に対してロジカル・客観的に判断するというよりも，むしろ直感的・主観的に判断を行い，案件の方向性を決めていってしまう傾向がある。また，売買当事者のリスクに対する受け止め方（リスク愛好的かリスク回避的か）によっても判断に差が出てきがちである。

② ロジックよりも感情が優先

【図表2-1-2】のとおり，スモールM&Aの場合は売買当事者の感情に注目する必要がある。例えばM&Aプロセスの過程で売買当事者の感情を損ねるような問題が発生した場合，案件の進行が滞ったり，ディールブレイクしてしまうことがありうる。したがって，売買当事者の相性が合うかどうかが非常に重要な要素である。

第2章　スモールM&A概論　39

図表2-1-2　スモールM&Aの一連の流れにおける売買当事者の心の動き

	売主	買主
トップ面談	◎ 高い関心	
初期的情報の開示	○ さほど負担ではない	◎ 高い関心
バリュエーション	◎ 高い関心 ただし価値算定の詳細部分については理解が困難な場合もある	
DD	× 情報提供の対応で多大なストレスを感じる	△ 調査・分析のポイントがつかめず作業にストレスを感じがち。外部専門家に依拠することも多い
契約交渉・DA締結	△ 交渉にストレスを感じる・論点の認識が困難となりがち	
クロージング	○ 若干のためらい，最後の決断	○ 将来の展望への期待と若干の不安

◎…非常に前向き　○…前向き　△…若干の抵抗感　×…強い抵抗感

③　売主の親族への配慮の必要性

　スモール企業の場合は，売主の親族が役員や従業員といった立場で対象会社の経営や事業運営に関与している場合が多い。また，株主である場合も散見される。そのため，スモールM&Aにおいては売主の親族の意向も斟酌しながらM&Aプロセスを進めていく必要がある。

④　結果重視で迅速なM&Aプロセス進行

　売主の振る舞いとして，個々のM&Aプロセスを細かく検討していくというよりも，希望の条件でクロージングするかどうかという結果を重視しがちである。これは，個々のM&Aプロセスを細部にわたり慎重に進めていく大規

模M&Aとは異なるものである。また，スモールM&Aの場合，関係者が少なく売買当事者の独断による場合が多いため，一般的に速いスピードでM&Aプロセスが進行する場合が多い。

具体的には，3ヶ月から半年程度でクロージングに至る場合が多いといわれている。また，次のような場合にはさらに短期間でクロージングに至ることも可能である。

- 案件がシンプルで規模も小さいため，M&Aプロセスの一部を省略したり[4]，DDや契約交渉が極めて限定的な場合
- 売買当事者が隣接地に位置していて旧知の仲であり，すでに信頼関係ができ上がっている場合
- 買主が対象会社やその属する業界を熟知しており，事業リスクを瞬時に判断できる能力を持っている場合
- コスト負担を鑑み，FAや外部専門家を全く雇わない場合（ただし，この場合，重大なリスクが潜んでいる可能性がある）

⑤ 新たな買主として個人が参入

M&Aマッチングサイトの勃興などにより，スモールM&A市場において有力な買主として個人が台頭してきており，日増しにその存在感は大きくなってきている（詳細はP27）。

⑥ 相手方の素性に注意を払う必要性が高い

大規模M&Aの場合，売買当事者がM&A独特の作法や常識，遵守すべき事項をきちんと理解しているため，通常安心してM&Aプロセスを進めていくことができる。

スモールM&Aでは，前述のとおり，個人買主など，これまでのM&A案

---

4) 一例を挙げると，初期的情報の開示やMOUを締結せずして直接DDプロセスに進む場合がある。しかしながら，できれば個別のM&Aプロセスを省略せずにMOUを締結して基本的な合意事項をお互いに確認してから進めることが望ましい。MOUによって合意事項がきちんと書面として残るため，ボタンの掛け違いといったトラブルが発生することが防止できるためである。

件においてほとんど存在しなかった属性の売買当事者の参入が想定される。

そこで，以下に例示するような売買当事者として好ましくないものがM&A市場に参入してくる可能性を懸念している専門家もいる。

- 誠実性に欠ける買主（例：そもそもM&Aを進める意図はなく，単に同業他社等の情報収集を目的としている）
- 倫理観が乏しい買主（例：守秘義務遵守の姿勢に問題がある）
- バックグラウンドに問題がある可能性がある売買当事者（例：反社会的組織との関係が噂されている）

この場合のリスク回避の手段として，有償で一定の信用調査を行うことも選択肢としてあるし，経験豊富であったり幅広いネットワークを有するFAや外部専門家に依頼し相手方の風評について情報を収集してもらうことも一案である。

⑦　友好的M&Aが前提

スモールM&Aにおいては大規模M&Aでたまに見かけるような敵対的M&A[5]はなく，友好的M&Aが前提となる。したがって，従業員の雇用継続や処遇，対象会社の重要取引先や売主の個人保証や担保などの買主への引継ぎ，対象会社の社名やブランドの取扱いなどのさまざまな条件について，売買当事者間であらかじめ友好的に合意したうえで取引を実行することになる。

⑧　M&Aに不慣れな者同士の取引の増加

スモール企業においては，自社が売却できるとは思いもよらなかった経営者も多く，仮に売却する機会があったとしても一生に1回あるかないかのイベントであるので，M&Aに慣れていなくて当然といえる。一方，買主について考えてみると，スモールM&Aにおける有力な買主として個人の存在があるも

---

5) 敵対的M&Aとは，買収者が，買収対象会社の取締役会の同意を得ないでM&Aを仕掛けることをいう。スモールM&Aの場合には対象会社が取締役会設置会社であることは少なく，また所有と経営が一致していることが一般的であるため，大株主であり経営者でもある売主の意向に反してM&Aが実行される可能性は極めて限定的である。

のの，まだスモールM&A市場が成長半ばで本格化する前の段階ということ
もあり，今のところ個人買主でM&Aに慣れ親しんだプレイヤーは非常に限
定的である。したがって，このように現時点ではスモールM&A市場は拡大
していっているものの，まだ売買当事者の多くがM&Aに精通しているとい
うほど市場は成熟していないものと推察される。

⑶　M&Aプロセスにおける大規模M&AとスモールM&Aの違い

【図表2-1-3】のとおり，大規模M&AとスモールM&Aでは，M&Aプロ
セスの各所においてさまざまな観点で相違が見られる（双方の間で大きな差は
ないプロセスについては下表から省略している）。

図表2-1-3　大規模M&AとスモールM&Aの主たる相違点（個別プロセス別）

		大規模M&A	スモールM&A
ソーシング		• 投資銀行などの大手金融機関からの案件紹介が一般的	• FA，士業専門家などさまざまなルートより案件の紹介を受ける • M&Aマッチングサイトを活用することも可能
	売主のスタンス	• 特に問題はない場合が多い（ただし，開示情報が膨大となり，DDの対応に負担がかかる場合が多い）	• 消極的である場合が多い（漠然とした不安，DDに不慣れ，情報準備の怠慢など）
	資料整備状況	• 特に支障ない場合が一般的	• 乏しい場合が多い（資料がない，内容が不完全など）
	DD期間（作業日数）	• 一定の時間を要する（数週間から1ケ月程度）	• 短期間であることが多い（数日～1週間程度で終了することが多い）

第2章　スモールM&A概論　43

DD	内部統制（各種規則の整備およびそれらの運用状況）	• 通常内部統制システムが整っており，特に問題ない	• 不十分な場合が多い（個人資産と会社資産の混同，法的文書や社内規則の不備など）
	関係者間取引	• グループ企業間取引（親会社からの借入金など）	• 売主・親族と対象会社間の取引（役員借入金，不動産の賃貸借など）
	DDの種類	• 財務・法務・ビジネス・人事のみならず，環境・ITなども含むこともある	• 財務・法務・ビジネス（・人事）のみが一般的
	情報量	• 非常に多くて，複雑	• 少なく，簡潔
バリュエーション		• 論理的評価手法に基づく	• 論理的妥当性は別として，シンプルで理解が容易な評価方法を用いるケースが多い
スキーム検討		• 状況に応じて多様なスキームから最適なものを選択する	• シンプルで採用されるスキームは限られる（株式譲渡，事業譲渡，会社分割程度）
DA契約交渉	DAの各条項に対する理解	• 理解している（法務部もM&Aチームメンバーとして関与）	• 理解していないケースもある
	文量	• 多い	• 少ない
	交渉スタイル	• ドライ，ロジカル思考，好戦的	• 感情的，友好的
	交渉体制	• 基本的に友好的M&Aであるが，FAを含め関係者が多い • 長期間にわたる交渉	• 友好的M&Aが前提であり，関係者が少ない • 短期間での交渉
	M&Aチーム組成	• 十分な人数（経営企画部門，その他関係部署からそれぞれ選出）	• 1名から数名
	意思決定	• 遅くなりがち（機関決定の日程の都合も考慮する必要がある）	• 早い（売買当事者の独断である場合が多い）

その他	M&Aへの慣れ	・企業にもよるが慣れているケースが多い	・不慣れな場合が多い
	外部専門家によるサポート	・通常あり（小規模案件や重要性が乏しい場合は社内リソースのみで対応する場合もある）	・予算の関係上，依頼しない場合もある
	FAのサポート	・通常あり	・ない場合も多い。あったとしてもFAではなく，仲介会社の場合も多い

（参考） 企業ライフサイクルごとに見たスモールM&A

企業ライフサイクル別に適するスモールM&Aを考えた場合，およそ次のことがいえる。

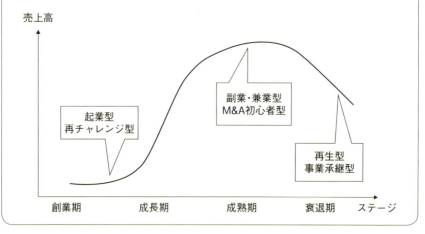

図表2-1-4 企業ライフサイクル別で見たスモールM&Aの適合性

i．創業期・成長期

起業を検討している場合，起業の代替手段として，事業の方向性が定まって

いないような創業期の企業を買収することは選択肢の１つである。

　また，創業期・成長期でうまく事業を軌道に乗せることができなかった企業は，生き残りをかけて他社への売却を模索する場合もあろう。

　なお，創業期・成長期の企業で独自の技術を持っていたり，創業期の困難を乗り越えて安定成長の軌道に乗った場合，理論的に説明がつかない高値で売買されることが多いため，本書の対象には含めていない。また，創業期・成長期でうまく事業を軌道に乗せることができなかった場合は，生き残りをかけて他社への売却を選択する場合もある。事業の方向性が定まっておらず，高成長の段階に至っていないような創業期の企業の場合，起業の代替手段として比較的安価での買収が可能なケースも存在する。

ⅱ．成熟期

　成熟期に属する企業は，一般的に収益やキャッシュフローが安定しており，事業リスクは低い。また，会社の経営資源（ヒト・モノ・カネ・知的財産）も潤沢とはいえないまでもある程度存在しており，十分に活用することができる。したがって，そのような会社はM&Aに不慣れな買主にとってとっつきやすい。また，対象会社の経営に全力をそそぐことが難しい副業・兼業目的で買収したい個人にも向いているだろう。

ⅲ．衰退期

　衰退期に位置する企業は，業績不振が継続していたり，多額の借財等により財務内容が厳しい会社が多いため，企業売却を余儀なくされるケースがある。

　なお，このようなステイタスの企業を売却する場合，いくつかの障害を乗りこえる必要がある場合が多い（私的再生手続を経たうえで売却するなど）。その他，事業承継を控えているが後継者不在の状態が続いていたり，すでに後継者が継いだがうまくいっていない会社の場合も，前述の通り第三者承継が有力な選択肢である。

第2節　個別プロセスごとのポイント整理[6]

(1) M&Aプロセスの全体像

M&Aプロセスは以下のとおり，大きく分けて，プレM&A，エクセキューション（案件実行），ポストM&Aの3つのフェーズに分かれる。

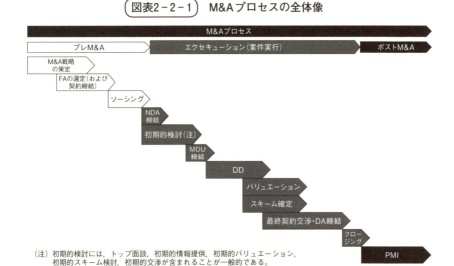

図表2-2-1　M&Aプロセスの全体像

(注) 初期的検討には，トップ面談，初期的情報提供，初期的バリュエーション，初期的スキーム検討，初期的交渉が含まれることが一般的である。

---

6) プレM&Aは，ソーシングを除き，本書の別の箇所にて解説しているため，本節における解説からは除外している。

(2) ソーシング

　具体的に M&A の検討に入っていくうえでまず最初に重要なのは，協議を進めるのにふさわしい理想的な相手と巡り合うことである。そこでスモール M&A 検討の最初のステップとして，できる限りの調査を経てあらゆる可能性から候補先を検討し（ステップ1：ターゲット企業の選定），そこで選定された候補先に実際にアプローチを行う（ステップ2：ターゲット企業へのアプローチ）。この2つのステップは，一般的にはソーシングと呼ばれている。

　なお，通常この段階ではまだFA契約は締結していないことが多いが，この作業はデータベースの使いこなしや企業の絞込みにコツがあるので，この時点からFAと協働したり意見交換をしながら，進めるほうが望ましい。ただ，全体の作業をFA主導で進め，ステップ1でまとめられるターゲット企業リストがFAの"思込みリスト"となっては意味がないので，売買当事者も必ず主体的に関与して絞込みを行うべきである点に留意されたい。

① ステップ1：ターゲット企業の選定

　ターゲット企業は【図表2-2-2】のターゲティングファネル[7]という3つの作業を進めることによって選定する。

---

7) ターゲティングファネルとは，ターゲット企業を絞り込むための一連の過程をフェーズ分けしてモデル化したものである。なお，ファネルとは，日本語でいうと「漏斗」という逆三角形，すり鉢状の形をした器具のことを指し，ターゲット企業を絞り込む様を図にすると，漏斗で濾した様子に似ているところからそう呼んでいる。

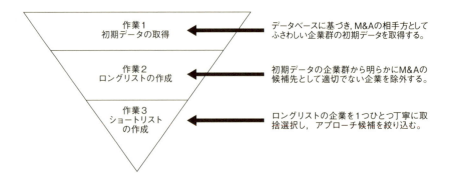

図表2-2-2　ターゲティングファネル

なお，ターゲティングファネルで望ましい形は，【図表2-2-3】のDの逆三角形である。

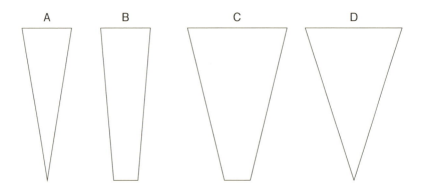

図表2-2-3　ターゲティングファネルの形

　Dの場合は，初期データの取得時において母集団が幅広く取られており，網羅性の確保という観点で望ましい。そして，ロングリストの段階で，ある程度まで候補が取捨選択され，ショートリストの段階でピンポイントで数社から10社程度までに絞り込まれていることから，効率的にアプローチが可能となるためである。

ⅰ．作業１：初期データの取得

初期データの取得とは，M&Aの相手方としてふさわしい企業を一定のクライテリアに基づきリストアップすることをいう。なお，この場合，リストアップする企業の網羅性担保および作業効率化の観点から，市販のデータベースを活用することが比較的よくみられる。

ただ，スモール企業は非上場企業であり，非上場企業の情報を豊富に有するデータベース業者は非常に限定的である点に留意が必要である。

データベースで初期データを取得する際に一定のクライテリアを設定する必要があるが，主要なものでいうと，【図表2-2-4】のような項目に条件設定して，機械的にリストアップする。細かい話ではあるが，この場合，AND設定（AかつB）とするか，OR設定（AまたはB）とするかにより出力データ数に大幅な差が生じる。

【図表2-2-4】 初期データ取得時の条件設定の例示

項目	条件
業種	飲食業
規模	年商3,000万円以上2億円以下
地域	東京都内
従業員数	30名以下

なお，上記項目のうち，業種の設定において悩むケースが比較的多い。これは，次に示す業種分類資料のいずれかから情報を取得するとよい。なお，一般的には，非常に細かく業種分類されている日本標準産業分類のほうが望ましいだろう。

● 日本標準産業分類

http://www.soumu.go.jp/toukei_toukatsu/index/seido/sangyo/index.htm

● 業種コード表

http://www.pref.mie.lg.jp/common/content/000151581.pdf

ⅱ．作業2：ロングリストの作成

ロングリストの作成とは，作業1で取得した初期データをデータベース上の細かい操作あるいは手作業で取捨選択していき，最終的にある程度の社数まで絞り込むことをいう（数十社程度が多い）。

初期データは，特定の条件設定に基づきデータベースから機械的に出力されるものであるため，明らかにM&Aの相手方としてふさわしくない企業が含まれていることが頻出するためこのような作業が必要となる（なお，作業1の条件設定が的確で，取得した初期データがそのままロングリストとして活用できる場合には，この作業は不要であるが，そのような場合は非常に限定的であろう）。

ⅲ．作業3：ショートリストの作成

作業2で作成したロングリストを精査して少数の企業に絞り込む作業である。

具体的には，1社1社ホームページをチェックしたり，ニュース検索などにより別途追加で情報を入手して分析したり，売買当事者の目利きを反映させるなどして，通常1社～10社程度まで絞り込む。ここで複数社を選定した場合には，FAと意見交換しながら，次のステップであるアプローチの優先順位をつける。

②　ステップ2：ターゲット企業へのアプローチ

ショートリストを作成した後は，（売主の場合は）ノンネームシートを作成し，ターゲット企業にアプローチし，初期的な意向確認を行う。なお，M&Aは守秘性が厳格に求められることから，この場合FAが対応することが一般的である。

ⅰ．売主が買主にアプローチする際の留意点

売主からアプローチする場合は，アプローチして売却意思を示すこと自体が守秘性が高くセンシティブな情報であるため，ノンネームシートの中ではでき

る限り対象会社の情報を開示することなく相手方に興味を持たせることが望ましい。そして，強い関心を示した買主に対しては，ネームクリアを求め，NDAを締結のうえで，対象会社にかかる初期的な情報を提供しながら正式に協議に入っていくことになる。

　ちなみに，ノンネームシートを提示した際に買主の意向を確認するが，その場合，状況が許せば次のような点もヒアリングしたほうが望ましい（【図表2－2－5】参照）。

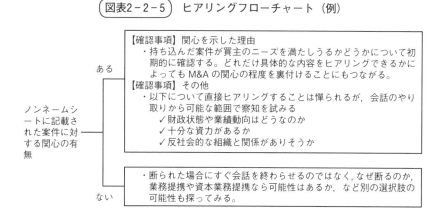

(3) 初期的検討段階

① 初期的情報開示

ⅰ．買主への初期的情報の開示

　NDAを締結するとMOU締結に向けて，売主から買主に対して対象会社にかかる初期的な情報開示が行われる。この場合，IMの形式で情報が提供されることがある。この過程を経ることで，買主の対象会社に対する理解が深まるとともに，売買当事者間の信頼関係が醸成され，MOU締結に向けた協議が円

滑に進んでいくことが期待できる。なお，IMには特に決まったフォーマットはないが，【図表2-2-6】において一般的に記載される項目を列挙したので，参考にしていただきたい[8]。

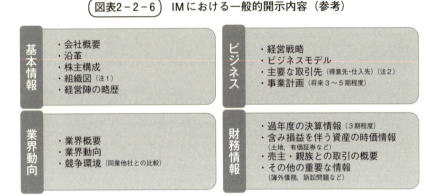

（注1）ただし，組織図を作成する必要がないほどシンプルな場合も多い。
（注2）守秘性が高いので，この段階では匿名とすることが一般的である。

ⅱ．IMの必要性

　スモールM&Aの場合，IM作成の手間に比して買主が得られるベネフィットが少ない場合もあるので，作成を省略してもいい。大規模M&Aにおいては，IMは見栄えが立派な形で買主に提供されることが多いが，買主にとって重要なのは形式ではなく実質である。すなわち，売主から見た目のいい資料を入手することが目的ではなく，初期的な検討を行うために必要十分な情報を収集することが目的である。その点で考えると，形式にこだわって売主に余計な負荷を与えるのは得策ではない。その代わりにIMと同一レベルの情報ですでに手元にあるものを適宜開示してもらったり（【図表2-2-7】参照），直接面談して質疑応答を行うというような簡易DDの形でもまったく問題がない。

8）大規模M&AのIMにおいて通常含まれる項目のうち，スモールM&Aにおいて明らかに含まれる可能性が低い項目は除外している。

第2章　スモール M&A 概論　53

図表2-2-7　IMに代替して買主が入手可能な情報（例示）

基本情報

株主構成

まずは税務申告書の別表2を確認する

業界市場動向

属する業界の概要

すでに作成されたものがあれば渡す。
なければ口頭で説明を受ける。あるいは，
買主が情報提供会社より業界情報を入手

財務情報

土地や有価証券の時価

公開情報をもとにFAが代理で試算

過年度の決算情報

税務申告書を確認

②　トップ面談

ⅰ．トップ面談の重要性

　スモール企業の経営者は，事業規模が小さいにもかかわらず厳しい環境をくぐり抜けてきて必死で事業を切り盛りしてきたことから，各々が強い個性を有している場合が多い。一方で，スモール M&A は友好的買収である。したがって，トップ面談を設定し，お互い素の状態で相性が合うかどうかを互いに見極めることが重要である。また，ここで双方が相手方をしっかり理解しておくと，DD や契約交渉といったその後の M&A プロセスも円滑に進むことが期待できる。

　逆に，この M&A プロセスを省略してお互いの相性を確認することなくM&A プロセスをどんどん進めたり，面談において相性が合わなさそうな印象であったものの無理に M&A プロセスを進めてしまうと，結局どこかのタイミングで破談となり，双方に多大なコスト（金銭，時間など）が発生する可能性が高い。また，仮にクロージングしてもその後売主は一定期間さまざまな形でサポートをすることが多いので，そこでトラブルが発生するリスクがある。

ⅱ．トップ面談の方法

●タイミング

トップ面談を行うタイミングはケースバイケースであるが，1回目の面談はエクセキューションのできるだけ早い段階で場を設けることが望ましい。イメージとしては，買主にある程度情報がインプットされた状態で行う方がお互い満足にディスカッションが行えるため，初期的情報開示が行われた直後あたりで実施することが適当であろう。また，1回で終わらせるのではなく，何回も会合を重ねることが望ましい[9]。

●形式

やり方は至極単純である。フォーマル・インフォーマル双方の場でコミュニケーションを持つ機会を設定する。なお，会食や一緒にゴルフなどのスポーツをすることで，相手の人となりにとどまらず健康状態がわかる場合もある。

●出席者

以下のとおり，第三者目線で客観的に状況を捉えることができることから，可能であるならばFAも同席することが望ましい。

- 面談において脱線しそうなときにうまく場をコントロールする
- 売買当事者のM&Aにかける意欲の度合いを測る
- 売買当事者の本音を探る
- 売買当事者の相性を見極める

●開催場所

社内で行う場合は平日を避け休日に行うことが望ましい。平日に行う場合には，経営者は顔が知られている可能性があるため，開催場所は社外とし，例えば顧問弁護士・税理士のオフィスやホテルの会議室などで行うよう配慮すべきである。

---

9) ザイオンス効果が期待できる。ザイオンス効果とは，アメリカの心理学者ロバート・ザイオンスが提唱したものであり，何度も繰り返して接触することにより，好感度や評価等が高まっていくという心理効果をいう。

iii．トップ面談を成功裏に終えるためのポイント

●共感型コミュニケーション

初回面談から M&A に対する強い欲望をあからさまに会話を進めようとすると，相手方は警戒感をもって拒否反応を示したり，今後の交渉上不利な立場においやられかねない。特に買主が売主にアプローチする場合には，売主はセンシティブに反応することが多いので，特に注意が必要である。

そこで，まずは次のようなことからディスカッションすることが望ましい。

- 双方が置かれた外部環境（市場動向，競争環境など）についての意見交換
- 課題認識の共有（特に同業他社の場合）
- 喫緊の悩みのヒアリング（可能であれば同調する）
- お互い連携した場合のメリットについての意見交換（正しいかどうかは二の次である。それに対する相手の反応が今後 M&A プロセスを進めていくうえでの重要なヒントとなりうる）

●効果的な台本の準備

面談がスムーズに運ぶよう，FA に相談しながら一緒に台本を用意し，事前にロールプレイングを行うほうが安全である。

基本的に売買当事者が話しやすいように台本を準備すればよく，特に長々としたスクリプトまで用意する必要はない。また，特段かしこまった文章にする必要はなく，自分を出すことが肝要である。ただ，自分目線のメッセージだけを発するのではなく，相手方にベネフィットを意識させる伝え方が望ましい。

なお，買主についていえば，M&A プロセス当初は交渉力が弱い場合が多いので，聞く姿勢というよりも，なぜ買いたいのかということを自分から積極的にアピールしていくことが望ましいだろう。

●トップ面談における態度

トップ面談では，M&A に対するスタンスだけでなく，人柄まで問われる。

初回の面談で，例えば，業績が悪い原因や従業員の平均給与はどれくらい

であるかというような質問をいきなりしては，相手からの印象を悪くしてしまうだろう。

また，当然ながら上から目線の態度で臨むのもよくない。現在は売り手市場であるから売主が傲慢な態度で面談に臨んだり，逆に，業績不調の企業だからといって買主は高圧的な姿勢で臨むのもよくない。相手はそのような態度を本人が思っている以上に敏感に察するものなので注意したい。

●適度な懐疑心

数回の面談で，人となりや本音の深い部分まで理解することは簡単ではない。

したがって，売買当事者は相手方の言動や相手方に対する印象をそっくりそのまま素直に受け止めるのではなく，適度な懐疑心を持つことも必要である。形式と実態が異なるケースはままある。

例えば，相手から立派な経営理念[10]を披露され，その背景の説明を受けた際に大いに感銘を受けたり共感したりすることがある。それをまったく否定するものではないが，そのまま鵜呑みにして安直にM&Aプロセスをどんどんと進めていくのは危険である。例えば，従業員第一と名乗っている企業が，実は低賃金やサービス残業などを強いていて現場は疲弊していたということもあったりする。M&Aプロセスの間はなかなか現場の実情まで触れることができず，難しい側面もあるが，適度な懐疑心を持つ意識は忘れないようにしたい。

iv　トップ面談や交渉の場で役立つテクニック

特にフォーマルな形でトップ面談を行う場合や基本合意や最終契約の交渉の

---

10)　スモールM&Aの対象会社は小規模であるがゆえに組織の枠組みが十分に構築されておらず，経営理念が明文化されていない場合がある（場合によっては買主も該当する）。しかしながら，そういった場合でも経営者の信念や常日頃大切にしていることなどが必ず存在するものである。M&Aは対象会社の経営が大きく変革するタイミングであり，買主にとっても会社という塊を自らの仲間として受け入れるターニングポイントである。そのため，M&Aは，これまで明文化されていなかったもの（経営理念など）を見える化する契機といえよう（後述するが，PMIにおいてそういった検討を行うことが望ましい）。

場面において，次のようなテクニックを用いると効果的な場合がある。なお，これらのテクニックは相手に実態よりもよく見せるためという意図ではなく，売買当事者が普段の自分を出して力を出し切れるようにするための方策と考えていただきたい。

● DISC®理論の活用

　事前に売買当事者の性格のタイプ分けを行っておくと，面談や交渉を円滑に進めるための方向性を見出しやすくなる。この場合，非常に簡便でわかりやすいツールとしてDISC®理論を活用することが考えられる。DISC®理論とは，人の行動パターン・モチベーション・欲求などを分析して，自分と他人を理解するためのツールである。人を4つのタイプに分類することで，各タイプの好み・指向性・性質を知ることができる（【図表2-2-8】参照）。DISC®理論に基づき売買当事者を診断すると，相性の程度をイメージすることができる。ただ，DISC®理論による診断結果は必ずしも正しいわけではないので，思い込みに走らないよう注意する必要がある。なお，実際に会った際の印象がDISC®理論による診断結果と異なる場合は，適宜見方を修正すればよい。

図表2-2-8　DISC®理論に基づく4つのタイプ分け	

主導タイプ　　自発的・能動的・外交的・リスクを恐れない　　**感化タイプ**

業務指向・冷静・理論的・指示的	・自分で仕切りたがる ・チャレンジ精神が旺盛で，成果を上げたがる ・思ったことをはっきり言う ・ルールやチームワークには関心が薄い	・人をおだてるのが上手で，巻き込んで仲間にする ・社交的・感情表現が豊かでムードメーカー的な存在である ・楽天的で緻密さに欠ける	対人指向・感情的・楽観的・支援的
	・データや資料などの事実を優先する ・分析的・論理的で細かいところが気になる・納得するまで突き詰める ・計画性が強く，ミスのないよう何度も確認をする	・他人との協力を重視する ・安定した状況を好み，変化を嫌う ・忍耐力がある ・聞き上手で相手の立場で話が聞ける	

慎重タイプ　　協力的・受身的・内向的・リスクを恐れる　　**安定タイプ**

●両面提示（自らにとって都合のいい情報だけを開示しない）

　両面提示とは，相手方にメリットとデメリットの両面を伝えることをいい，逆の概念である片面提示とは，相手方にメリットまたはデメリットの一面だけを伝えることをいう。

　特に初期的検討段階におけるトップ面談では，相手との信頼関係がまだ構築できていないことから，両面提示で誠実さを伝えることによって信頼感や好感度を獲得することが期待できる。メリットだけを説明すると何か裏があるのではと逆に勘ぐられる可能性があるし，そもそも経営判断というものはメリットとデメリットの両面をきちんと把握したうえで総合的見地から行うものであるから，両面提示が望ましいのである。

　なお，デメリットについては，次のようにうまくメリットに変換して説明できるとさらに効果的である。

　　例：「弊社の設備は確かに非常に古い。しかしながら，まったく故障もなく減価償却も完了しているため，当面は費用負担が少なくてすみます」

　　　　「弊社の従業員の平均年齢は業界でも高い。しかしながら，熟練工が多く，顧客も長年安心して付き合ってくれています」

加えて，コントラスト効果というものもある。これはネガティブな話を聞いた後にポジティブな話を聞くと，実際の差より大きな差に感じるという効果である。例えば，次のようにうまく活用することによって話を有利に展開させることも可能である。

　例：「デメリット→メリット」の順序で説明する

　　　「ポジティブ→ネガティブ→ポジティブ」という順で説明する

●ハロー効果（見た目も重要）
　ハロー効果とは，目立ちやすい１つの特徴に引きずられて全体の評価を決定してしまう心理作用のことをいう。したがって，相手にどのような印象を植え付けたいかという観点から身だしなみを整えることが望ましい。

　例：事業承継型M&Aの場合　→　派手な服装は避け，地味なスーツなどが適当である

　　　対象会社がアパレル企業の場合　→　ポケットチーフを胸に添えるなどおしゃれな感じを出す

　ただ，いつも小ぎれいにとか紳士的にということだけを意味しているのではない。わざとらしくない程度に相手方のスタイルに合わせるという程度で十分である。

●初頭効果・新近効果（最初と最後が肝心）
　初頭効果とは，最初のイメージが強く印象に残る効果をいう。第一印象は最初の７秒で決まり，その印象は半年間続くともいわれている。最初の印象が全体の印象として決定付けられてしまうと，その後のコミュニケーションは最初の印象に従って都合のいいように解釈されやすい。

　新近効果（ピークエンドの法則）とは，相反する意見を聞いたり，違う情報源から多くの情報を与えられた場合は，最後の情報による印象が強く残り全体の印象を決定付ける傾向があるという効果をいう。人が感じる印象は，時間的な長さではなく，最後の場面で判断しがちなのである。

以上のように，最初と最後が相手に大きな印象を植え付ける可能性があるため，そのあたりを注意して面談に臨むことをお勧めする。

(参考)「You Only Have 7 Seconds To Make A Strong First Impression」(Business Insider, Apr. 8, 2013)

(4)　MOU締結

①　概　要

初期的情報が売主から買主に提示され，質疑応答や協議を経たあと売買当事者間で一定の合意に達した場合，両者の間でMOUが締結される[11]。

MOUにおいては次のような項目が記載されるが，基本的に法的拘束力を有さない。ただし，すべての条項に法的拘束力がないわけではなく，例えば，DDの実施，独占交渉期間に関する条項などは，法的拘束力がある場合が一般的である。ちなみに，独占交渉期間は数か月である場合が多い。

- 取引の対象範囲（本書の場合は，売主の保有する対象会社株式100％の譲渡）
- 取引金額（暫定）
- 譲渡希望日
- DDの実施
- 独占交渉期間
- 秘密保持

②　取引金額（暫定）の記載方法

MOUにおいて記載する取引金額（暫定）について2通りの方法がある。

---

11)　MOUを締結せずに，買主が売主に対してLOI（Letter of Intent: 意向表明書）を提出することも実務上よくあるが，本書では紙面上の都合からMOUを前提として記述する。

ⅰ．特定金額を提示する方法

　この場合，法的拘束力はないとはいいつつも，双方とも相手方から一定のコミットメントを得たと期待することが多い。特に，買主は売主がそういった受け止め方をする可能性があることを十分理解しておく必要がある。したがって，DD で取引金額の大幅な減額要因を発見した場合には，売主とコミュニケーションをとって売主の期待値をうまくコントロールする必要がある。

ⅱ．レンジで示す方法

　買主の立場から考えると，取引金額（暫定）を一定の幅で示すことによって，取引金額の交渉上柔軟性が確保できると考え（当該レンジ内での取引金額の修正は売主からの理解が得やすい），この方法での提示を希望することが多い。しかしながら，買主がこのように示しても，売主は買主の提示価格をレンジの下限と捉えることがあるので，その効果はケースバイケースである。また，あまりにも広いレンジで提示すると，売主から誠実性や買収意欲の程度について疑問を呈される可能性があるので，注意する必要がある。

(5)　DD（全体像）

①　DDの目的

　DD とは，買主が情報の受け手，売主が情報の出し手として，対象会社に内在する課題・問題点や対象会社と買主の間で想定されるシナジーなどを DA 締結前に最終的に分析・評価を行うための手続である。言い換えると，買主は DD を通じ，対象会社に内在する具体的な課題・問題点をできる限り網羅的に把握し，その本質を理解したうえで，本質的な解決策について思いを巡らせ，具体的な解決策（例：リスクヘッジとして DA への反映，クロージング後における対応方針の決定）まで落とし込むまでの一連の流れを遂行することが求められるのである。

図表2-2-9　DDでの検出事項を具体的解決策に落とし込むステップ

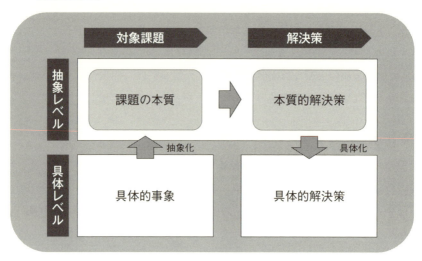

（出所）細谷功『地頭力を鍛える』（東洋経済新報社）

② **DDの種類**

　スモールM&Aの場合、一般的に、財務、ビジネス、法務、人事の4つの領域についてDDが行われる。それぞれの概要と目的は以下のとおりである。

第2章　スモールM&A概論　63

(図表2-2-10) DDの種類別の概要と目的

財務DD

対象会社の財務状況（経営成績と財政状態）を正確に把握するとともに，財務に関する問題点を把握することを主たる目的として実施する。対象会社の財務状況は，対象会社の価値を算定する際に最も大きく影響を与える要素であるため非常に重要である（より詳細はP68参照）。

ビジネスDD

対象会社が属する業界動向と競争環境を把握し，対象会社の強みと弱みを整理することによって，対象会社の業界内でのポジション，事業リスク，将来の見通しなどについて把握することを目的に実施する。そして，これらの結果を踏まえて，買主はシナジー効果の内容および実現可能性についての見極めを行う（より詳細はP71参照）。

法務DD

株主の履歴の確認，契約書の閲覧，許認可の確認，登記内容の確認など，対象会社に関するさまざまな法務リスクにかかる調査を行うものである。なお，法務DDにおいて重要な問題が検出された場合は，ディールブレイクにつながるリスクが相対的に高いことから，慎重に調査を行う必要がある。特にスモールM&Aの場合は，その特性を鑑み，次の点に焦点を当てて調査されることが多い。
- 契約書のチェック（契約書が適切に存在しているかどうか。存在している場合，その内容は問題がないか）
- 簿外債務の有無（訴訟問題が存在する場合，その内容・状況）
- 名義株主が存在していないか
- コンプライアンスの遵守状況（反社会的勢力の関与など）
- 許認可の内容確認（M&Aにより維持更新に影響がないかどうか）

人事DD

対象会社の人事制度，報酬体系，組織構造（ガバナンスも含む），労務問題などの調査を行うものであり，主たる調査項目は以下のとおりである（注）。
- 労働条件の把握（就業規則や雇用契約の内容のチェックなど）
- 役員報酬の決定方法や水準，従業員の評価方法と給与・賞与・退職金テーブルの確認，福利厚生制度の有無とその内容
- 組織体制の確認，経営理念や企業文化の確認，従業員数（職種別，雇用形態別），離職率，キーマンの確認と与えられた役割
- 労働訴訟や懲戒事案の有無とその内容

(注) スモールM&Aの場合，対象会社が小規模であるため，ここで列挙した文書や枠組みが整備されていない場合も少なくない。また，人事DDという形で実施せず，法務DDの枠内で実施されることもある。

③ DD の形式

DD は，通常デスクトップ DD，マネジメントインタビュー，現地 DD の 3 つの形式に分かれる。

図表2－2－11 DD の形式別の概要

デスクトップ DD

現地に赴くことなく，買主から売主に情報開示を依頼し，売主から資料の開示を受け，買主のオフィスや会議室などにおいて，遠隔的に対象会社の調査を行う方法である。調査は，パソコン上で閲覧しながら進める場合もあれば，印刷あるいは書類の送付を受けて，紙面上で調査を進める場合もある（注1）。

マネジメントインタビュー

マネジメントインタビューは非常に限られた時間で対象会社経営陣（売主の場合が多い）から説明を受けるものであるため，細かい部分ではなく経営の肝や将来ビジョンといった重要なポイントについてヒアリングを行う。また，M&A プロセス初期の段階で行うトップ面談と同じく，スモール M&A の場合はマインドの部分でつながりあえるかどうかが重要であり，この点については P53の記述を参照すればよいだろう（注2）。

現地 DD

社外持出しが禁じられているような重要書類を調査対象とする場合に売主は現地 DD で対応したりする。ここで注意すべき点は，対象会社への訪問をいかに秘密裏に行うかということである。現地DDでは一定人数が訪問するため，平日に対象会社の社内で行う場合には外部監査，税務調査，経営コンサルティングなど別目的で訪問するようにする。また，人数が多く目立つ場合には，休日に行ったり，休日に行うことが難しい場合には，顧問弁護士・税理士のオフィスやホテルの会議室といった社外で行うケースもある。

（注1）大規模M&Aにおいては，買主から売主に提示する情報開示リストに基づき，一定の情報が売主から買主へ提供された後は，開示情報についての不明点の確認や追加情報のリクエストを目的としてQAシート（質問者：買主，回答者：売主）と呼ばれるExcelファイルを売買当事者間でやり取りすることが一般的である。しかしながら，スモールM&Aの場合は情報量が少ないことから，マネジメントインタビューや現地DDの場において，あるいはメールやSNSといった簡易なコミュニケーションツールを通じて，質疑応答や追加情報の開示をリクエストすることで足りるケースが多い。

（注2）マネジメントインタビューは現地DD実施時に合わせて行うことが多い。

第2章　スモールM&A概論　65

　なお，スモールM&Aの場合には，情報量が限られていることから，現地
DDは行わずデスクトップDDとマネジメントインタビューだけでDDが完了
することもあるし，逆に，デスクトップDDを最小限にとどめて，現地DD
を中心に行い直接情報を収集することもある。

④　DDスケジュールのイメージ

　スモールM&Aは規模が小さいことから，DDに必要な期間は極めて短く，
例えば現地DDは1日～数日程度で終わることが多い。この限られた時間内で
所定の調査を行う必要があるため，効率的に作業を行うことはもちろんのこと，
売主からの十分なサポートが必須である。

　また，DD全体の期間でいうと，上記に加えて，現場から戻ってからの調査
分析，不明点や要確認ポイントについての対象会社や売主との追加的なやり取
り，外部専門家を雇っている場合には外部専門家による買主への報告といった
実務が必要となるため，長く見ると全体で数週間程度要する場合もある。

⑤　スモールM&AのDDにおける留意事項

ⅰ．リソース不足に起因するDDの限界

　以下に示すように，スモールM&Aにおいては各所でリソース不足が問題
となる場面があり，DDによる分析・評価には一定の限界が存在する。そのた
め，買主はDDを有効かつ効率的に実施できない可能性があり，必ずしもすべ
てのリスクを明らかにできるわけではない点を理解しておく必要がある。

●予算や時間の限界（買主）

　金と時間をかければかけるほど，DDはより精緻かつ網羅的に分析・評価を
することができるが，DDに割り当てることができる予算や時間には限度があ
る。特に，スモールM&Aにおいては取引金額が多額となることは少ないた
め，外部専門家コストを節約しがちとなり，買主はできる限り費用対効果が高

い形での DD 実施を希望して DD の範囲を重要な部分に絞り込むことが多い[12]。

● 人的リソースの限界（買主）

大規模 M&A であれば，法務 DD は法務部，財務 DD は財務部や経理部といったように社内の専門スタッフが分業してチェックできる体制にある。一方，スモール M&A においては人的リソースが限定的であり，かつ M&A の経験や専門知識が不十分であることも多い。したがって，外部専門家を雇わなかった場合には，P61に記載した DD の目的を満たした形で DD を遂行することが難しい場合がある[13]。

● 人的リソースの限界（売主）

売主は非常に限られた人的リソースで DD の対応を行う場合が多いため，買主への情報提供が遅れがちとなる場合がある。特に事業承継型 M&A の場合は古参役員や従業員などに M&A を検討しているという事実が知られるとセンシティブに反応する可能性が強く，DD 担当者を置かず，売主が直接対応することもある。その場合，情報の授受は売主のみに限定されるため，DD の円滑な進行に支障が出る可能性が大きい。この点については，FA は全体スケジュールを設定する際に十分留意するとともに，買主に理解を求めることも必要である。

ⅱ．内部統制上の問題に起因する懸念事項が頻出

スモール企業の場合，下記のように大企業において想定できないような内部統制上の問題が存在する場合が多い。

● 機関決定が形骸化している（売主の独善的経営）

例：本来あるべき株主総会・取締役会の議事録が存在していなかった

---

12) しかしながら，スモール M&A の場合には対象会社が小規模であるため，情報量が多くなることはまれであり，絞込みはさほど問題とならないことも多い。

13) しかしながら，たとえ外部専門家を雇っても，属人的な能力の限界がある点は理解しておく必要がある。人間である以上完璧でありえず，資料の見落としといった単純ミスの可能性はゼロにはならない。

り，そもそも決議自体がなされていない。

● 規定，資料，証憑などがきちんと整備されていない

例：古い契約書を紛失している，契約書が存在しない，資料がきちんと整理整頓されていない，資料が十分に整備されていない，資料をそもそも作成していない，証憑を残していない，証憑を紛失している。

● 個人資産と会社資産の混同

例：自宅住居を社宅扱いにしている，業務目的として購入した自家用車を実質私用目的で利用している，個人的な飲食費や旅費などを会社経費として計上している。

● 事業運営における人的リソースが限界的なため，内部牽制[14] が十分に機能していない

例：複数の業務が特定の従業員に集中している，経理業務を親族が担当していたり顧問税理士に一任している，管理部門の人員が手薄である。

　上記のような内部統制上の問題が対象会社に存する場合，買主は次のような点に留意する必要がある。

● 売主の情報提供能力が乏しいため，満足な DD が行えない。

・情報の質が低い：情報の正確性に疑義があり，事実と乖離している可能性がある。

・情報の量が乏しい：確証が揃っていないため，不明点が多い。

● 売主のコンプライアンス意識が乏しいため，故意や過失による問題が発生するリスクや簿外債務が存在するリスクが高まる。

---

14) 内部牽制とは，内部統制が有効に機能するための仕組みの基礎となるものであり，適切な業務分掌により，社内の不正や過失の発生を未然に防止し，また事後的にもすみやかに発見できる社内体制をいう。

⑹ DD（個別DDにおけるポイント整理）

　DDの論点は広範囲にわたるため，本書では対象会社の価値評価に直結する財務DDと買主のシナジー検討に大きな影響を与えるビジネスDDに絞って解説する。

① 財務DD

ⅰ．財務DDの目的

　買主は，財務DDにおいて次のような点を確認して，対象会社に内在する問題や，対象会社の価値に影響を与えるような事実の把握に努める。

- 過去の業績動向の分析とそれを鑑みた事業計画の妥当性の評価[15]
- 採用している会計方針の把握
- 時価純資産の算定（企業本来の静態的価値をチェック）
- 正常収益の算定（企業本来の動態的実力値をチェック）
- 関係者間取引の内容確認
- 経理処理上の重大な問題の有無

ⅱ．財務DDにおいて発覚する主な問題点

　スモール企業の決算書は財務会計ではなく，税務会計に基づき作成されていることが一般的である。また，一般的に財務情報の信憑性が低く，しかるべき会計ルールを遵守していないケースも散見される。そこで，財務DDにおいて以下のような問題が発覚することが多い。

15）　事業計画の妥当性の評価については，ビジネスDDとともに実施することが多い。

第2章　スモールM&A概論　69

図表2-2-12　財務DDにおいて発覚する主な問題点と正しい処理

貸借対照表関係

問題点	正しい処理
投資商品の時価評価	会員権，有価証券，保険積立金などで時価評価されていないものはきちんと評価替えを行う（ゴルフ会員権やリゾート会員権などは特に注意が必要）
簿外資産	本来資産計上すべきであるが簿外処理になっているものは資産に計上する（通常少額資産の場合が多い）
減価償却資産の簿価修正	過年度における減価償却費の過不足額につき，貸借対照表上の簿価を修正する
金銭債権の適正評価	売掛金や貸付金などの金銭債権については回収可能性を精査し，回収可能性がない部分については，貸倒処理する。
棚卸資産の適正評価	長期間滞留している在庫について評価減を実施する。
土地の適性評価	時価評価する必要がある。特に多額の含み損益を有している場合（注），採用するスキームに影響を与える可能性がある。
役員借入金	返済状況などによっては実質資本とみなすべき場合もある。
簿外債務	詳細は後述のⅲ参照。簿外債務はたとえDDを慎重かつ網羅的に行ったとしても発見できない可能性があるため要注意である。

(注) 多額の含み損を有する典型例として，バブル時代に高値で取得し塩漬け状態で保有している土地がある。逆に多額の含み益を有する典型例には，業歴が長い企業が長年保有する土地がある。

損益計算書関係

問題点	正しい処理
役員報酬の修正	適正水準に修正する。
過大な交際費	適正水準まで切り下げる。
減価償却費の修正	過年度分も含め減価償却費の過不足額を反映する。
節税目的の支払保険料	節税目的の保険契約に基づく支払保険料は事業との関連性が乏しいため除外する。

| 不動産賃借料の修正 | 例えば，売主から対象会社に不動産を賃貸しており，その賃料がアームズレングスルール[16] に基づいていない場合は，適正水準となるよう修正する。 |

ⅲ．簿外債務

スモール企業において簿外債務が存在していることは特に珍しいことではないといわれている。簿外債務が発生する要因とその典型例は次のようなものがある。

- ●簿外債務が発生する要因
  - ・ドンブリ経営であるため，故意や過失が発生しやすい環境にある
  - ・取引金融機関への決算報告時に好印象を与えるために決算操作をしてしまう
- ●簿外債務の典型例
  - ・未払債務（未払賃料，未払社会保険料）の未計上，計上不足
  - ・引当金債務（貸倒引当金，賞与引当金，退職給付引当金，役員退職慰労引当金）の未計上，計上不足
  - ・損失隠し（粉飾決算）

これらは慎重に DD を行うことによってすべて発見するよう努め，決算書に適切に反映することが必要となる。

ちなみに，業歴が長い会社の場合は，対外的に信用があるというメリットがある反面，簿外債務のリスクが高くなるケースがある点に留意が必要である。

なお，ここでは比較的問題となりやすい未払残業代と未払社会保険料についてもう少し詳細に解説する。

---

16) アームズレングスルールとは，関係者間で取引を行う際に，独立した第三者間で行う取引条件と同様の公正な条件で取引を行うことを求めるルールをいう（特に取引価格が問題となる場合が多い）。

第2章　スモールM&A概論　71

●未払残業代

　未払残業代は近年社会問題の1つとして注目されているため細心の注意が必要である。スモール企業の場合，社内で適切な雇用契約書や就業規則が存在しておらず，従業員に漫然と長時間労働をさせている場合がある。そのような場合，従業員から事後的に残業代を請求され，簿外の労働債務が顕現化するリスクがある。また，M&Aで売主が退任するタイミングに合わせて従業員が退職することもあるが，その際に未払残業代をまとめて請求されるケースもある。

　なお，スモールM&Aの場合は会社規模が小さいことから，当局より是正勧告された場合，会社規模に比して相対的に財務に与えるインパクトが大きい場合がある。

●未払社会保険料

　企業は社会保険料の会社負担分を納付する義務があるが，外国人従業員やアルバイト・パートタイマーなどの場合，本人が給与の手取額が多くなることを望み，社会保険料を納付しないケースがある。社会保険料を未払いのまま放置していると，行政当局からの督促，延滞金の発生，財産の差し押さえというプロセスを経ることになる。

②　ビジネスDD

ⅰ．ビジネスDDの概要

　買主は，ビジネスDDを通じて，対象会社の経営実態を把握し，事業の将来性やリスクを見極める。そして，そこで得られた情報や課題・問題点は，取引金額などDAにおける条件決定に重要な影響を与えるのみならず，PMIにおける対象会社の事業計画や統合計画の策定にも影響を与える。なお，ビジネスDDは，外部環境，内部環境，シナジー効果という3つの着眼点から分析を行う。

●外部環境分析

　外部環境分析とは，業界の将来性や競合企業の状況など，企業を取り巻く

さまざまな外的要因の現状や今後の動向に着目して分析することをいう。この分析はマクロ環境とミクロ環境に分けたうえで実施し，分析結果として企業に対するプラスのインパクト（機会）とマイナスのインパクト（脅威）を正確かつ網羅的に把握することを目指す。マクロ環境は，政治，経済，社会情勢，技術革新など，対象会社に間接的な影響を与える環境を指し，対象会社のみでコントロールすることはできない。ミクロ環境は，市場環境（市場規模，市場成長性など），顧客環境（顧客ニーズの変化，需要動向など），競合環境（競合の採用する戦略，新規参入・撤退動向など）を指し，場合によっては対象会社単独で一定の影響を与えることができる可能性がある。

●内部環境分析

内部環境分析は，対象会社の強み・弱みや保有する知的資産の内容などを明らかにして，市場や顧客のニーズを満たすことができるかどうか，競合に対する競争優位性を有しているかどうかを分析・評価することをいう。スモール企業においては，価値の源泉がヒトに依拠している面が強く，そしてそのヒトが知的資産を形作る。したがって，スモール企業の内部環境分析を行ううえにおいては，企業に内在する知的資産を適切に分析し評価することが極めて重要といえる。

なお，知的資産の評価においては，次の点も留意しておく必要がある。

- 買主によって知的資産の評価には大きな差が生じうる。これは，定性面を観察するため主観的評価になりがちであることと，買主によって対象会社のどこにシナジーを見出すかが異なるためである[17]。
- 知的資産は単独ではなく，事業活動の中で相互に影響し合うことで価値を生み出すため，そのつながりを意識して分析・評価を行うことが重要である。

●外部環境分析と内部環境分析の相異点

外部環境分析と内部環境分析は次のような点が異なる。

---

17) 財務数値に基づく定量的評価は同じ分析手法を使っている限り，誰が行おうと大きな差は生じない（売上高営業利益率や自己資本比率の算定など）。

第2章 スモールM&A概論　73

図表2－2－13 外部環境分析と内部環境分析の相違点

項目	外部環境	内部環境	
		買主が分析する場合	売主が分析する場合
影響力の有無	基本的にあるがまま受け入れるしかない（注1）。	あるがまま受け入れるしかない。	自社のことであるため，変化させることができる。
分析の正確性	情報量と情報の精度に比例する。		自社のことであるのでMECE（注2）に整理が可能。
分析のタイミング	いつでも可能。	M&Aプロセスが進むにつれて，詳細な分析が可能となる（プレM&A→初期的情報開示→DD）	いつでも可能。
情報の入手容易性	情報収集にコストを要する場合も多い。コストをかけても得られない情報もある。		社内情報であるため，なんら障害なく入手できる。

（注1）前述のとおり，ミクロ環境の場合，自社が一定の影響を与えることができる可能性がある。
（注2）MECE（ミーシーまたはミッシー）とは，Mutually（お互いに），Exclusive（重複せず），Collectively（全体に），Exhaustive（漏れがない）という意味を表す。これはダブリをなくすという効率的側面と抜け漏れをなくすという効果的側面の双方に留意しなければならないというロジカルシンキングの基本概念である。

● シナジー効果分析

　買主は，外部環境と内部環境の分析結果に基づき，対象会社との間で想定されるシナジー効果の内容やその実現可能性を見極めることになる。

　シナジー効果を分析するに際しては，対象会社のみならず，買主自身のことも併せて考える必要がある。なお，シナジー効果の実現可能性とその財務インパクトがバリエーション実施時の重要な要素となるため，慎重かつ丁寧に実施する必要がある。こちらの分析については，P229において詳しく解説しているのでそちらを参照されたい。

ⅱ．経営分析フレームワークの活用

経営分析フレームワークを利用して分析・評価を行うと，次のような効果が期待できる。

- 対象会社に内在するリスクや潜在価値を体系的に把握することができるため，真の実力を推し測ることができる。
- 対象会社の知的資産を網羅的に把握することができる。
- 買主にとって対象会社とのシナジーの内容やその実現可能性をより正確に見積もることができる。

経営分析フレームワークにはさまざまな種類が存在するが，スモールM&A のビジネス DD においては難解なフレームワークを使いこなす必要はない。以下例示したように，シンプルで使い勝手に優れている伝統的フレームワークを利用して，きっちりと分析していくだけで十分であろう。また，伝統的フレームワークは昔より幅広く使われているため，関係者の理解が容易であるというメリットもある。しかしながら，伝統的フレームワークをやみくもに使っても十分な効果が期待できない。有効に使いこなすためには，利用目的，使い方，個々のフレームワークの間の関係性，利用順序をきちんと理解していなければならない点に留意する必要がある。加えて，スモールM&A と親和性の高い3つの公的フレームワークについても後述する。

第2章　スモール M&A 概論　75

（参考）伝統的フレームワークの代表例と概要

分析対象	名称	概略
マクロ環境	PEST 分析	政治，経済，社会，技術の4つの観点から企業に間接的に影響を与えるマクロ環境要素を分析する。
ミクロ環境	5フォース分析	業界の収益構造（＝お金の稼ぎ方）や競争におけるポイントを整理する。
	業界・製品ライフサイクル分析	企業が提供する製品・サービスの業界での立ち位置を確認する。
対象会社	バリューチェーン分析	競合優位性を生み出すポイントを棚卸する。
	VRIO 分析	企業の持つ経営資源の強みを評価し，継続的に競争優位性を保つ方法を考える。
すべて	SWOT 分析	外部環境と内部環境を総合的に俯瞰して，企業独自の強みや弱み，ならびに企業が直面している機会・脅威を整理する。

ⅲ．経営分析フレームワークの具体的活用シーン

　　経営分析フレームワークは買主のみならず売主にとっても有用なツールであり，M&A プロセスにおいて想定される具体的な活用シーンは次のとおりである。

（図表2-2-14） 経営分析フレームワークの活用シーンと利用目的

買主

プレ M&A ➡ 買主自身に対して実施
・買主自身の知的資産や競争優位性を把握しておき，後に実施する対象会社とのシナジー効果の分析に備えるため

ビジネス DD ➡ 対象会社に対して実施
・対象会社の知的資産や競争優位性を把握し，シナジー効果の分析を行うため
・対象会社のバリュエーションを最終化させるため
・買収後の事業計画を作成するため

売主

プレ M&A ➡ 対象会社に対して実施
・「見える化」「魅せる化」「磨上げ」作業の一環（P245参照。特に知的資産の棚卸に関連）
・初期的情報開示資料として準備するため（IM の一部またはその代替）
・DD 時の開示資料として準備するため

　買主はクロージング後ただちに対象会社の事業運営をスタートさせ，M&A によるシナジー効果を発現していく必要があることから，ビジネス DD において買主が自らフレームワークを利用して各種分析・評価を行うことの意義は大きい。ちなみに，初期的検討段階で活用することも考えられるが，その段階で売主から開示される情報は限定的であるため（特に内部環境にかかる情報），DD 時に作成する場合よりも精度は高くなく有用性は劣る。

　一方，売主についても，次の観点からプレ M&A 段階で経営分析フレームワークを用いて対象会社を分析・評価することを推奨する。

　・買主に対するアピールポイントを整理することができるため，売却戦略を構築するうえで有用である。
　・いったん M&A プロセスに入ってしまうと対象会社に関する情報を整理する時間がない。

　ただ，対象会社に関して整理された情報を初期的検討段階と DD の段階のどちらで開示すべきかという判断については，買主の属性，情報の守秘性の程度，売主の M&A に対する意気込みなどを総合的に勘案して判断されたい。

ⅳ．公的フレームワーク

公的フレームワークとして「ローカルベンチマーク」（通称ロカベン），「事業価値を高める経営レポート」，および「経営デザインシート」を紹介する。これらは標準化されており，幅広く利用されていることから，関係者の理解が容易に進みやすいというメリットがある。なお，どのフレームワークを選択するかという点については，買主の趣向や使い勝手，対象会社の置かれた状況などに応じて柔軟に判断すればよいだろう。

●ローカルベンチマーク

ローカルベンチマークは，Excelのワークシートに組み込まれたツールである。これは企業の経営状態の全体像を把握する，つまり"企業の健康診断"を行うことを目的として幅広く活用されている。

なお，このツールにおいて定量面と定性面の双方を分析することができるが，ローカルベンチマークによる定量分析は簡便性，作業の効率性，理解可能性といった面で特に優れている。

作業としては，以下のとおり，所定のワークシートに「財務情報」と「非財務情報」に関するデータを入力することで一定の結果が出力される流れとなっている。

図表2-2-15 ローカルベンチマークの作業の流れ

定量分析

入力
貸借対照表や損益計算書の主要項目や従業員数を入力する。

出力
①売上高増加率（売上持続性）
②営業利益率（収益性）
③労働生産性（生産性）
④EBITDA有利子負債倍率（健全性）
⑤営業運転資本回転期間（効率性）
⑥自己資本比率（安全性）

定性分析

入力
以下の4つの視点を入力し，別途商流・業務フローを入力する。
①経営者への着目
②関係者への着目
③事業への着目
④内部管理体制への着目

出力
総括として，現状認識と将来目標を明らかにし，課題と対応策を明らかにする。

（参考）ローカルベンチマークのフォーマット

第2章 スモールM&A概論 79

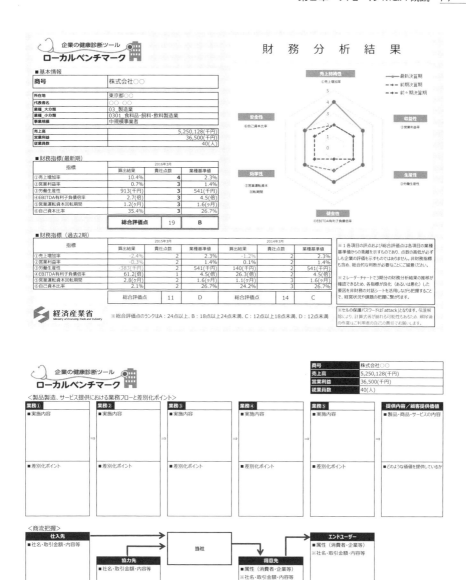

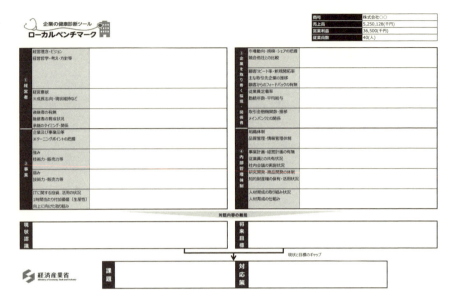

(出所) ローカルベンチマーク「参考ツール」利用マニュアル (2018年4月改訂版)

● 事業価値を高める経営レポート

　事業価値を高める経営レポートは, 主として定性分析を行うツールであり, 技術力, 顧客基盤, ブランドといった知的資産を, 1枚の紙でわかりやすく, かつ網羅的に整理することができるため, 使い勝手がいい。なお, このレポートは「STEP 1　企業概要」,「STEP 2　内部環境」,「STEP 3　外部環境」,「STEP 4　今後のビジョン」,「STEP 5　価値創造のストーリー」という 5 つの STEP を順に埋めていくという構成になっている (【図表 2 − 2 − 16】参照)。

図表2-2-16　事業価値を高める経営レポートのフォーマット

(出所)「事業価値を高める経営レポート　作成マニュアル改訂版」(2012年5月　中小機構)

> **(参考)　事業価値を高める経営レポートと知的資産経営報告書の関係**
>
> 　企業の知的資産を分析・評価するために用意された公的なツールとして，知的資産経営報告書というものも存在する。これは事業価値を高める経営レポートのように1枚紙という簡素な様式ではなく，より詳細に記載し報告書の形で作成するものである。ただ，スモールM&Aにおいては"簡にして要"ということも重要であるため，知的資産経営報告書の内容が集約されている事業価値を高める経営レポートで必要十分と考えられる。ちなみに，経済産業省の「知的資産経営ポータル (http://www.meti.go.jp/policy/intellectual_assets/index.html) において，知的資産経営に関するガイドライン・報告書，他社の開示事例などが数多く公表されているので，より深く理解されたい場合はこちらのサイトを適宜閲覧されたい。

●経営デザインシート

　経営デザインシートは，将来に向けて企業が持続的に成長するために，将来の経営の基幹となる価値創造メカニズム（資源を組み合わせて企業理念に適合する価値を創造する一連の仕組み）をデザインして移行させるためのシートである。

　具体的には以下のステップを経ることによって，企業の価値創造メカニズムを時系列に沿って見える化するツールであり，売主のプレM&Aにおける自社分析や買主のDDにおけるシナジー項目の洗い出しなどにおいて利用価値が高い（【図表2-2-17】参照）。

①　企業における「これまで」の価値創造メカニズムを把握する。

②　企業を取り巻くさまざまな環境変化を考慮して，「これから」の価値創造メカニズムをデザインする。

③　①から②へ移行させるための戦略を策定する。

図表2-2-17　経営デザインシートのフォーマット

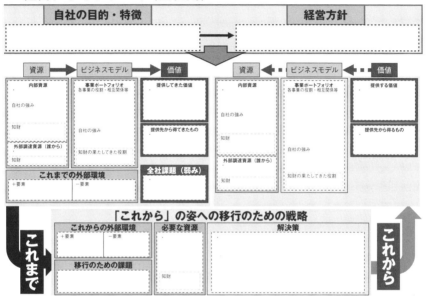

(出所) https://www.kantei.go.jp/jp/singi/titeki2/tyousakai/kensho_hyoka_kikaku/torimatome/design.pdf

v．外部・内部環境分析を行ううえでの留意点

● 偏向しない分析

買主にとっては，どうしても内部情報よりも外部情報のほうが入手しやすいため，マクロ環境やミクロ環境といった外部環境分析を重視してしまい，それが経営判断を誤る要因の1つとなっているという批判を耳にする場合がある。そのため，外部環境の分析結果に偏向して意思決定を行わないように注意を払う必要がある。

● 客観的な分析

買主は，M&Aに対する意気込みから，どうしても買主自身に都合のいいように解釈するなど主観的な評価となりがちであるため，できるだけ客観的

な分析を行うように心がける。

● チームでの検討

　外部・内部環境の分析・評価を行う際には，MECE に強み・弱みや問題点などを洗い出すことが重要である。したがって，視点が異なる複数の人間でチームを編成し，さらに（可能であれば）FA も巻き込んで，全員で議論を行いながら分析・評価を行うほうがより精度が高まる可能性が高い。

● 前提条件の明確化と共有

　前提条件が曖昧であったり，チーム内で共通認識されていない状態で分析・評価を進めても，軸の定まらない分析になるおそれが高い。また，当然ながら前提が異なると，アウトプットも変わってくるため，誤った判断を導く可能性が出てくる。

　（参考）主要な前提条件の例
　　　・顧客分析：対象市場の設定（地域など），顧客セグメント
　　　・競合分析：対象業界の設定，競合企業の絞込みの基準

● BtoB ビジネスの場合における情報収集の困難性

　BtoB ビジネスの場合は BtoC ビジネスと比較して顧客数が少なく，競合の情報が公になっていないことが多い。つまり，ミクロ環境分析が限定的となり，その結果，精度の高い内部環境分析が行えない可能性がある。

ⅵ．経営分析フレームワークを利用するうえでのポイント

● 伝統的フレームワーク vs 公的フレームワーク

　伝統的フレームワークと公的フレームワークのどちらを使うかについては，いずれも利用する情報に大差はなく，同じように分析・評価を行うことができるので（フォーマットの違いの要素が大きい），好み・利便性・慣れ親しみの程度などに基づき判断すればいいだろう。

● フレームワークの柔軟な活用

　一例を挙げると，定量分析はローカルベンチマークを用いるが，定性分析は相対的にロジカルな事業価値を高める経営レポートを用いるというような

第2章 スモールM&A概論 85

塩梅である。また，伝統的フレームワークはいずれも基本的に定性分析に焦点が当てられているので，それらとローカルベンチマークを利用する形でもまったく問題ない。

(7) バリュエーション[18]

① スモールM&Aで利用されるバリュエーション手法の概要

ⅰ．概要

バリュエーションは，大きく3つのアプローチに分かれる。これらのアプローチごとにスモールM&Aで一般的に利用されるバリュエーション手法を整理すると以下のとおりになる。

図表2−2−18　アプローチごとのバリュエーション手法

アプローチ	定義	バリュエーション手法
コストアプローチ	会社の純資産をベースに株式価値を評価する手法	・時価純資産法 ・時価純資産法＋営業権（年倍法）
マーケットアプローチ	市場価格や一定の財務数値などをベースに株式価値を算定する手法	・類似企業比較法 ・類似取引比較法
インカムアプローチ	将来の期待利益を，その利益実現に見込まれるリスク等を考慮した割引率で現在価値に割引くことによって株式価値を算定する手法	・DCF法

これらのバリュエーション手法により求められる株式価値のロジックは次のとおりである（【図表2−2−19】〜【図表2−2−22】参照）[19]。

---

18) 本書においては，説明を簡素化させるために，株式価値の評価を前提としている。
19) これらの図表においては，単純化するために次の前提を置いている。
　・採用するスキームは100％株式譲渡であり，FY0期末にクローズしたものと仮定する。
　・損益計算書上の利益は正常収益に基づき算定される利益である。

ⅱ. 時価純資産法

貸借対照表上のすべての資産・負債を時価評価[20]したうえでその差額を株式価値とする手法。これは企業の清算価値を表し，通常最も価値が低く算定される。

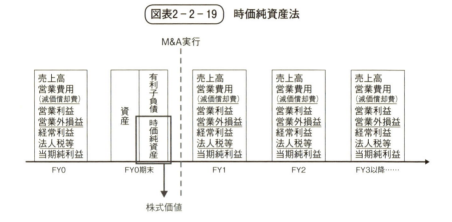

図表2-2-19　時価純資産法

ⅲ. 年倍法

時価純資産に営業権を加算した額を株式価値とする手法。将来の収益や数字に表れない強みなどを反映するために段階利益に一定の倍率を乗じた額を営業権として加算する。なお，段階利益は営業利益を使用する場合が多いが，場合によっては経常利益や税引後利益を使用する場合もある（次図では営業利益を利用している）。

・貸借対照表の簿価純資産と時価純資産は同一であり，簿外債務が存在しない。
・貸借対照表上，非事業用資産は存在しない。
・貸借対照表上，現金および現金等価物の残高は存在せず，純有利子負債残高は総有利子負債残高と変わらない。
・貸借対照表上，負債は有利子負債のみである。
・類似企業比較法・類似取引比較法に基づく株式価値の算定において，EBITDA倍率を使用するものとする（EBITDA＝営業利益＋減価償却費）

20) 負債は通常時価評価されないが，評価時点で把握された簿外債務は含められる。

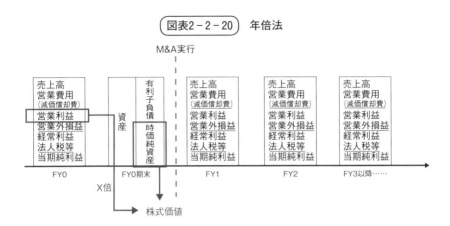

iv．類似企業比較法・類似取引比較法

　類似企業比較法とは，対象会社に類似する上場企業の市場株価などから算定した倍率（EV/EBITDA 倍率が多い）を対象会社の財務数値（EV/EBITDA 倍率を使っている場合は，対象会社の EBITDA を使う）に乗じることによって対象会社の企業価値を算定する手法をいう。そこから純有利子負債を減額することで，株式価値を算定する。類似取引比較法の場合は，類似する M&A 取引の倍率（EV/EBITDA 倍率が多い）を利用して算定する点が異なる。

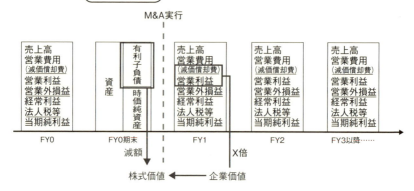

v．DCF法

　対象会社の事業計画から将来における各年度ごとのフリーキャッシュフロー（FCF）を算定し，それらを現在価値に割り引き，それに非事業用資産（時価）を加算することで対象会社の企業価値を算定し，そこから純有利子負債を減額して，株式価値を算定する手法をいう。

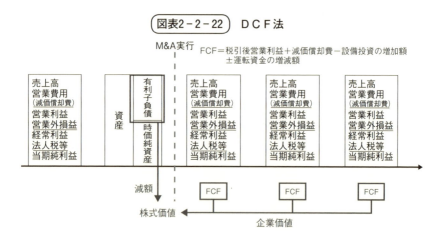

第2章　スモール M&A 概論　89

②　バリュエーションにおいて留意すべき点

ⅰ．正常収益に基づくバリュエーション

　スモール企業の場合，さまざまな形で業績と連動しない費用や損失の計上によって損益を調整して，決算上の利益が企業の本来の実力値から乖離している場合が多い。例えば，常軌を逸する役員報酬，多額の交際費，積極的な節税対策（新規保険契約に基づく多額の保険料計上など）などである。

　そのため，企業の株式価値を適切に評価するためには，企業の損益計算書を正常収益ベースに修正したうえでバリュエーションを行う必要がある。

　ちなみに，売主は対象会社の情報をすべて理解しているので，プレ M&A において「見える化」・「魅せる化」・「磨上げ」をきちんと行えば，その段階で正常収益に基づくバリュエーションを実施することができる。一方，買主は情報の非対称性が存在するため，財務 DD などを実施してはじめて正常収益に基づくバリュエーションを実施することができる。

ⅱ．複数手法による算定

　各手法はそれぞれ別々のメリット・デメリットが存在することから，１つの手法に基づきバリュエーションを行うわけではなく，複数の手法に基づき算定された株式価値を総合的に斟酌したうえで妥当な取引金額の水準を見極めていくことが適当である場合が多い（【図表2‐2‐23】参照）。

（図表2‐2‐23）　各バリュエーション手法のスモール M&A での適用可能性

時価純資産法	適用可能性：容易

・貸借対照表のみで算定するため非常にシンプルであるが，企業の収益性や営業権が株式価値に反映されないことから，算定される株式評価額の妥当性を欠く可能性がある（企業の清算価値を表しているといわれ，事業継続性に疑義のある会社などの評価には適している）。
・また，時価評価が困難な資産が存在すると，同じく算定される株式評価額の妥当性を欠く可能性がある。

年倍法	適用可能性：容易

- 理論的妥当性に乏しいが，算定がシンプルであることから，スモール M&A において幅広く利用されている。また，売買当事者にとって理解が容易である点も見逃せない。
- 営業権の算定においては，通常直前決算の利益を使うことが一般的である。また，この場合利用される利益は，案件によって，営業利益であったり，経常利益であったり，当期利益であったりと一貫性がない。
- 将来の成長期待は利益の何年分かを純資産評価額に別途加算する形で反映されるが，この倍率は属する業界，過年度の業績推移，事業の将来性などの対象会社固有の事情や売買当事者の交渉結果によって変わってくるものであり，そこに合理的なロジックは乏しい。

類似企業比較法・類似取引比較法	適用可能性：ケースバイケース

- 算定自体はさほど困難ではないが，類似企業または類似取引（注）が少ない場合には算定結果の妥当性を欠く可能性があり，類似企業や類似取引がないとそもそも算定することができない。
  （注）類似企業比較法の場合は類似する上場企業，類似取引比較法の場合は類似する上場企業のM&A取引。
- スモール企業は規模が小さな非上場企業であることから，相対的に規模が大きい上場企業のデータに基づき企業価値を算定するこれらの手法では，算定結果が正確性を欠く可能性がある。
- これらの手法は通常翌期の利益見込みしか反映されない。

DCF法	適用可能性：困難性を伴う

- 将来の成長見込みが反映された理論的に最も正しい評価手法である。
- しかしながら，さまざまな前提条件を設定することが必要となり（注），その前提条件次第で結果が大きく変わってしまう。
  （注）割引率，永久成長率，ベータ，リスクプレミアムなど。
- スモール企業の場合には，事業計画があっても短期間のみであったり，事業計画自体の精度が低い場合も多いので，企業価値の算定結果の妥当性を欠くことが多い。
- 算定過程が相対的に複雑であり，売買当事者の理解が難しいことも難点である。

iii．売買当事者の理解可能性への配慮

　バリュエーションによる算定結果を売買当事者がきちんと理解できているかという点も配慮することが必要である。いくら論理的なバリュエーション手法で株式価値を算定したとしても，売買当事者が理解できないならば何ら意味をなさない。その場合，FAは売買当事者に丁寧に説明して理解を促すか，それ

第2章　スモールM&A概論　91

が難しいならば，売買当事者が理解可能なバリュエーション手法を採用することも考えなければいけない。

iv．客観的価値と主観的価値

　対象会社の価値は，客観的価値と主観的価値に分けることができる。

　客観的価値とは，買主が異なっていても評価額に大差がない部分をいう。有価証券や土地など目に見える資産の価値は誰が評価しても大きな差はなく，客観的価値の一部として含まれる。また，P175で述べるように対象会社が人気企業であると買収対象としてさまざまな買主から関心を寄せられることから，高値で売却できる可能性が高い（逆の場合も同様）[21]。

　一方，主観的価値とは，買主と対象会社とのシナジーにより創出される価値である。M&Aを通じて買主が十分なシナジー効果を享受できると考えると，取引金額の上積みが期待できる。そして，シナジー効果の程度や実現可能性に大きく影響を与えるのは目に見えない資産，特に知的資産である。知的資産の価値は買主によって大きく変わってくることが多い。しかしながら，売主自身が技術力，顧客基盤，ブランド，ノウハウといった独自の強みがあると信じているだけでは不十分である。その独自の強みを買主がどの程度評価するかは，どの買主が関心を寄せているか，買主がどれだけ深く知的資産の価値を理解しているかなどによって大きく変わってくるからである。

　したがって，そういった目に見えない知的資産の価値が取引金額に適切に反映されるためには，対象会社が保有する知的資産に特別の価値を見出してくれそうな買主をいかに見つけるかということと，その買主に対して知的資産の価値を売主自らが積極的にアピールすることが必要である。

ｖ．バリュエーション手法ごとに利用する変数の相違

　各バリュエーション手法はそれぞれ算定式が異なるため，株式評価額は，採

21）　見解の分かれるところではあるが，本書では，需給バランスにより対象会社の価値が異なる部分については，客観的価値とみなしている。

用する手法ごとに利用する変数が異なる。そのため算定される株式価値に差が
生じることになるが，そのうち足元の業績と将来の成長性の程度が差を生じさ
せる大きな要因である。ここでは一番説明が容易な年倍法とDCF法とを比較
する。

　年倍法は，通常直前決算の利益をベースに考え，将来の成長期待はその利益
の倍率を用いて株式価値を算定する。一方DCF法は，将来の事業計画に基づ
き，将来の成長見込みをロジカルに反映して株式価値を算定する。同一の企業
でこれらの手法の評価額がどのように差が出るかについてはケースバイケース
の面もあるが，一般的にはおよそ次のことがいえる。

（図表2-2-24）　年倍法とDCF法の比較

	足元の業績	将来の成長性	算定される 株式価値の傾向
年倍法	好調	低い	高め
	低調	高い	低め
DCF法	好調	低い	低め
	低調	高い	高め

　したがって，売買当事者はFAと相談しながら，各手法ごとの癖を見極めな
がら株式価値を算定し，自社に有利な流れに協議を誘導することが望ましい。

vi．相手方との交渉可能性にも留意

　前述のとおり，バリュエーションにはさまざまな手法があり，それぞれの手
法により算定される株式価値は異なる。したがって，売買当事者間で異なる手
法を採用していると，各自が主張する株式価値に大幅な乖離が生じて，価格交
渉が難航することもある。そのため，売買当事者ともに価格交渉をスムーズに
運びたい意向であるならば，同じバリュエーション手法を採用する（＝同じ言
語で協議する）ことを合意することも一案である。

vii. 相場に留意した希望価格の提示

M&Aは個別性の高い取引とはいえ、使用するバリュエーション手法が同じならば、株式価値の算定結果にさほど相違は生じない。したがって、そのような場合で、売主は過度に高値での売却を希望したり、買主は過度に安値での買収を希望したりすると、相手から不信感を持たれてしまうことにもなりかねないため注意を要する。

(8) スキーム

① スモールM&Aにおいて一般的に採用されるスキーム[22]

M&Aで利用されるスキームの全体像はおよそ【図表2-2-25】のとおりである。

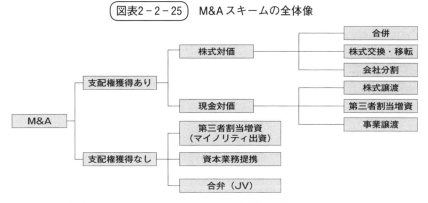

図表2-2-25　M&Aスキームの全体像

これらのうち、スモールM&Aにおいて頻繁に採用されるスキームについての客観的なデータは存在しないが、中小企業の大部分は小規模事業者であることを鑑みると、【図表2-2-26】のデータ結果がほぼ実態を表しているだろ

---

22) 実務上、事業譲渡と類似する効果を有するスキームである会社分割を採用することもあるが、紙面の都合上、【図表2-2-26】「中小企業のM&Aの実施形態」の報告結果に基づき、本書では事業譲渡と株式譲渡、そしてリスクを見極めながら段階的に株式を取得する方法である資本業務提携の3種類のスキームに限定して解説している。

う。これを見ると，中小企業のM&Aにおいて採用されているスキームは事業譲渡と株式譲渡でほぼ二分されており，全体の80%超を占めている。

なお，対象会社が複数事業を営む場合で，買主が特定の事業にしか関心がない場合は，事業譲渡を採用することになる。

図表2-2-26　中小企業のM&Aの実施形態

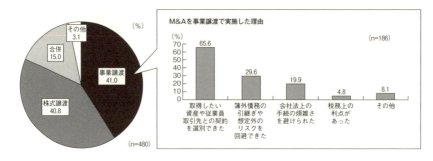

(注) 1. 複数回実施している者については，直近のM&Aについて回答している。
　　 2.「M&Aを事業譲渡で実施した理由」については，複数回答のため，合計は必ずしも100%にならない。

(出所) 三菱UFJリサーチ&コンサルティング㈱「成長に向けた企業間連携等に関する調査」
　　　 （2017年11月）

② 主要スキームのメリット・デメリット比較

スモールM&Aにおいて頻繁に活用される事業譲渡と株式譲渡についてメリット・デメリットを整理した。どれも一長一短あるため，売買当事者は自らのニーズに合わせて，最良の手法を選択すればよいだろう。

第2章　スモール M&A 概論　95

図表2-2-27　事業譲渡のメリット・デメリット

メリット

・譲渡対象を自由に決定することができる。すなわち，買主の意思に基づき，不要な事業，取引関係，資産負債，簿外債務，契約関係を承継しないことができる（典型的には売主・親族と対象会社との取引や債権債務が該当する）。
・買主はのれん償却に伴う節税効果を享受できる。

デメリット

・個別の資産・負債の譲渡手続が必要となり煩雑（例：不動産は引渡や変更登記，債権は債権譲渡通知などの手続が必要）。
・契約の承継手続が煩雑（契約の相手方の同意が必要）。
・従業員とそれぞれ個別に交渉し，転籍同意を得る必要がある（通常合同説明会も開催する）。
・一部の資産について別途税金が課される。
　（例：動産や営業権は消費税が課税されるが，売掛債権や土地には課税されない。建物や不動産がある場合には登録免許税や取得税が別途かかる）。
・改めて許認可を取得する必要がある。
・売主が事業譲渡による現金収入を手元に取り戻すためには二重の税金がかかる（事業譲渡に伴う対象会社での法人税課税と売主への現金還元に伴う売主での所得税課税）。

図表2-2-28　株式譲渡のメリット・デメリット

メリット

・譲渡対象が株式のみであるためシンプル。
・契約関係に影響を与えない（ただし CoC 条項には留意が必要）。
・通常は許認可に影響を与えない。
・PMIを穏やかに進めることができる（対象会社は買主の子会社となるため，ただちに企業文化の統合や組織変更を行わなくても事業運営が可能）。
・株式譲渡益にかかる税率は低く（20.315%），事業譲渡と比較して税引後の手取現金が多い。

デメリット

・不要な事業，取引関係，資産負債，簿外債務，契約関係があっても承継しないという選択肢をとることができない（特に，売主・親族と対象会社との取引や債権債務がある場合，別途対応を考える必要がある）。
・買主と対象会社が別法人であるため，PMIが遅々として進まない可能性がある。

スモール M&A のスキームとして，株式譲渡が多く利用されているイメージがあるが，次のような理由により事業譲渡は株式譲渡と同じように幅広く活用されている。

- P70で述べているようにスモール M&A においては簿外債務のリスクが大規模M&Aと比較して相対的に高いが，事業譲渡の場合にはそのリスクを回避することができる。
- 取得したい資産・負債，従業員，取引先との契約などを選別して譲り受けることから，取引金額を抑えたり，DDの範囲を限定することができ，効率的に買収できる。
- 事業譲渡の対象とする資産・負債については個別に譲渡手続が必要になるというデメリットがあるが，そもそもスモール企業の場合は資産・負債が少ない場合も多く，またスキームの組み方次第では負担を少なくすることも可能である。

ただ，一般的には事業譲渡よりも株式譲渡のほうが迅速に手続を完了することができる。また，事業譲渡の場合は，クロージング前に所轄当局と協議し，クロージング日までに許認可が取得できるようスケジュールを十分調整する必要がある点にも留意が必要である。

(参考) 資産譲渡

　有機的一体として機能する財産の譲渡である事業譲渡には該当しないが，類似する取引として資産譲渡がある。資産譲渡として典型的には次のようなものがある。

- 事業に必要な有形資産の譲渡（配送車，什器，機械設備など）
- 飲食店などの店舗譲渡（居抜き店舗，チェーン店の一部の譲渡など）
- 工場譲渡
- Web サイトの譲渡

資産譲渡は実務上スモール M&A の類型の1つとして捉えられ，資産譲渡に特化した業者も存在する。なお，その手続は，事業譲渡とほぼ同じ扱いとなる

（例：契約関係については，いったん契約を解除して，買主と新たに契約を締結する）。

③　資本業務提携

　資本業務提携とは，文字どおり資本提携と業務提携を同時に行うものである。

　つまり，買主が対象会社の株式を一定比率取得して対象会社の経営に参画するとともに，ノウハウの共有，共同購買など業務面での提携も進め，事業上のシナジー効果を追求する方法である。なお，買主が対象会社株式を一定比率取得するには次の2つの手法がある。

- ●株式譲渡

　　売主の保有する対象会社株式の一部を買主に譲渡する手法

- ●第三者割当増資

　　対象会社による第三者割当増資を買主が引き受ける手法

　また，資本業務提携を採用する場合における主要な留意点は以下のとおりである。

98

図表2-2-29 資本業務提携における留意点

取引金額の受領主体

・株式譲渡か第三者割当増資かで取引金額の受領主体が異なる（株式譲渡は売主。第三者割当増資は対象会社）。

事業計画の策定

・資本業務提携により対象会社は売買当事者双方によって事業運営されることになる。そのため，対象会社の将来ビジョンを共有すべく，売買当事者双方で事業計画を作成し，その内容について合意しておく必要がある。

持分比率および株主間契約

・売買当事者の意見が常に一致するとは限らず，また利益相反する場合もあるため，どちらが対象会社の経営の主導権を握るかを明確にしておく（買主が取得する持分と密接に関係）。特に50：50出資となる場合は，経営権の所在が不明瞭になりがちとなりトラブルにつながりやすい。そのため，売買当事者間で株主間契約を別途定めてどちらがどのような権利・義務を有するかについて詳細に定める必要がある。

・事業計画が下振れたり，予定どおりに進まなかった場合に備え，株主間契約において，撤退基準や合弁解消となる基準を設けておくことも必要である。

(9) DA[23]

① 概　要

　DA とは，DD 後の最終交渉を経て M&A の各種条件について最終的に売買当事者間で合意する契約書である（株式譲渡であれば株式譲渡契約書，事業譲渡であれば事業譲渡契約書）。

　したがって，M&A 取引の内容や条件などはすべてこの DA の中に明確に規定しないと，クロージング後に何か問題が発生しても相手方に求償することができない。なお，DA における具体的文言を協議・調整する最終交渉は，基本

---

23) P8に記載のとおり，本書は売主から買主へ対象会社株式の100％譲渡を前提としていることに留意する。

的に買主が攻撃側・売主が防御側という立ち位置で進む[24]。ただし，DD など
で発見された問題点のうち DA にどのようにどこまで反映されるかは売買当
事者間の交渉力の強弱などによる。

② DA の重要条項

DA において最も重要であるのは取引金額に関する条項であるが，それ以外
に特に重要な条項として①表明保証条項，②誓約条項，③前提条件，④補償条
項があり，最低限これらの条項の基本的なポイントは理解しておきたい[25]。な
お，これらの条項は売買当事者双方に対して一定の義務を課すものであるが，
DA においては買主が売主に対して課す義務が契約交渉上の争点の中心とな
る[26]。

ⅰ. 表明保証条項

表明保証条項とは，DA 締結時（またはクロージング時）において，売主が
買主に対して，対象会社などの客観的事実関係につき，当該事実が真実かつ正
確である旨を表明し，かつその内容を保証する条項をいう（以下，例示参照）。
M&A に関するトラブルは表明保証条項を巡る争いが多いため，特に留意が必
要である。

- 対象会社の財務状況，法令違反の有無など一定の事項が真実かつ正確であ
  ること
- 対象会社に簿外債務が存在しないこと

---

24) ただし，スモール M&A は友好的に協議が進むことも多いため，さほど対立構造とならない場
   合も多い。
25) M&A の実務上，専門家の間では「表明保証条項」を「レプワラ（Representations and
   Warranties）」，「誓約条項」を「コベナンツ（Covenants）」，「前提条件」を「コンディション
   （Condition Precedent）」，「補償条項」を「インデム（Indemnity）」といったように別称する場合
   があるが，スモール M&A の場合においては，売買当事者の前では日本語でわかりやすい言い回し
   をしたほうがいいかもしれない。
26) そのため，後述の例示はすべて買主が売主に対して課す義務の例示となっている旨，留意いた
   だきたい。

- XX年XX月XX日以降，後発事象（対象会社の財務または資産の状況，経営成績等に重大な悪影響を及ぼすおそれのある事象）が発生していないこと
- 対象会社が第三者の知的財産権を侵害していないこと

ⅱ．誓約条項

誓約条項とは，売主が買主に対して約束し遵守することを規定するものである（以下，例示参照）。

- DA締結からクロージングまでの期間において重要な経営判断や重要な資産の処分を禁止する規定
- クロージング後における競業避止義務
- クロージング後に適切に業務の引継ぎをする義務

ⅲ．前提条件

前提条件とはこの条件を満たさない限りクロージングを行わないという内容を定めたものをいう（以下，例示参照）。どちらか一方がDAで課された前提条件を充足しない場合，相手方は自らの義務を履行する責任が生じない[27]（売主の場合は対象会社の株式を譲渡しない。買主の場合は取引金額を支払わない）。

- 表明保証条項や誓約条項に違反がないこと
- 重要な契約書（例：重要顧客との取引契約書）にCoC条項が付されている場合，契約の相手方から承諾を得て，かつ契約条件の不利益変更がないこと
- キーマンからの転籍同意書の取得（事業譲渡の場合）
- 行政当局からの許認可の取得
- 対象会社が保有する非事業用資産（絵画，ゴルフ会員権など）の売主によ

---

27) 前提条件の充足が問題となるのは，売主サイドであることが大半である。

る買取り

- 売主による役員借入金の一括返済

iv．補償条項

　補償条項とは，売主が表明保証条項や誓約条項に違反して損害を被った場合，売主に対し補償請求・損害賠償請求ができるとする規定をいう。なお，売買当事者間の利害を調整するために，【図表2-2-30】のように請求権の範囲を限定することが一般的である。

（図表2-2-30）補償条項に基づく補償・損害賠償請求の範囲限定の例示

請求金額の上限設定

　補償責任の上限額を取引金額の総額または一定割合というように設定する。

請求期限の設定

　1年から5年程度で設定されることが多い。ただし，最短でも1年以上とすることが一般的である（少なくとも一度決算を経ることを希望する場合が多いため）。

請求にかかる最低金額の設定

　軽微な損害を対象外とすることが多い（例：単一の事実に基づく請求金額が一定額を超えたものに限り請求できる）。

③　その他の重要条項

ⅰ．キーマン条項

　スモールM&Aにおいては基本的にキーマン条項を含めることが前提となる。別名ロックアップともいい，クロージング後の一定期間，キーマンが対象会社の経営者または相応の役職にて継続して事業運営にあたることを約するものをいう。これは買主のために設けられるもので，キーマンが抜けることによって買収後の対象会社の事業運営に支障が出ることを防ぐことを目的とした規定である。したがって，ロックアップの期間は言い換えると事業の引継期間と

捉えることができよう。なお，スモールM&Aの場合，ロックアップの期間は長くても1年程度が一般的である（これはPMIの期間ともある程度連動する）。

ⅱ．従業員の雇用維持

　スモールM&Aにおいて売主は従業員の継続雇用を求めることが多いが，買主としても従業員が企業価値の源泉と考えている場合が多い。したがって，DA上一定の条件を付しながらも従業員の雇用維持条項が盛り込まれることが一般的である。

　なお，この場合の一定の条件として，継続雇用の期間，買主の権利・義務の内容などが争点になる。当然ながら売主は従業員の立場を守るべく，できる限り有利な条件であることを望む。一方，買主は，買収後における人事政策上の柔軟性確保を勘案して，どの程度まで譲歩できるか判断する必要がある（以下，例示参照）。

（図表2-2-31）　雇用維持条項の例示

項目	取り決め
継続雇用の期間	1年
買主の義務の程度	最大限努力義務
従業員の処遇（雇用条件の不利益変更，配置転換）	継続雇用期間中は維持継続（ただし，業績の大幅な悪化，財政状態の著しい毀損の場合は除く）

ⅲ．リスクリバーサル条項

　リスクリバーサル条項とは，DAにおける買主のリスクヘッジの一手法であり，買主の金銭的・心理的な抵抗を取り除きスムーズにクロージングに導くために売主が一定の保証を行うものである。具体的な手法としては【図表2-2-32】のとおりであるが，追加のコスト負担を鑑みるとスモールM&Aの実務

において利用されるのは①から③までであろう。

図表2-2-32 リスクリバーサル条項の手法

種類	概要	留意点
①売主からの担保提供	売主から一定額の担保を提供してもらい，売主の表明保証違反が発覚した場合には，当該担保を損害賠償金として充当するもの。	簡便な手法であるが，この条項の適用可否については売主が十分な担保を有しているかどうかによる。
②ホールドバック（取引金額の一部後払い）	クロージング時に買主は売主に取引金額の一定額を支払い，残金は一定期間経過後に支払うもの。	別途コストは要しないが，買主の信用リスク（残金を支払えないリスク）を懸念して売主から拒否される可能性がある。
③アーンアウト	クロージング時に買主から売主に取引金額の一部を支払い，将来の特定時点において，DAで設定した一定条件の達成状況に応じて残額を支払うもの。	別途コストは要しないが，買主の信用リスクを懸念して売主から拒否される可能性がある。また，条件の設定においては後々トラブルとならないように慎重に設定する必要がある（図表2-2-33参照）。
④エスクロー	買主はクロージング時にエスクローエージェント（注）に対し取引金額の一部を支払い，一定期間が満了するまでに所定の条件（例：売主の表明保証違反が存在しない）を充足している場合に，売主に残金を支払うというもの。	買主の信用リスクに留意する必要はないが，エスクローエージェントと別途契約を締結するという手間と一定の報酬を支払う必要がある。

| ⑤表明保証保険 | 売主の表明保証違反が発生した際の損害額を補填する保険契約を保険会社との間で締結するもの。 | 表明保証保険はそもそも取引規模の大きいクロスボーダーM&A向けの商品である。また，保険料については最低保険料が設定されており，取引金額に応じた料率で考えるとかなりの高額となる。 |

（注）M&A当事者とエスクロー契約を締結する第三者の金融機関

iv．アーンアウトを採用する場合の留意点

アーンアウトはスモール M&A においても比較的利用される手法であるが，条件設定などにおいていくつか留意点があるため解説しておく。

第2章　スモールM&A概論　105

（図表2-2-33）　アーンアウトを採用する場合の留意点

条件達成・未達成の判定時期

判定の手間を鑑み，決算日とすることが一般的である。

条件設定

売買当事者間で後でトラブルとならないよう，客観性と妥当性が担保された条件を設定する必要がある。そこで，一般的には，事業外の活動の影響を受けない損益項目である場合が多い（例：売上高，営業利益）。

財務数値の正確性

条件達成・未達成の判定において，財務数値が正確であることが前提となる。しかしながら，スモール企業の場合は，財務数値の正確性がどうしても大企業と比較して劣るため，その点を留意したうえでアーンアウトを採用するかどうかを判断する必要がある（注）。

買主が不誠実な行動をとる可能性

買主は設定した条件を意図的に未達にさせ，売主への支払額を減らそうとするインセンティブが働く可能性がある。

売主のインセンティブが働く形で設計

スモールM&Aにおいては，売主はクロージング後においても，一定期間対象会社で引き続き業務に従事することが多いが，DAにアーンアウト条項を盛り込むことにより，売主は自らの努力次第で取引金額の上乗せが期待できる。また，そのような売主の積極的な態度は買主としても望ましいものである。したがって，売主のインセンティブが有効に機能する形で条件を設定することが望ましい。

(注) 大規模M&Aでアーンアウトを採用する場合は，条件達成・未達成の判定時期における財務数値の正確性を担保するために会計監査人による監査を求めることがあるが，そうすると追加コストが発生することになる。

　ちなみに，リスクリバーサル条項とは異なるが，段階的に株式取得を取得する資本業務提携もリスクリバーサル条項と同様に買主のリスクヘッジの1つの方法といえる（P97参照）。

> **(参考) 価格調整条項**
>
> 　ＤＡ締結からクロージングまでに一定の期間を要すると，ＤＡで合意した取引金額の前提が変動してしまう可能性がでてくることから，DA に価格調整条項が盛り込まれることがある[28]。しかしながら，スモール M&A の場合には DA 締結からクロージングまで短期間であることが多く，重要な差異が生じる可能性は低いので特段調整を行わないことが多い。

④　DA交渉上の注意事項

ⅰ. 交渉に挑む際の態度

　スモール M&A の場合，交渉相手とはいえ，友好的に協議を進めることが一般的である。したがって，以下に示すように DA 交渉という M&A プロセス終盤の一番重要な局面においても，我を忘れることなく，そして相手のことを慮ったうえで，双方にとってベストの解を導く努力を惜しまないことが必要である。

　　　　　　　　　　図表2-2-34　　交渉に挑む際の態度

自己中心的な態度は厳禁

　自らの主張をぶつけるだけでなく，相手の主張もしっかり受け止めることが重要であることはいうまでもない。相手が主張する理由や背後に潜む本音などをできる限り斟酌して交渉を進めるようにしたい。

誠実な態度で挑む

　当然ではあるが誠実な態度で交渉に臨むことが必要である。例えば，「言った言わない」や「後出しじゃんけん」というトラブルは避けなければならない。これらは相手方からの信用を失いディールブレイクにつながるおそれがある。

---

28)　価格調整を行う場合は，すべての勘定科目の変動に応じて価格調整するケースと限定された勘定科目（在庫，運転資本，純資産などが多い）の変動に応じて価格調整するケースがある。

ⅱ．簡単な交渉テクニック

　お互いの信頼関係が重視されウェットな要素の強いスモール M&A におい
て，交渉テクニックに溺れることは好ましくないが，交渉相手がそのような交
渉戦術を使ってくる可能性もあることから，参考として以下に代表的なものを
示す。

●アンカリング効果

　アンカリング効果とは，行動経済学上の考え方で，最初に示した数字や情
報が，その後の判断に影響を与えるという心理現象をいう（例：消費者の購
買判断）。これは M&A 取引においても適用することが可能であり，典型的
には取引金額の交渉において有効である。

　非上場会社であるスモール企業の価値は日用品のように客観的な価格がな
いことから，売買当事者の M&A にかける意思の強さや交渉力の強弱に影
響を受けて，バリュエーション結果から導き出された合理的な取引金額の水
準から乖離して合意することは決して珍しいことではない。これは，交渉戦
術としてアンカリング効果を狙った場合でも同様の結果を達成できることが
ある。

　M&A プロセス当初は相場と異なる金額を提示し，相手の反応を確かめな
がら提示額を相場に近づけていくという要領である。具体的には以下の流れ
で協議を進めていくことが考えられる[29]。

- ・売主が初期的検討の段階では意図的に高値を提示。
- ・しかしながら，最終交渉の場面で大きく取引金額を引き下げる。
- ・それを聞いて，買主は合理的価格と判断してその取引金額で合意。
- ・しかし，売主が引き下げた最終的な提示価格は，実はまだ買主にとって
  不利な価格水準であった。

29）　買主の場合であっても，まったく逆のパターンで同じことがいえる。

なお，アンカリング効果を仕掛けるほうと受け取るほうでは次のような点に注意する必要がある。

●アンカリング効果を仕掛ける場合

過度にアンカリング効果を狙った行動をとると，相手方から警戒され，信用を失い，場合によってはディールブレイクに導く可能性がある。

●アンカリング効果の受け手の場合

アンカリング効果により誤った判断を行わないようにバリュエーションを丁寧に実施するなどして，自分の評価軸をしっかり持っておくことが重要である。

●返報性の法則

返報性の法則とは，人から何かしらの施しを受けたとき，「お返しをしなくては申し訳ない」というような気持ちになるという心理作用のことをいう。

M&A における交渉戦術として採用するとすると，例えば，交渉上争いとなっている論点のうち，妥協可能な論点については先に譲歩を示し，その見返りとして妥協したくない論点について相手方から譲歩を引き出すことを狙うといった形が考えられる。

（参考）　M&A における売主の期待と買主の希望

M&A の交渉は売主の期待と買主の希望とのギャップを埋めるプロセスである。

ただ，スモール M&A は一般的に友好的に協議が進むことから，両者は必ずしも相反するものではなく，ベクトルが一致している場合も多い。最も重要でかつ相反することが多いのが取引金額である。

第2章　スモールM&A概論　109

（図表2-2-35）　M&Aにおける売主の期待と買主の希望の対比（例示）

売主の期待	買主の希望
きっと高く売れるはずだ。	できるだけ安く買いたい。
あの買主ならしっかり事業を伸ばしてくれるはずだ。	買収後は1つ1つシナジー効果を実現させていきたい。
キーマンが辞めなければいいが。	キーマンは絶対確保しておきたい。
従業員を大切にし，雇用もきちんと維持してくれるはずだ。	従業員は企業価値の源泉であるから大切にしたい。雇用も維持することを前提に考えている。
優良顧客を抱えていることが誇りであり，M&Aにより迷惑をかけないようにしたい。	優良顧客はとても魅力的であり，今後も継続して取引がしたい。

⑽　クロージング

①　概　要

　売買当事者は，それぞれDA締結からクロージングまでの間に，DAに定められたクロージングの前提条件を充足するために必要な活動を行い，それらの条件をすべて充足していることを双方で確認してからクロージングを行うことになる。大規模M&Aでは，クロージング手続は非常に複雑となりがちであるが，スモールM&Aの場合は比較的シンプルである。

　なお，クロージングの手続として具体的には，売主は株券（株券発行会社の場合）や株主名簿などのクロージング書類を買主に引き渡し，買主は売主に取引金額の決済を行う。そして，株主名簿の書換えや会社実印などの重要物の授受が行われるとともに，買主は対象会社の臨時株主総会を開催し，定款変更，新役員の選任，役員退職慰労金支払承認（支払われる場合に限る）などを決議する。

② クロージングのタイミング

スモールM&Aはシンプルな案件が多いため，DA締結日より短期間でクロージングを迎えることが一般的である。特に株式譲渡の場合はDA締結日から極めて短期間でのクロージングが可能である。売買当事者双方にとってクロージングの前提条件を充足する必要性がない場合には，DA締結日と同日にクロージングを行うことも可能である（サイン&クローズという）。一方，事業譲渡や会社分割の場合は，諸手続の都合上[30]，DA締結日から一定期間経過後（通常1〜2か月経過後）にクロージングを迎えることになる。

③ スモールM&Aの案件公表に関するスタンス

大規模M&Aの場合，案件がクローズするとその概要について外部に公表することが多い[31]。一方，スモールM&Aの場合，案件公表に対するスタンスは一般的には次のようなことがいえる。

図表2-2-36 売買当事者の案件公表に対するスタンス

買主	ポジティブな情報であるため，外部に対する情報発信に前向きである場合が多い。しかしながら，スモールM&Aは案件サイズが小さいためニュースバリューが限定的であるし，売主の意向（下記）を勘案して，開示しないことも多い。
売主	対象会社を売却したという事実を，近隣，同業他社，業界団体などに知られることは，精神的なハードルが高く，消極的な場合が多い（特に対象会社が地方に所在していたり，業歴が長い場合はこのような態度を示すことが顕著である）。

---

30) 例えば，事業譲渡の場合は，事業譲渡の対象となる資産・負債の個別移転手続，従業員からの同意の取得と転籍手続，取引先等の各種契約書の再契約手続などが必要となる。

31) 上場企業が大規模M&Aを実行した場合においては，金融商品取引所の定める適時開示ルールに抵触して，プレスリリースなどを通じて外部に開示することが義務付けられることも多い。

(11) PMI[32]

① PMIの役割

PMIの範囲は案件によってケースバイケースではあるが、例えていうと、心（例：社風、企業文化）、頭（例：経営理念、ビジョン）、体（例：組織、規則、業務プロセス）それぞれを統合していくというイメージである。つまり、PMIは単に管理体制を統合するというような形式的な手続にとどまらず、買主と対象会社が有機的に一体として機能することを求めるものである。PMIは、対象会社と買主との間でシナジーを共創するための最初のステップであり、対象会社の第2の創業あるいは新たなコンセプトづくりの場ともいえよう。

② PMIの重要性

M&A巧者で知られる日本電産㈱の永守重信社長はPMIの重要性について次のように語っている。

「登山に例えれば、M&Aは契約の時点で2合目しか登っていない。残りの8合分は企業文化の違いを擦り合わせる『PMI』という手間のかかる作業で、これがまた難しい」（2012年8月10日付 日本経済新聞）

日本電産は上場企業であり、また、主としてクロスボーダーM&Aを実行しており、かなり複雑で難易度の高いPMIの手続が要求されるため、このような表現になるのだろう。

翻って、スモールM&Aについていうと、ほぼ100％が国内案件であり、案件規模は小さく、シンプルなスキームであることから、大規模M&Aで行われるような複雑なPMIの手続は必要ない。しかしながら、買主にとってM&Aの成否は机上の調査・分析や交渉の結果ではなく、クロージング後にお

---

32) 買主が個人の場合は、PMIのプロセスは必要がないが、買収を機にPMIに類似する対処（例：対象会社のビジョンの更新、組織体制の整備、社内規則の見直し）を行うことはある。

いて，当初期待していたシナジー効果が十分に発現できるかどうかにかかっている。

そして，その効果は計画がなければ測定できない。したがって，スモールM&AにおいてもPMIは重要なプロセスの1つであることは変わらず，その効果の測定のためにPMIの手続において一定の計画を策定する必要がある。

ここで，いささか話が脱線するが，M&Aの成功の秘訣について触れておく。

少し古い文献となるが，米国の専門書「Lessons from the Top: The Search for America's Best Business Leaders」Thomas Neff and James Citrin,（Doubleday Business, 1999）では，M&Aの成功の秘訣は次の5つだと指摘している。

① 買主と対象会社の間でビジョンを共有する。

② 短期的な勝利を獲得する（そうでなければ両社の従業員の士気が下がる）。

③ 長期的な戦略に基づきM&Aを実行する。

④ 両社の従業員の間で協力関係を築く。

⑤ 両社が地理的に接近している。

⑤を除いていずれもPMIに直接関係する内容であり，PMIの巧拙がM&Aの成否に重要な影響を与えることを強く示唆している。

③ スモールM&AにおけるPMIの3つのフェーズ

スモールM&AのPMIでは，大規模M&AのPMIにおいて主軸となる制度や管理体制の統合といった目に見える部分よりも，社風や経営理念といった目に見えない部分の統合がことさら重要である。つまり，心の統合を最初に行い，そのあと頭を統合していく。そして，一定の成果を上げた段階で体の統合を目指すという流れである。より具体的にはスモールM&AのPMIは以下の3つのフェーズを経ていくことが望ましい。

第2章　スモール M&A 概論　113

図表2-2-37　スモール M&A の PMI における3つのフェーズ

1 Icebrake (アイスブレーク) ―不安からの解放	2 Unlearn (相互理解) ―固定観念を捨てる	3 Refreeze (実質的統合) ―フレッシュスタート
買主は，さまざまな形で場を設定し，従業員が抱える不安を取り除き，信認を獲得するよう努める。	経営理念やビジョンなどの大枠でお互いの違いを認識しつつ，相互に認め合う。	買主は対象会社と一緒にグランドデザインを定めたうえで，個別具体的な施策を時間軸に分けて実行計画として落とし込む。

④　スモールM&AにおけるPMIの特性

　スモール M&A の PMI はシンプルであり，100日プランの設計・実行といった大規模 M&A で行われるような手順を踏むことは少ない。

　PMI の最初の段階で従業員と良好な関係性をいかに構築するかがスモール M&A の成否をわける1つの分岐点といえる。スモール M&A では対象会社は小規模であることから，買主は各従業員に対しきめ細かいフォローをすることが可能である。

　業績不振などを理由に買収前において従業員のモチベーションが低かった場合であっても，巧みに PMI を進めることができれば，買収直後から社内の空気を一気に前向きに変えることも可能である。

　ちなみに，中小企業や小規模事業者は大企業に比べて離職率が高いため[33]，大きな変化が立て続けに起こると離職の引き金を引いてしまう可能性がある。

　特に労務関連の PMI，例えば就業規則や給与体系の見直し，配置転換などは，実施の是非やタイミングについて慎重に判断する必要がある。

⑤　対象会社の業種によるPMIスタイルの違い

　対象会社が買主と同一業種や隣接業種に属するか，異業種なのかによって

---

33)　http://www.chusho.meti.go.jp/pamflet/hakusyo/H27/h27/html/b2_2_2_2.html

PMIの態様も異なってくる。

図表2-2-38　対象会社の業種によるPMIスタイルの違い

	同一業種や隣接業種	異業種
PMIスタイル	統合型	独立運営型
留意点	相互理解には努めるものの，どうしても縄張り意識や勝ち負け意識（買主：勝ち組，売主：被害者意識）が醸成されやすく，足の引っ張り合いとなる可能性がある。	お相い無関心になりがちとなり，グループとしての一体感が欠ける可能性がある（例：対象会社が自らの商標をM&A後においても維持し続ける場合，グループとしてのブランド力の強化が図れない）。

―第3章―

スモールM&Aの要諦
（FA編）

第1節 FAに求められる力量と基本的資質

　スモールM&AのFAは大規模M&AのFAと次の点が異なることから，
【図表3-1-1】に示すような力量と基本的資質が求められる。

- プレM&A（ソーシング活動など）とエクセキューションの両方をこなす
  必要がある。
- 売買当事者に単独あるいは少人数でサポートをする場合が多い。
- 多種多様なFAが存在し，M&Aにまつわる専門知識の水準や経験値にば
  らつきがある。
- 売買当事者の判断軸がロジックよりもウェットな色彩が強いということを
  配慮してサポートを行う必要がある。

図表3-1-1　FAに求められる力量と基本的資質

力量	基本的資質
・M&Aプロセス全体への精通度合 ・M&Aにまつわる多面的な専門知識 ・ソーシング能力 ・M&Aの経験件数 ・M&Aの経験年数 ・優秀な外部専門家とのネットワーク ・公的資格の有無 ・過去の経歴	・売買当事者の利益最大化を最優先に考える ・「GOと言えるアドバイザー」，「NOと言えるアドバイザー」 ・人間力 ・きめ細かいサポート ・柔軟な発想力

(1) FAに求められる力量

① FAの力量を推し量るためのチェックリスト

　大規模M&AにおけるFAは日系・外資系投資銀行や大手金融機関などが担い，会社や担当者が異なっていても高品質なサービスを提供する体制が整っている。一方，スモールM&Aにおいては，FAの過去の経歴，M&Aに関する専門知識，経験年数などが異なるため，FAの力量差が大きい。小規模なM&Aだから平易に進められるだろうという軽い気持ちは決して持つべきではない。

　スモールM&Aは売買当事者がM&Aに不慣れな場合が多く，その分リスクが高くなるので，FAが売買当事者やM&Aプロセス全体を巧みにコントロールする必要性は高いのである。そういった観点から，FAは自らの力量がどの程度の水準にあるか【図表3-1-2】を参考に各自確認されたい。

（図表3-1-2）　FAの力量を推し量るためのチェックリスト

M&Aプロセス全体への精通度合

重要事項であるためP126②に後述。

M&Aにまつわる多面的な専門知識

重要事項であるためP127③に後述。

ソーシング能力

重要事項であるためP127④に後述。

M&Aの経験件数

M&Aは案件ごとの個別性が高いため，座学ではなく実際の案件をどれだけこなしたかが，FAの腕に直結する（この場合，案件の紹介だけを行い，実際のM&Aプロセスにたずさわらなかった案件は件数には含めるべきではない）。

M&Aの経験年数

どれだけの期間，M&A業務に携わっていたのかも，FAの能力やM&Aプロセスの慣れに直結する。

優秀な外部専門家とのネットワーク

多方面にわたり優秀な外部専門家と良好な関係性を築いているか。例えば，DDや DA交渉において，売買当事者のニーズに沿ったサポートを提供するよう外部専門家をうまくコントロールできるがどうか，緊急性が高くとも優秀な外部専門家を合理的な報酬水準で売買当事者に提供できる能力があるかどうかということである。なお，FAは外部専門家の一般的な業務スコープや報酬の相場もきちんと把握しておく必要がある。これらをきちんと理解していないと売買当事者が外部専門家をリテインするに際して，FAは売買当事者に対して適切なアドバイスができないことになる。

公的資格の有無

士業専門家の場合，そもそも業法上の守秘義務が課されており，特に弁護士，会計士・税理士といった難関資格保有者の場合，自らの専門領域の範囲内で M&A関連知識を熟知しているため，安心感がある。

過去の経歴

過去の経歴によって FAとしての力量を推し量ることができる場合もある。例えば，大手金融機関出身であれば，職業上の守秘義務が課された環境下で業務を行ってきたという経験が安心感につながったり，営業力で定評がある会社で卓越した成績を残した営業マンであったならば，ソーシング能力に期待が持てるといった塩梅である。

②　重要ポイント：M&A プロセス全体への精通度合

　スモール M&A の世界においては，M&A プロセス全体に精通している FA がまだ少ないといわれている。確かに仲介会社は M&A プロセスの全体をサポートしているが，M&A に必要な専門知識に強みを有するというよりは，適当な相手先を探し当てて紹介するという営業力・ソーシング能力に強みを有するというのが業界一般の認識である。また，M&A プロセス全体のうちの一部に強みを有している専門家が FA と名乗ることも見られる（例：財務 DD に強みを有する会計士，法務 DD や契約書作成に長けた弁護士）。ただ，M&A は総力戦であり異種格闘技戦とたとえられるように，FA は多面的な知識を横断的に一定水準で有していることが要求されるとともに，個々のプロセスを円滑に

第3章　スモールM&Aの要諦（FA編）　119

進めていくだけの経験値を有する必要がある。

　FAがM&Aプロセス全体に精通していなかった場合はM&Aプロセスが有効かつ効率的に進まない可能性が高くなる。当然ながら，売買当事者はFAに適切なアドバイスやサポートを期待するが，FAがそれに応じられない場合は，個別論点の十分な検討，円滑なプロセス進行，合理的な契約交渉などがなされない可能性が高くなり，売買当事者のどちらか一方，場合によっては双方ともに不利益を被る可能性がある。

　また，スモールM&AにおいてはP152に解説しているとおり，「誰も気づいていないリスク」が存在する。したがって，真なるFAと名乗るためには個々のプロセスの専門家というだけでは不十分で，M&Aプロセス全体を熟知していることが求められるのである。しかし，そのための横断的な知識や経験は当然ながら一朝一夕では身につかない。したがって，自らの得意分野をてこにしながら，全体的な能力を稼得すべく地道に案件を積み重ね，経験値を上げていくことが必要となるだろう。

③　重要ポイント：M&Aにまつわる多面的な専門知識

　M&Aは会計・税務，会社法，契約文言の読解力，経営戦略論，バリュエーション手法などの個々のプロセスにおいて多面的な専門知識が求められる。弁護士・会計士・税理士といったその道の専門家の水準までの専門知識は必要ではないが，M&Aの実務に支障がない水準まで知見を蓄えていることがFA業務を行ううえでの最低条件といえよう。

④　重要ポイント：ソーシング能力

　ソーシングにおいて，FAは単に相手方を紹介すればいいというわけではない。依頼者のニーズを最大限充たすような候補先を紹介することを目指さなければならない。そのためには以下で示すような要件を充していることが求められる。

ⅰ．有能なFAとのリレーション

要は1次情報（FAが売買当事者から直接M&Aの相談を受けること）に基づく良質の案件情報を継続的に入手できるFAかどうか。

1次情報に基づく良質の案件は紹介後すみやかにクロージングに至るケースが比較的多く，それは売買当事者の利益に叶うものである。したがって，FAは売買当事者から信頼されていないとM&Aについて相談されることは少ない。また，スモールM&Aの場合，案件は信頼の置けるFA間の属人的なリレーションの中で紹介し合うことも多い。したがって，FAは他のFAから信頼されていないと良質な案件に巡り合うことが難しくなる。以上から，2次情報や3次情報として出回っている案件しか紹介できないFAは，情報収集能力や業界ネットワークが脆弱とみなされてしまう可能性があり，時が立つにつれFA間の優先劣敗が目に見える形となって現れてくる。

ⅱ．多種多様な売買当事者とのリレーション

FAは，業界，業種，規模，役職，年齢などにとらわれずさまざまな企業や個人とリレーションを築いていることが望ましい。

これは密な関係性を有するまでを要求しているものではなく，いわゆる"弱い紐帯"[1]の関係性で十分である。スモールM&Aにおいては案件がいつ，どこから発掘されるわからないことが多い。日々さまざまなコミュニケーションを行っている中で，唐突に具体的な案件の相談を受けるケースも多い。ある程度信頼関係がないとそういった守秘性の高い相談を受けることはないことから，常日頃より自らのFAとしての力量を正確に理解してもらうように努め，人格的にも信頼するに足る態度で接する必要がある。なお，人脈を構築するに際しては盲目的に数を優先するのは避け，その人となりについて信頼できる企業や個人に限定すべきである。

---

1) 「弱い紐帯」とは，米国の社会学者マーク・グラノヴェッターが発表した社会的ネットワークに関する仮説「弱い紐帯の強み」における用語である。なお，この仮説は，社会的つながりが緊密な人より，弱い社会的つながりを持つ人（知人の知人，ちょっとした知人など）のほうが，有益で新規性の高い情報をもたらしてくれる可能性が高いというものである。

第3章 スモールM&Aの要諦（FA編） 121

　信頼関係が構築されていない相手の場合，"訳あり"案件が持ち込まれる可能性もあり，その場合，M&Aプロセスに入ってから売買当事者との間でトラブルになる可能性が高くなる。

ⅲ．営業力

　大規模M&Aの場合は，冒頭に述べたとおり，プレM&Aとエクセキューションが分かれていることが一般的であるため，エクセキューションは高度なM&A専門スキルが求められる一方で，営業力は必要条件ではない。一方，スモールM&Aの場合は，FAは通常プレM&Aとエクセキューション双方の業務を行うため，両方の能力が求められることになる。また，スモールM&Aの場合，FAの参入障壁が低いことも重要なポイントである。参入障壁が低いということはFA間の優先劣敗が激しいということである。そこで，しっかりとした営業力を身につけて，売買当事者とのネットワークを強固なものとして自身のソーシング能力を強化することが必要であろう。

⑤　FAの力量との関係で押さえておくべきポイント

ⅰ．"あるべき姿"についての考え方とそれ目指すための方策

　FAの力量として列挙した項目をすべて高水準で満たすことを求めているのではない。あくまで"あるべき姿"として示しているものである。これらすべてをこなせるようなスーパーマンのようなFAはほんの一握りである。大規模M&AにおいてもプレM&Aと担当するプロフェッショナルとエクセキューションを担当するプロフェッショナルは分けられている（それぞれ求められる力量は異なる）。また当然ながら，ベテランのプロフェッショナルと若手のプロフェショナルとでは力量差が格段に異なる。

　ここで大事なことは，前述の項目が備わっていることが一流のFAといえるための必要条件であるものの，もし自分自身に欠落している部分があれば，それを補う方法を考えればよいということである。そこで，例えば次の点を意識しながら日々の業務をこなしていけばいいだろう。

●ひたすら案件をこなす

スモール M&A は案件数が非常に多いため，どんどん件数をこなしていって FA としての力量を強化することができる。したがって，そういった意味で経験値を積むとっかかりとなるソーシング活動にひたすら貪欲に取り組むという態度は重要である。なお，ここで案件をこなすという意味は必ずしもクロージングした案件に限定されるわけではない。M&A でクロージングまで至る確率は高いものでなく，また，M&A プロセスごとに必要となる専門知識や業務能力は異なり，個々の局面でさまざまな内容を学ぶ機会がふんだんにあるからである。

●コラボレーションを有効活用する

例えば，専門知識については自信があるが営業力に自信がないという場合でも深刻に捉える必要はない。解決策は単純で，営業力の強いプロフェッショナルとコラボレーションをすればよい。よく見かけるケースとして，営業が得意ではない士業専門家と強い営業力を有するプロフェッショナル（生命保険や不動産の営業マンなど）とのコラボレーションがある。ソーシングは幅広い人的ネットワークを有する営業マンがメインで動き，エクセキューションは士業専門家がメインで対応するという分業体制をとることで，互いに Win-Win の関係を築くことができる。また，M&A の経験豊富な FA とコラボレーションを行うことも非常に効果的である[2]。

ⅱ．形式知だけでなく暗黙知も駆使する

例えば，交渉の場面において専門知識を振りかざして交渉を主導したり，サポートすることも必要であるが，もう一歩先をいって，相手の本心を探ってみたり，条件の落としどころを予測しながら，売買当事者の感情を害することなく，プロセスを巧みに進めていくような狡猾さがあればなおさら望ましい。

---

2) ただ，この場合，経験豊富な FA にコラボレーションを組むことのインセンティブを与える必要があるだろう（例：自ら案件を獲得してきて，エクセキューションも自分のできる範囲で行う，アドバイザリー報酬の分配で経験豊富な FA に傾斜配分する）。

⑵ FAに求められる基本的資質

スモールM&Aでは大規模M&Aのように案件を複雑化させる要素が少ない。したがって，技術的側面のみでいえば，FAが複雑な大規模M&Aの業務に慣れ親しんでいるとスモールM&Aも難なく対応できる。しかしながら，FAとしての力量もさることながら，スモールM&Aはヒト対ヒトの要素が強く，人間性といったウェットな部分も重視されることから，以下述べるような基本的資質を有していることが強く期待される。

① 売買当事者の利益最大化を最優先に考える

FAにとって最も重要なことは，売買当事者の利益を最大化させることである。自らの利益のみを追求を目的とするような行動は厳に慎み，高潔で高い倫理観を有し，誠実で信頼できるFAであることが求められる。例えば，FAが次のような行動をとることは売買当事者の利益最大化にそぐわないため，決してあってはならない。

- とにかくFA契約を締結したいがために，売買当事者の意向にそぐわない案件を紹介する。
- 売買当事者にとってではなく，FAにとって望ましい相手に優先してマッチングしようと試みる（例：常日頃から特別な便益を図ってもらっていたり，継続的に契約が取れそうな相手に案件を持ち込む）。
- プロフェッショナルという立場をわきまえることなく安直なアドバイスを行う（例えば，スキームの検討において事業譲渡などの他のスキームのメリット・デメリットを懇切丁寧に伝えることをせず，よく活用されるからといった安直な理由に基づき，株式譲渡スキームを提案する）。

② 「GOと言えるアドバイザー」, 「NOと言えるアドバイザー」

また, 売買当事者の利益最大化を念頭に置いて行動するためには, 「GOと言えるアドバイザー」, 「NOと言えるアドバイザー」であることも必要である。

ⅰ. 「GOと言えるアドバイザー」

FAは, 決して自らの報酬獲得のためであってはならないものの, 売買当事者の置かれた状況に鑑み, M&A実行を後押しすることが必要な場面もある。

例えば, FAは, 次のような事態に陥らないように, 有益な情報を積極的に提供しながら, 売買当事者をうまく説得して, その背中を後押しすることも役割の1つといえるだろう。

●売主の場合

業績が悪化傾向であるが, FAが客観的に見ると, まだこの時点では手遅れではなく十分売却可能な状況であると判断できた。しかしながら, 売主は根拠が乏しいものの短期的にV字回復できると楽観的に捉え, 自社の売却を模索しなかった。しかし, それが時が経つにつれてさらに業績が落ち込んでいき, 企業価値が大幅に毀損してしまい, 売り時を失ってしまい, 廃業や倒産しか選択肢がなくなってしまった。

●買主の場合

今後市場の急拡大が見込まれたり, 合従連衡が活発になることが予測されていた。本来このような場合は, 業界における自社のポジションを守るべくM&Aを選択肢の1つとして検討すべきであるところであるが, 買主は, 面倒臭い, お金がかかるので億劫だ, そもそも何やっていいかわからないといった曖昧な理由により具体的な行動を起こさなかった。

ⅱ. 「NOと言えるアドバイザー」

売買当事者の利益最大化という観点では「はっきりダメと言えるFAになれるか」というのも重要なポイントである。下記の例のように, FAは自らの立

第3章　スモールM&Aの要諦（FA編）　125

場上都合の悪いことであっても，売買当事者の立場に立って適時適切にアドバイスをしなければならない。

- 買主が買収に高い関心を示したとしても，FAの立場から客観的にみるとただちに買収するのではなく段階を踏んだほうがいいと考える場合は，まずは業務提携や資本業務提携から穏やかに連携することを提案する（報酬のことが頭によぎり，そのままM&Aプロセスを進めるなどはあってはならない）。
- 契約条件がなかなか折り合わず，売買当事者が判断しかねているような状況であっても，無理にクロージングさせる方向に誘導するような行動はとらない（例：取引金額の協議が遅々として進まない場合に，買主に相場よりも高いバリュエーション結果を提示し，売主の意向と折り合うように誘導する）。

スモールM&Aの場合，チームで臨む大規模M&Aと異なり，FAが単独あるいは少人数で売買当事者をサポートする場合が多い。したがって，彼らの利益最大化を考えてプロフェッショナルとして自らを律する強い心が必要である。こういった姿勢の積み重ねがFAとして信頼を勝ち取ることにつながるのである。

③　人間力

クロージングに至るまでの過程は売買当事者間の信頼関係醸成のプロセスともいえる。そして，FAは売買当事者の一方をサポートし相手方との橋渡し役を担うことから，単に専門性を有するだけでは不十分であり，コミュニケーションスキルや調整能力といったいわば幅広い人間力が必要である。特にスモールM&Aの場合には売買当事者が不慣れな場合も多いため，FAの責任は重い。なお，この資質は売買当事者の間に立って中立的立場からサポートを行う仲介会社の場合は特に強く要請されるものである。また，FAは売買当事者と一定期間，場合によっては長期にわたり関係を継続するため，両者の相性も非常に重要である。

④　きめ細かなサポート

FA の振る舞いとして，1 つひとつの手続をきちんと細かくさばき，売買当事者への連絡を密に行って逐次丁寧に説明する必要がある。また，M&A は時間との戦いという側面もあることから，売買当事者の要望や相手方からのリクエストに対して迅速に対応することも非常に重要である。いずれも当然に聞こえるかもしれないが，こういった姿勢の積み重ねが売買当事者からの信頼獲得につながるのである。

⑤　柔軟な発想力

FA はできる限り柔軟に思考し，多面的に物事を考える姿勢が求められる。つまり，売買当事者のニーズや置かれた状況を適切に把握したうえで，考えうるさまざまな選択肢を思い描き，そのうえで FA として売買当事者にとって最適な解を導き出すことができる必要がある。具体的には，例えば次の 2 点が挙げられる。

i．ターゲット企業の選定時

同業他社を相手方と考えるのは誰にでもできることである。ここで柔軟に発想することを意識して，一歩引いてマーケット全体を大局的に眺めたりすると，売買当事者が思いもしない相手方を提案することができるかもしれない。

ⅱ．案件紹介時

FA は売買当事者に案件を紹介する際に，関心の有無をヒアリングするだけでは不十分である。紹介先が関心を示した場合はそのまま M&A プロセスに移行していけばよいが，関心を示さなかった場合でも，柔軟に思いを巡らし，業務提携など違った組み方を提案してみたり，その案件を題材として将来ビジョンや今後の事業の方向性について一緒にディスカッションしてみたりと，いくらでも話の種を播くことが可能である。また，そういったコミュニケーショ

第3章　スモール M&A の要諦（FA 編）　127

ンを通じて紹介先のニーズや希望する条件について FA 自身がより明確にすることができたり，気づきを与えたりすることも期待できる。

第2節 FAが留意すべき事項

(1) 売買当事者への十分な配慮

① 友好的M&Aを前提とした立ち居振る舞い

スモールM&Aは友好的な取引であるため，FAもそれを前提に振る舞うことが必要である。

大規模M&Aの場合には，双方のFAが好戦的なスタンスをとることは特に珍しいことでもない。売買当事者もM&Aの交渉とはそういうものと認識しており，交渉スタンスがどうであれロジカルに意思決定する。一方，スモールM&Aの場合にFAが同様のスタンスをとると，売買当事者が感情的に反応する可能性が高く，売買当事者の本来の意図ではないのにかかわらずディールブレイクに導いてしまうリスクがあるため注意を要する。

② 売買当事者の関心の正しい理解

スモールM&Aの売買当事者は，個別プロセスの細かい部分がどうこうといったことよりもその結果に関心が集中する傾向にある。また，スモールM&Aにおいては売買当事者の個人資産に大きな影響を及ぼすことが多いため，特に取引金額の水準に関心が集中する場合が多い（売主はいかにして高く売れるか，買主はいかにして安く買えるか）という点を念頭に入れておくことが肝要である（【図表3-2-1】参照）。

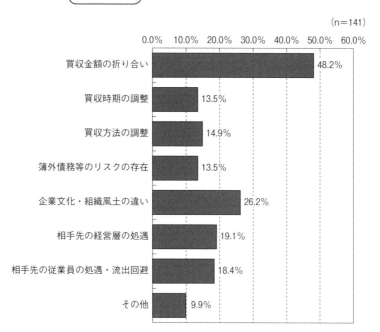

図表3-2-1 ディールブレイクの主たる原因

(出所) 三菱UFJリサーチ&コンサルティング㈱「成長に向けた企業間連携等続に関する調査」(2017年11月)

③ 全体スケジューリング設定における配慮

　クロスボーダーM&Aでは，売買当事者の属する国の慣行に合わせてM&Aプロセスの進行が一時的に中断することがある。典型的には，クロスボーダーM&Aの場合，クリスマス休暇期間においては，案件が事実上ストップするのは半ば定番になっている。

　スモールM&Aは国内案件とはいえども，同じような配慮が必要な場合もあろう。例えば，大型連休の時期（ゴールデンウィーク，盆，正月）やトップセールスが強化される時期（決算月や年初）においては，売買当事者の意向を確認したうえではあるが，M&Aプロセス進行を一時的に中断する配慮が必要な場面があるだろう。また，上記の時期に限らず，売買当事者の個別の事情に

応じて，M&Aプロセス進行の一時的な中断を臨機応変に検討すればよい。

　なお，これは何もM&Aプロセス全体の進行を遅くすることだけを意味している わけではない。このような事情を勘案しながら，案件関係者全員の努力によってその前後で作業を一時的に加速させるといった工夫を考えることも，場合によっては必要であろう。

　いずれにせよ大切なことは，関係者間でスケジュール感を共有することであり，それを主導するのがFAの役割だということである。

④　売買当事者間で年齢ギャップが大きい場合の配慮

　売買当事者間で年齢ギャップが大きい場合も留意が必要である。比較的想定されうるケースとしては【図表3-2-2】で例示しているように売主が壮年層で買主が若年層・青年層（の個人または経営者）という場合であろう（特に事業承継型M&Aの場合）。この場合，思考パターンやコミュニケーションスタイルが異なることが多いので，M&Aプロセスを円滑に進めるために，FAは売買当事者の間をうまくとりもつことが必要となる局面もあるだろう。

図表3-2-2 　売買当事者間で年齢ギャップが大きい場合の対比イメージ

	売主	買主
年齢層	壮年層	若年層・青年層
コミュニケーション	リアル中心	ネット中心
意思決定	感情的，硬直的	ロジカル思考，柔軟
経営スタイル	実績志向 （過去の成功体験を引きずっている）	未来志向 （将来を見据えて事業運営を考えている）

⑤　できる限り短期でのクロージングを目指す

　他に特段の事情がない限り，次のような観点からできるだけ短期決戦に持ち込むことが望ましい。

　・売買当事者は現業と並行しながらM&Aプロセスを進めていくことが一般

的であることから，長期にわたるほど心身ともにストレスを感じる（特に受け身で対応する場面が多い売主の精神的・肉体的負担は大きくなりがちである）。

- スケジュールが遅延すればするほど対象会社の業績が変動するため，対象会社の価値が当初見積もった水準から乖離してしまい，最終交渉における取引金額の協議が難航する可能性が出てくる。

(2)　M&A に不慣れな売買当事者への対処

スモール M&A においては売買当事者が M&A に不慣れなケースがまだまだ多い。だからこそ，M&A プロセスを円滑に進めていくために，FA に対して幅広い役割が期待され，また，その業務遂行にかかる責任は重いのである。そこで，FA は次の点に注意を払いながら M&A プロセスを進めていく必要がある。

①　感情のコントロール

スモール企業の経営者が経営判断を行う際には，ロジカルというよりもその場の感情を優先してしまう場合がある。そのため，例えば交渉においてタフな局面が予想される場合においては，売買当事者間で不必要に感情的なやり取りにならないよう，あえて売買当事者を交渉の現場に参加させないようにして，FA のみで交渉することも一法である。なぜなら，交渉の過程で売買当事者が不必要に気分を害してしまうとディールブレイクの要因にもなりかねないし，仮にクロージングまで至ったとしても PMI においてすれ違いが生じて，売主から十分な協力を得られないリスクが出てくるからである。

②　M&A プロセスのコントロール（売買当事者のニーズをわきまえる）

スモール M&A においては，売買当事者のニーズや置かれた状況などに応じて柔軟に M&A プロセスを進めるべき場合もある。例えば，M&A プロセス

の一部を省略したり，簡素な手続きを採用するといった塩梅である。FA に何を求めるかは顧客である売買当事者が決めるものであり，売買当事者が不要と考えるものを提供しても，それは押し売りに過ぎない。例えていえば，消費者が求めるよりも過度にハイスペック化した日本の電化製品と似たようなものである。しかしながら，だからといって売買当事者の要求水準に甘えているだけでもよくない。このあたりのさじ加減は難しいところではあるが，FA としての矜持を持ちながら判断していく必要がある。

③　売買当事者とのすれ違いの回避

　売買当事者と FA の間で言った言わないという問題が生じる可能性がある。つまり，M&A プロセスの途中で FA が売買当事者に対して合意内容や要確認事項につき了解を取り付けたつもりであっても，後で「聞いていなかった」，「説明を受けていなかった」などの主張がなされる可能性は否定できない。特に口頭でセンシティブなやり取りをした場合は後々トラブルになることを避けるために，次のような形で記録を残しておくことが安全であろう。

- 口頭でのやり取りの要旨を電子メールやＳＮＳ経由で問題ないかどうか再度確認しておく。
- 会議の場合は議事録に残し，それを後で送付して確認してもらう。
- （事前に了解を得たうえで）録音しておく。

④　売買当事者が理解可能な形での説明

　FA から売買当事者に対して，丁寧にわかりやすい説明をする必要がある。いくら専門家が腕の見せ所だといってむやみに専門用語を振りかざしてコミュニケーションを行っても，売買当事者がそれを理解できなければまったく意味を持たない。また，些末ではあるが重要なポイントとして，売買当事者がすんなりと理解できるように横文字の専門用語を使用することは避けたほうがよい場面もあるだろう（事業承継型 M&A の場合，通常売主は年配の経営者であ

第3章 スモール M&A の要諦（FA 編） 133

るため，殊更注意を払った方が良いだろう）3）。このような細かい配慮も M&A
プロセスを円滑に進めていくためのコツなのである。

⑤ 重要書類の読み聞かせ

スモール M&A の場合，FA は売買当事者が M&A プロセスの過程で締結す
る法的文書の内容をきちんと理解していると解釈するのは危険である（特に売
買当事者が M&A に不慣れな場合，その危険は高い）。つまり，売買当事者間
で交渉して合意したのにもかかわらず，実は個々の条項の意味をきちんと理解
していないまま契約書にサインしている可能性があるのである。

スモール M&A と一定の類似性があるといわれている不動産の仲介ビジネ
スでは，不動産仲介業者は不動産購入の際に買主に対して重要事項説明書を読
み聞かせて理解させることが一般的である4）。翻って，M&A の場合はそのよ
うな読み聞かせの義務はない。しかしながら，スモール M&A は案件自体は
比較的シンプルとはいえども，DA などは不動産売買契約書と比較して複雑で
ある場合が多い。したがって，FA または弁護士などの外部専門家は，売買当
事者に契約書に内在するリスクなど重要なポイントを中心に，できるだけ丁寧
に読み聞かせを行って正確な理解を促してから，DA 契約を締結することが必
要であろう。

また，クロージングの直前でいいので，最後にもう一度重要なリスクなどに
ついて懇切丁寧に説明をして最終確認をしたほうが無難である。大規模 M&A
の売買当事者はロジカルに行動して判断するためそのような必要はないが，ス
モール M&A の売買当事者の場合は合理的に判断しようと努めつつも最終的
には過去の経験などに基づく主観や直感を頼りに決断している可能性があるた
めである。

---

3) そういいつつも，本書の各所で横文字の専門用語を使用しているが，M&A の実務で一般的に利
用されている用語が大半であるため，ご容赦いただきたい。
4) 重要事項説明書とは，不動産取引にかかる契約上の重要な事項が網羅的に列挙されている書面
のことをいい，対象物件の問題点などを理解させるために宅地建物取扱業者から取引当事者に交付
し説明することが義務付けられている。

⑥ M&Aの特性についての認識

　円滑に M&A プロセスを進めるという観点から，FA 契約を締結する前に売買当事者に P34から P45に記載した M&A の特性，スモール M&A の特性についてきちんと理解してもらうことが必要である。特に，次のようなトラブルは比較的頻繁に発生するため注意したい。

ⅰ．スケジュール変更

　M&A プロセス途中のスケジュール変更は決して珍しいことではない。

　M&A はどうしても全体で足並みをそろえながら進めていくものであるため，FA が最善を尽くしたとしても当初の予定を変更せざるをえない事態に直面する場合がある。そういったリスクをあらかじめ低くしておく策として，売買当事者がクロージングを急ぐような特段の事情がないのであれば，M&A プロセス当初の段階において，若干の遅れが生じたとしてもカバーできる程度に余裕をもって，全体スケジュールを設計して，売買当事者に提示するといったことも考えられる。

ⅱ．DD対応における売主の混乱

　DD に入ってから買主との各種情報のやり取りに困惑する売主が多い。取引金額の減額要因を探るなど，売主の売却条件を悪くするためのネタ探し・粗探しという捉え方をして，かなりナーバスな反応を示すことも珍しくない。この場合の対処として次の２点が考えられる。

- DDに入る前にM&AにおけるDDの意義や必要性などを詳しく説明し，納得してもらう（この場合，売主側のメリットも伝えることを忘れない（P265参照））。
- 買主が売主に対して情報開示の依頼や質問を投げかける際に，その情報が必要な理由を買主から売主に説明する（外部専門家は自らの業務を遂行することに対する責任感から，必要以上に情報提供を求めるケースがあるた

め，効果的である）。

(3) 買主FAが留意すべき事項

① PMIへの関与

クロージング後のPMIは，FAにとって通常業務の範囲外であるにもかかわらず，買主からPMIのサポートを要請されるケースがある。M&Aプロセスを経ることで，買主はFAが対象会社のことを十分に理解するようになったと感じ，安心感があるのだろう。FAとしてもクロージング後も一定期間安定収益が得られるというメリットがある。

しかしながら，PMI業務は独特の専門性が要求されることもあり，その業務の過程で何らかのトラブルが生じた場合，買主とFAとの間で責任の所在について揉めるケースがありうる（特にアーンアウトのようなリスクリバーサル条項を採用する場合は特に注意が必要である）。

したがって，後日トラブルとならないように，FAのポジション（例：顧問などの役職，業務範囲，期間）に関し，PMI業務開始前に買主ときちんと合意しておくことが必要である。

(4) 売主FAが留意すべき事項

① プレM&Aにおける売主とのコミュニケーション

ⅰ．コミュニケーションの必要性

FAは，プレM&Aの段階において，売主に対しさまざまな質問を投げかけ，じっくりと傾聴する機会を設けることが望ましい。このやり取りを通じて売主

の本音があぶり出され，真なる売却理由[5]，対象会社の独自の強み，交渉上の
ポイントなどを把握できる可能性がある。このようなコミュニケーションは，
売主による売却戦略の検討にFAが関与するしないにかかわらず，売主が不利
な立場でM&Aプロセスを進めないようにするために効果的である。逆に，
この確認をおろそかにすると，売主が不利な立場に陥いる可能性が高くなるの
みならず，後々買主との間でトラブルの火種となったり，はたまた売主が合理
的理由なしに案件を中止してしまうなどの不測の事態が発生するリスクが高く
なる。

ⅱ. 売主への質問事項（サンプル）

　本音を探り当てるためには，過去，現在，未来という時系列に沿って質問を
投げかけることが望ましいといわれている。【図表3−2−3】はFAが売主に行
うべき質問のサンプルである。質問の趣旨とともに参考にしていただきたい。

---

5)　売主の売却理由として，創業者利益の確定，後継者不在への対応，体調不良，経営不振，事業
　の選択と集中，新規事業への注力などがよく挙げられるが，その裏に本音が隠れている場合がある。

第3章　スモールM&Aの要諦（FA編）　137

図表3-2-3 売主への質問事項（サンプル）

過去　会社設立の理由，事業を始めたきっかけは何ですか？

・売主が大切にしていることを明らかにして（注），相手方をスクリーニングする際の参考としたり，交渉上譲れないポイントを把握したりする。
（注）経営理念や社訓などに反映されているケースもあるが，その背後に潜む経営者のこだわりや深層意識を確認できる可能性がある。

過去　一番辛かった経験を教えてもらえますか？

・売却の本当の目的を知るヒントになる（例：「過去借金返済で大変な苦労をした」，「苦渋の思いで大リストラをしたことがある」）。

現在　取引先からよくいわれることは何ですか？

・対象会社独自の強みや対象会社が潜在的に抱えている問題点を発見する（注）。
（注）当事者の意見より，第三者がどう思っているかという意見のほうが説得力がある。

現在　趣味や最近ワクワクすることは何ですか？

・価値観が確認できることから，交渉上のポイントのヒントとなる（例：投資が趣味であると，高値での売却にこだわる可能性が高い）。
・売却の本当の目的やリタイアメントプランのヒントを得る（例：「もうそろそろのんびりと趣味中心の生活を送りたい」，「別のビジネスに興味を持つようになった」）。

現在　好きなことや嫌いなこと・苦手なことは何ですか？

・交渉上のポイントのヒントとなる（売主にとって譲れない条件の確認）。
・売却の本当の目的を知るヒントになる（例：「社員教育が苦手なので，自分でこれ以上会社を大きくしていく自信がない」）。

未来　引退したら何がしたいですか？

・リタイアメントプランが直接的に確認できる。

未来　会社を今後どのようにしていきたいと考えていましたか？

・相手方をスクリーニングする際の参考とする。
・トップ面談などにおいて，買主へのメッセージの発信材料となりうる（例：買主にシナジーアイデアを逆に提案する）。
・交渉上譲れないポイントを把握できる。

（参考）渡瀬謙『本音を引き出す「3つの質問」』（日経ビジネス人文庫）

【図表3-2-3】のようなヒアリングを行うと，FAは売主とより深くコミュニケーションができるようになる。また，このやり取りを通じて，売主本人も意識していなかった本音や心の底に眠っていた気持ちをすくい上げることができる場合があり，一番大切なFAと売主との信頼関係構築にもつながり，本当の意味で売主に寄り添ったサポートができるようになるだろう。

ⅲ．売主にヒアリングするうえでの留意点

元来，経営者というものは話好きな方が多いため，基本的にFAはどんどん質問していき売主に思いのたけを話してもらえばよい。ただ，次のような点に留意して，より積極的に話してもらうような場づくりをしたり，警戒心を解いたりすることも必要である。

- 五月雨式に質問を投げかけたり，答えにくい質問を浴びせると余計にガードが固くなってしまうので，簡単な質問や答えやすい質問から投げかける。
- 必ずしもフォーマルな場を設定する必要はない。インフォーマルな場でリラックスした中で話してもらうことがより効果的な場合もある。
- 相手に心から興味や関心を持たないと，心を開いてくれない。例えば，丁寧にあいづちを打ったり，話を深掘るような質問をしてみるとよいだろう。
- 相手にオープンな対応を求めるなら，こちらも必ずオープンに接することが必要である。
- 相手の立場を理解し，相手の気持を察した質問をする。
- 場をコントロールして，発言をリードするのではなく，むしろ傾聴を重視する。

ⅳ．売却後のプラン設定についてのサポート

特に事業承継型M&Aの場合は，M&Aプロセスに入る前に売却後の身の振り方についても売主に確認しておくことが望ましい。人生イコール仕事となっている売主も多く，対象会社の事業運営や従業員に深い思い入れがある場合が多いため，クロージング後の引継期間を経過してもなお，役員や顧問といった

第3章　スモールM&Aの要諦（FA編）　139

形で，引き続き対象会社に留まりたいという気持ちが残っている場合がある[6]。あるいは，そもそも売却後のプランが明確になっていないケースもある。

　もし，そうであるならば，FAは売却後のプランを描けるように売主をフォローしてあげたほうが望ましい。例えば，FAからは生涯追い続けることができるような生き甲斐を提案するのがよいかもしれない。

　ちなみに，事業承継は，先代オーナーを無理やり事業から切り離そうとするからうまく進まないともいわれている。M&Aを実行したら事業から足を洗わなければならないというルールはない。売却してからも対象会社において引き続き事業に関与したり，新たな事業をリスタートさせることを提案してもいいだろう。なお，P261の売主のプレM&Aにおいて，売却後のプランをいくつか例示しているので，そちらも参考にされたい。

②　DDにおける丁寧な対応

ｉ．コンタクトパーソンとして売主をサポート

　資料準備や買主への情報開示対応に音を上げる売主も多い。その場合は，FAが買主との間にコンタクトパーソンとして入り，このような対応を代行するといったサポートをすることが望ましい。

ⅱ．詳細な情報開示を求められた時の対応

　買主から情報開示をリクエストされた際に，売主が違和感を感じるケースがある。つまり，教科書的に多岐にわたって網羅的な情報を要求してくるのである。ただ，次に述べるように，これは致し方ない面もあり，一概に買主サイドを非難できるものではない。

- 買主が外部専門家にDDを依頼した際には専門家としての職務を全うしなければならないという義務感から，詳細なリクエストとならざるをえない面がある。

---

6)　逆に，多角化型M&Aなどで，買主が対象会社の事業を深く理解していなかったりすると，買主が逆に売主に対して，引継期間経過後においても役員や顧問として残るよう懇願する場合もある。

- 買主と売主との間には情報の非対称性があるため，どの資料がどれだけ存在するのかについてDDの前では知りえないため，どうしても保守的に行動しがちである。

　したがって，この場合，FAは，買主からのリクエストを受領後，売主にどの資料がどれだけあるかを確認したうえで，誠意を尽くすべく，できるだけすみやかに買主に連絡をとり，売主で対応できる範囲を明確に説明し，理解を求めることが大切である。

　ちなみに，この点に関していえば，仲介会社のほうが売主の内情も知りうる立場でもあるため，買主のDDが効果的かつ効率的に進むよううまくコントロールすることが期待できよう。

③　バリュエーションにおける売主の期待値コントロール

　特にM&Aプロセス当初において，売主はFAに対して，以下例示したように理論的に説明が困難な希望取引金額をほのめかすことがある。

- 「売却代金で借入金残額○千万円を一括返済してしまいたい」
- 「同業他社のY社は○千万円で売却できたらしい」
- 「これまで○千万円投資してきたので，最低それぐらいは回収したい」
- 「老後の必要資金として雑誌で○千万円ぐらいは必要と書いてあったので，それぐらいは確保したい」

　これらは売主の主観や個別事情によるものであるが，M&Aに慣れていないため純粋にそのように主張する場合が多く，FAはただちに真っ向から否定することは避けたほうがよい。その場合，簡易な形でいいのでバリュエーションを行って，その結果をわかりやすく丁寧に説明して，売主の期待値をうまくコントロールするように努める[7]。

　ただ，それでもなお，希望取引金額に対する売主のこだわりが非常に強く，

---

7)　売主の期待値コントロールが十分にできていない段階で，トップ面談を行う場合は注意が必要である。この場合，FAは，トップ面談において取引金額に関する議論を行ったり，売主が思いのままに買主に希望取引金額を伝えることは厳に慎むようアドバイスしておくべきである。

子を感じ取った場合，顧問弁護士・税理士が売主に対して誤ったアドバイスを行わないよう，適宜問題の所在や論点の勘所などを丁寧に説明する。

• 顧問弁護士・税理士の対応がM&Aプロセス全体の進行に大きく悪影響を及ぼす場合（例：慣れない作業に手間取り，スケジュールが大幅に遅延する）には，売主に対し別の専門家にサポートを依頼することを提案することも一案である。

ⅱ．売主のメンタルサポート

M&Aプロセスの過程でFAは売主のメンタルサポートを兼ねることが望ましい場合がある。売主はM&Aプロセス中はM&A案件の守秘性との兼ね合いから，M&A案件について相談できる人がほとんどいない。FAが唯一といっていいほど安心できる相談相手なのである。特にコーチングスキルなどの専門知識はなくてもかまわない。売主の気持ちに寄り添い，専門家というよりも一人の人間として，M&Aプロセスの間は24時間365日いつでも連絡してもかまわないというぐらいの関係性であることが望ましい。そういった深い関係性を保つことによって，売主は心の安定を維持したままM&Aプロセスを進めていくことができる[9]。

ⅲ．売却収入に関するサポート

スモールM&Aの場合，主として，個人（売主）が売却収入を得るという点が特徴の1つである[10]。そのため，スモールM&Aでは，売主の意向次第ではあるが，クロージング後も継続して売主をサポートをすることが望ましいケースがある。例えば，【図表3－2－4】に示したように，売主の満足度をさら

---

9) このようなサポートを行うことによって，P253からP256やP275に述べたような，売主のためらいや優柔不断な態度を防ぐことにもつながりうる。さらに，これは大げさかもしれないが，案件終了後に，あのときこうすればよかったというようなクレームまがいの主張や，陰口を叩かれるなどの風評被害に遭うリスクを減らせるかもしれない。

10) 事業譲渡の場合には対象会社がいったん売却収入を稼得することになるが，究極的には配当等により売主に資金が還流するため，（税金納付額の多寡は別として）同様の結果となる。

に高めるべく，必要に応じて他の専門家とともに，売主が稼得した売却収入の使い道まで支援することも一例として考えられる。

図表3-2-4 売主の年齢層別にみた売却収入の使途についての支援（例示）

売主の年齢層	売却収入の使途についての支援（例示）
若年，青年層	連続買収にかかる各種提案，起業サポート
壮年層	資産運用（不動産，海外投資），投資先の紹介
高齢者	相続税対策プランの提案

(5) その他

① 相手方のFAがM&Aに慣れていなかった場合の対応

相手方のFAがM&Aに慣れていなかった場合は，自らの顧客に有利な方向へ誘導していくべく，M&Aプロセスをどんどん主導していけばよい。例えば，売主FAであれば，DDを短期間に設定する，会議での出席者を制限する，先にDAドラフトを提示するというような対応である。

② 反社チェック[11]の必要性

大規模M&Aであれば通常気にする必要は多くはないが[12]，スモールM&Aのように小さな企業や個人が売買当事者となる場合，素性が明らかでない場合もあり，売買当事者自体やそのステークホルダー（典型的には株主）に反社会的勢力の関与が疑われるリスクが相対的に高いと考えられる。したがって，場

---

11)　「反社チェック」とは，反社会的勢力（暴力団等と何らかの関係が疑われ，企業として関係を持つべきでないと判断する勢力）を企業が見極め，契約の前に排除していく活動 のことをいう。
　（出所）「反社チェックの実務 ―契約前に行うべき反社チェックの具体的方法」（弁護士ドットコム㈱）https://www.cloudsign.jp/media/20180927-hansyacheck/
12)　例えば，大規模M&AのFAとなることが多い大手金融機関においては，FA契約前に売買当事者の反社チェックを行うルールとなっている。

第3章　スモールM&Aの要諦（FA編）　145

合によってはコストをかけて反社チェックを行う業者に調査を依頼することも
一考に値する。

③　売買当事者の案件にかける意気込みのチェック

　FAは売買当事者の態度に異変を感じた場合は，売買当事者に案件にかける
意気込みに変化がないか確認したほうがいい。案件への意欲が低下しているこ
とが判明した場合，無理にM&Aプロセスを進めても，関係者全員に機会損
失が発生するリスクが高いため，意欲の低下の度合いに応じて，相手方と相談
のうえで，M&Aプロセスの進行をいったん中断する，案件を中止するといっ
た判断を行うことが安全である。このような心境の変化は特に売主の場合に注
意が必要である。

　ちなみに，M&Aプロセスの途中において売買当事者が次のような判断を行
った場合，案件への意気込みが比較的強いものと推量できよう。

（図表3-2-5）　売買当事者の判断と案件への意気込み

着手金やリテイナーフィーを支払う報酬体系を受け入れる

　案件への意向が強いからこそ，M&Aプロセス当初から報酬を支払う体系でも抵抗なく受
け入れると考えることができるかもしれない。

MOUを締結する

　一手間かけて初期的な合意内容をきちんと書面上で確認するということは，案件への意向
が強いことの現れともとれる。

DDで外部専門家を雇う

　案件を進める意向が強くないとコストをかけて DDを進めたいという判断にはならないだ
ろう。

④　売買当事者とのインフォーマルなコミュニケーション

　売買当事者との雑談や会食などインフォーマルなコミュニケーションも重要

である。これは売買当事者と良好な関係を構築するためだけでなく，売買当事者のことをより深く理解できるという点でも意味がある（性格，思考プロセス，好き嫌いなど）。売買当事者のことを深く理解することにより真の意味で売買当事者に寄り添ったサービスを提供することが期待できるため，売買当事者の利益最大化に貢献するだろう。また，そのような場での会話を通じて，売買当事者の本音（M&A への本気度，M&A を希望する本当の理由など）を確認することができる可能性がある。

―第4章―

スモールM&Aの要諦
（売買当事者編）

第1節 M&A専門家のリテイン

(1) FAのリテインの必要性

① FAを雇わない場合の弊害

　大規模 M&A の場合を考えてみると，案件が複雑・難解であったとしても，経営企画部，財務部，法務部などが社内チームを組成して関与するので，FA と "同じ言語" でコミュニケーションすることができる。また，M&A の検討を進めるうえで何らかの障害や問題点に遭遇したとしても，FA に全面的に頼ることなく自社でリスク量や重要性などをある程度分析することが可能である。

　一方，スモール M&A は案件サイズが小さくシンプルな取引の場合が多いので，FA の手を借りることなく M&A プロセスを進めていくことは理屈の上では可能である。しかしながら，スモール M&A の場合，売買当事者は M&A に不慣れな場合が多いため，FA を雇わないと売買当事者に次のような問題が生じうることから，スモール M&A においても FA の必要性・重要性は高く，その責任も重い。

- FA をいずれか一方しか雇っていない場合は，交渉力のバランスが崩れ，FA を雇っていないほうは圧倒的に不利な立場に追いやられる（例：相手方に対し非常に不利な条件で DA を締結してしまった）。
- M&A プロセスが効率的に進まない可能性がある。
- 売買当事者双方が交渉の着地点を理解していない可能性があり，合理的な交渉とはならず，その結果どちらかにとって著しく不合理な条件で合意してしまう可能性が出てくる（例：取引金額が理論的に妥当な水準から大きく乖離しているにもかかわらず，その事実に気づかず当該金額で合意して

第4章 スモールM&Aの要諦（売買当事者編） 149

しまった）。

- クロージング後に売買当事者の間でトラブルが発生するリスクが高くなる（M&Aは後戻りできない取引であるため，基本的に取引を取り消すことができず，訴訟などに至った場合は別途コストがかかることから，トータルコストでみるとFAを雇った場合よりも高くついてしまうこともある）。

DAを締結し，契約上の責任を負うのは売買当事者本人であることから，当の本人が納得しているのであれば，外部から余計なアドバイスをする必要はないともいえる。しかしながら，M&Aはクロージングしてしまうと基本的に取消しや一定期間内の返金（クーリングオフ）といったことができない。したがって，よほど気心が知れた関係性をすでに構築しているか，極めて小規模でシンプルな案件を除き，後々のトラブルの可能性を考え，FAに関与してもらうことが望ましい。

② FAをリテインすることのメリット

買主と売主に分けて考えると，次のことがいえるだろう。

売主にとって通常M&Aにこれまで当事者として携わったことは皆無であったか，あったとしても1，2回であろう。したがって，そもそもM&Aプロセスや各種手続に慣れていなくて当然である。また，売主（＝対象会社の経営者）はどちらかといえば，技術や営業といった業務に強みを持っている方が多く，M&Aプロセス中において強く求められる（管理部門が得意とするような）細かい手続・やり取りといったことが苦手だったりすることが多い。そういったことから，売主にとってFAをリテインすることの意義は大きい。

買主にとっても同様にFAをリテインする意義は大きい。M&Aの特徴の1つとして，売買当事者の間に情報の非対称性が存在することが挙げられる（P172参照）。

売主は対象会社のことを十分理解しているが，買主はM&Aプロセスに入るまでは対象会社について表面的にしか理解できていない。初期的情報開示やDDを経ることによって対象会社の理解を徐々に深めていくことになる。そし

て，その過程で得られた情報を多面的に分析・評価していくことを通じて，契約条件を検討していくことになるが，ここではM&A特有の専門知識が必要となってくることから，FAと協働することで適切な判断を下すことができるのである。

最後に，売買当事者双方に対し指摘できることとして，売買当事者の力量，すなわち分析能力，判断能力，交渉テクニックの巧拙などによって契約条件の有利不利に差が出てくる点が挙げられる。売買当事者はこれらの力量を短期的に改善することは難しい。したがって，FAの知識・経験を活用することが望ましい。

(2) FAの選定基準

売買当事者がFAをリテインする場合には，次の点を踏まえて総合的に判断すればいいだろう。

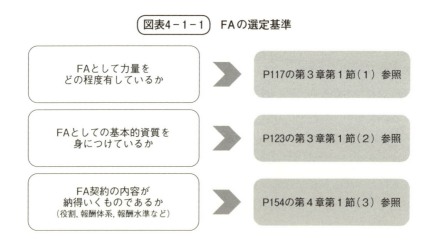

図表4-1-1　FAの選定基準

① FAの力量と基本的資質を見極める必要性

大規模M&AのFAは，いずれも洗練したサービスを提供できるプラット

フォームを有しており，各社よりすぐりの人材を確保しているため，参入障壁は極めて高い。その結果，FA ごとの業務の質はさほど差がなく安定していることから，大手金融機関の M&A 専門部署や M&A 専業のアドバイザリー企業に安心してサポートを依頼できる。

　一方，スモール M&A の場合，これまで案件数は決して多くはなかったため，スモール M&A に特化した FA も少数であった。また，市場が急拡大している現在でもなお，M&A を総合的に深く理解している本当の意味での FA は必ずしも多くないという声もある。加えて，そもそも M&A 業界においては業法が存在せず[1]，免許も不要で，所轄官庁も存在しないため，大規模 M&A 以外の場合は実質的に参入障壁が存在しないといってよい。つまり，いつでも誰でも FA と名乗れてしまうのである。これは，ひいては売買当事者の利益を十分に守る枠組みが存在していないことを意味しており，FA としての資質が欠けていたり，M&A の実績やノウハウが欠落している者が何の制限もなく参入できるという問題があるといわれている。さらに，スモール M&A の場合には，売買当事者がそもそも M&A に不慣れな場合が多く，また社内に M&A 専属の部署が存在することは極めてまれであることから，FA の力量や基本的資質を見極めるだけの目利き力を有していない場合がほとんどである。

　以上から，FA として依頼した後にトラブルや期待外れがないように，FA 選定の際には，以下②，ならびに P117 の第 3 章第 1 節(1)および P123 の第 3 章第 1 節(2)の記載内容に沿って，FA としての力量と基本的資質を慎重に吟味することを強くお勧めする。

② FA としての力量と基本的資質を見極めるうえでの留意点

i．表面上の肩書きで判断しない

　無形のサービスを提供する専門家の質を推し量る際に共通する話ではあるが，FA についても力量や基本的資質が十分備わっているかは外見からは判断がつ

---

1) スモール M&A とビジネスモデルに一定の類似性があるといわれている不動産業界の場合は，宅地建物取引業法のような業者を取り締まる法律（業法）が存在する。

きにくい。M&A は横断的に必要十分な知識が備わっていることをベースに，全体の実務をどれだけ経験しているか否かで能力の差が大きく出てくる分野であり，表面上の肩書きだけでは力量や基本的資質を推し量ることはできない。つまり，M&A コンサルタント，M&A アドバイザー，M&A スペシャリスト，ファイナンシャルアドバイザー，仲介会社というように具体的にどのような名称を使っているかどうかは関係ないのである。繰り返しになるが，力量や基本的資質は目に見えるものではなく肌感覚でしかわからないため，その判断においては，例えば，日常的にコミュニケーションをとりながら理解に努めるか，あるいは他の FA に風評を聞くなどしたほうがよい。

ⅱ．個人ベースの判断

　大規模 M&A においては FA がチームを編成してサポートを行うが，スモール M&A においては 1 人または少人数でサポートをすることが多いため，アドバイザリー会社というより，直接担当する個人レベルで力量や基本的資質を推し量る必要がある。また，M&A プロセスはその担当者と一定期間密に付き合うことになるため，相性も踏まえて選定したほうがよい。

ⅲ．「誰も気づいていない」リスク

　スモール M&A の場合，売買当事者のみならず FA も M&A に不慣れであると，M&A プロセスだけが粛々と進行してしまうケースがないとはいえない。この場合，「誰も気づいていない」リスクが顕現化する可能性がある。具体的には，売主はもともと対象会社に内在していた重大なリスクに気づいていない，買主は DD で本来容易に発見できるその重大なリスクを見逃してしまう，プロフェッショナルとしてしかるべきサポートを行うべき FA も経験不足や能力不足でミスに気づかなかったというようなケースである。この場合，当事者の誰もがその重大なリスクに気づかないままクロージングを迎えてしまうのである。それがクロージング後に大きなトラブルを引き起こして責任の所在について争いになったりする可能性を大幅に高めることになってしまう。

第4章　スモール M&A の要諦（売買当事者編）　153

　したがって，売買当事者は FA を選定する際には，極めて慎重に行うことが必要であり，例えば，単にコストが安いからといった安直な判断を行うことはリスクが高くなるおそれがあることを十分認識いただきたい。

（補足）　案件紹介者
　M&A において，自らエクセキューション業務を行わず，売買当事者に対して希望に沿うような案件の紹介だけを行う者が存在する。案件紹介者は，紹介した案件が無事クロージングした場合，一定の紹介料を受領できる機会がある。
　また，以下例示したように M&A 実行を通じて新規のビジネスチャンスがあることから，それが案件を紹介するインセンティブとなっていることが多い。
- 金融機関：新規口座開設，買収資金の提供，売却収入に対する資産運用サービス
- 士業：新規顧問契約の獲得
- 生命保険営業マン：各種保険商品の売込み

　案件紹介者は M&A 市場の拡大に立派に寄与する存在の１人であり，案件の紹介は，その者の本業に付帯する業務として考えられるものである。ただ，この場合に注意すべきことは，案件紹介者のバックグラウンドや信頼できる者かどうかという点である。例えば，無節操にさまざまなところに同じ案件を持ち込んでいたり，決して良質とはいえない案件を持ち込んでいる可能性も否定できない。さらに酷い場合は，マッチポンプを行う業者もいる[2]。その点，案件紹介者が金融機関や士業の場合は，素性が明らかで，業務上そもそも守秘義務が求められており，案件は自らの顧客から直接相談を受けて持ち込まれたりするケースが多いため，相対的に安心感は高いといえよう。

---

[2]　マッチポンプとは自作自演の行為である。具体例を示すと，実際は売却案件が存在しないにもかかわらず，ある特定の会社が売りに出ていると紹介し，紹介された者が関心を示せば，その特定の会社の経営者に買収に関心を示している者がいると伝えて，案件化しようと企むものである。

(3)　FA契約締結上の留意点

　FA契約において特に確認すべきポイントは，①契約方式（FA契約か仲介契約か），②報酬体系，③報酬水準，④損害賠償規定の4点である。

①　契約方式

ⅰ．FAと仲介会社の主要な相違点

　スモールM&Aにおいて，売買当事者に包括的サポートを提供する場合の契約として，売買当事者の片方のみをサポートするFA契約と双方をサポートする仲介契約とに分かれる。ただし，冒頭（P8）に記載のとおり，本書はFAをリテインすることを前提に解説している。しかしながら，M&A業界においては多くの仲介会社が存在し，大規模M&A以外においては，売買当事者はFAではなく仲介会社にサポートを求めることが多い。そこでまずは，【図表4-1-2】のとおり，FAと仲介会社の主要な相違点について解説する。

第4章　スモールM&Aの要諦（売買当事者編）　155

図表4-1-2　FAと仲介会社の主要な相違点

	FA	仲介会社
M&Aプロセスへの関与	・すべて	・すべて。ただし，DD，バリュエーション，契約交渉といった売買当事者間で対立構造を有するプロセスについては中立性を担保するために関与しないか限定的な形で関与
顧客	・売買当事者のどちらか一方	・売買当事者双方
強み	・外形上顧客の利益最大化が担保されている	・友好的にM&Aプロセスを進めやすい
問題	・友好的M&Aであるにもかかわらず，契約の性質上，相手方と対立的になりがち	・利益相反の可能性を否定できない。
フィットする売買当事者ニーズ	・ロジカルにM&Aプロセスを進めて，契約条件をきっちり詰めてほしい	・専門的なサポートよりもうまく売買当事者の間をとりもってほしい

ⅱ．どちらの契約方式を選択するかの判断

　仲介会社はこれまで国内の中小企業M&A市場を牽引し，ここまでの市場まで育て上げてきた最大の功労者である。また，現在では3社が上場しており，P14で述べたとおり，右肩上がりで業績を伸ばしており，そのプレゼンスをさらに強めている。

　スモールM&Aにおいても，売買当事者は仲介会社にサポートしてもらったほうが，さまざまなベネフィットを享受できるケースも多い。すなわち，仲介契約に基づくと，その契約の性質から，売買当事者双方の意向や置かれた状況を確認しつつ両者の利害を調整できる。その結果，M&Aプロセスを円滑に進めることを可能にし，協議や交渉を巧みに取りまとめて，クロージングに導く可能性を高めることが期待できるからである。例えば，スモールM&Aの売買当事者にとって一番の関心事は取引金額であることが多いが，バリュエーションにはさまざまな手法が存在し，お互いの思惑もあることから，取引金額

の交渉は難航することが多い。それが仲介会社が間に立つことによって，取引金額についての売買当事者双方の意向を確認し，期待値をうまくコントロールしながら着地点を探ることができる。

そもそも売買当事者がM&Aを実行するに際して，誰からどのようなサポートを受けるのかを判断するのは，契約主体である売買当事者自身である。確かに仲介業務には批判的な意見があることも確かである。しかしながら，仲介会社が，仲介契約の特性や業務範囲などをきちんと売買当事者に説明し，中立性を担保したうえで誠実に業務を進めることを約し，報酬体系や報酬水準といった契約内容についてもきちんと理解させたうえで，売買当事者が納得して仲介会社にサポートを依頼するならば，外部からとやかく疑義を唱える筋合いはない。

なお，FA契約に基づきFAはどういう風に振るまうべきかということは，第3章において各所に散りばめているのでそちらを参照いただきたい。

iii．FA契約が馴染むケースと仲介契約が馴染むケース

上記の観点から，FA契約が馴染むケースと仲介契約が馴染むケースをそれぞれいくつか例示したので，どの契約方式を選択するかを決定する際に参考としていただきたい。

● FA契約が馴染むケース（例示）

ケース1：売買当事者が仲介契約を望まない場合

仲介業務にかかる利益相反問題，案件担当者のエクセキューション能力（専門知識の深さなど），業務範囲がFAに比較してやや狭いといった点につき，売買当事者がセンシティブに捉えている場合は，FAからのサポートを望むだろう。

ケース2：売買当事者がきちんとした交渉を求める場合

スモールM&Aでは取引金額が大きな争点である場合が多い。仲介契約

においては，バリュエーションはあくまで参考価格として提示するものであり，取引金額の交渉においては「アドバイス」するのではなく「支援」や「調整」を行うという形となる。したがって，売買当事者からみると，仲介会社には価値算定能力や交渉能力が期待しづらいと感じ，FA契約を好む場合もある。

ケース３：大企業や投資ファンドが売買当事者である場合

本書の対象外ではあるが，売買当事者の双方あるいはいずれかが大企業または投資ファンドである場合は，背後に控えるステークホルダーへの説明責任をしっかりと果たす必要がある。したがって，売買当事者の利益最大化が前提であるFA契約を希望することが一般的である。

●仲介契約が馴染むケース（例示）

ケース１：友好的M&Aの度合いが強い場合

例えば，古くから深い親交があるもの同士がM&Aをする場合や売買当事者が隣接して拠点を構えている場合は，友好的M&Aの度合いが強い場合が多い。ここでFA契約を締結した場合，双方のFAがそれぞれの売買当事者の利益最大化を考えるため，外見上は対立構造をとることもありうる。しかし，売買当事者にとってはスムーズにクロージングすることが最大の目的であるならば，このような対立構造を必ずしも望んでいない可能性が高い。

ケース２：M&Aの相手方がなかなか見つからない場合

仲介会社は力強い営業体制を強みにしている場合が多く，特に上場３社に至っては全国的に強固なネットワークを構築している。したがって，M&Aを希望しているものの適当な相手方を見つけることに苦労している場合には，そういった有力な仲介会社に頼ると適切な相手を紹介してもらうことが期待

できる[3]。

　ケース３：売買当事者間で感情的に衝突する可能性が高い場合

　売買当事者のみで話を進めると感情的になって交渉などがうまくいかないことがあらかじめ予想できる場合，双方を取り持つ役目の仲介会社が間に入ることで，そのような場面を回避することができ，クロージングに至る確率は上がるだろう。

②　報酬体系

ⅰ．基本構成

　報酬体系は，基本的に着手金，リテイナーフィー，成功報酬[4]の３点から構成されている。FAごとに，あるいは案件ごとに，採用する報酬体系は異なるが，いずれの体系においても成功報酬は必ず含まれ，着手金やリテイナーフィーが含まれるか否かはケースバイケースである。ちなみに，着手金やリテイナーフィーを支払う契約でクロージングまで至った場合は，成功報酬から着手金やリテイナーフィーとしてすでに支払った額を控除した残額を支払う形式が一般的である。

ⅱ．報酬体系におけるポイント整理

　FAの選定において報酬体系は重要なポイントの１つであるが，報酬体系にはいろいろなパターンがあり，FAとどのように合意するかは非常に悩ましいところである。足元の金銭的負担を回避したいというような単純なロジックで判断するのではなく，【図表4-1-3】に示すメリット・デメリットを踏まえて総合的に判断するようにしたい。

---

3)　ただ，現在はM&Aマッチングサイトで幅広く相手方を募ることができるため，それを活用することも一案だろう。

4)　契約によっては，トップ面談成立時やMOU締結時点において中間成功報酬が支払われる場合がある。

第4章　スモールM&Aの要諦（売買当事者編）　159

（図表4-1-3）　報酬体系におけるメリット・デメリットの整理

着手金・リテイナーフィー偏重型

	メリット	デメリット
FA	・時の経過に応じて報酬を得ることができる。 ・売買当事者のM&Aにかける強い意思を確認できる（最初からコストがかかることをいとわない）。	・売買当事者は案件当初からの現金支出を望まないケースが多いため，案件獲得の機会を逃す可能性がある。
売買当事者	・案件当初から一定の報酬を支払うため，M&Aプロセス全体を通して，FAから丁寧で高品質なサポートが期待できる。	・既支払額はサンクコスト（注）であることが理解できず，ディールブレイクにためらいがちとなる。 ・着手金やリテイナーフィーの獲得だけを目的とした不誠実なFAと契約してしまう可能性がある。

成功報酬偏重型

	メリット	デメリット
FA	・マーケティング効果が高く，案件を獲得しやすい。	・クロージングするまで報酬を得る機会がない。 ・売買当事者がM&Aへの強い意思がないにもかかわらず，とりあえずM&Aの意向を表明する可能性が高くなる。
売買当事者	・途中でディールブレイクしたとしても何ら金銭的負担は生じない。	・クロージングに至るまでのFAによる各種サポートがおざなりとなりがち。 ・FAが早々とクロージングしそうな案件を優先させる傾向がある。 ・クロージングに導きやすい相手とマッチングさせようとするインセンティブがFAに働く。

（注）サンクコストとは，日本語で「埋没費用」といい，すでに回収が不可能であるコストを意味する。

iii．成功報酬を重視した報酬体系の問題点

　例えば，専門家が補助金申請のサポートをする場合，報酬体系は成功報酬のみというケースはよく見かける。この場合は，顧客の利益と専門家の利益は完全に一致しているので問題はない。つまり，補助金を獲得したいという顧客のベクトルと，補助金申請をつつがなく実行し当局から認可されて成功報酬を得たいという専門家のベクトルは一致している。

　しかしながら，これがFA契約の場合は必ずしもそうでない。例えば，売買当事者はM&Aプロセス当初は何とかしてクロージングまで持ち込みたいと考えているが，時が経つにつれて心境の変化が生じたり重要な問題点が発覚したりして，ディールブレイクを考えるようになることもある。そのような場合に成功報酬に重きを置いた報酬体系になっていると，ディールブレイクも選択肢として考える売買当事者と何とかしてクロージングに持ち込み成功報酬を勝ち得たいFAとの間で，利益相反状態に陥ってしまうのである。

③　報酬水準

ⅰ．FA報酬の負担について

　下記理由により，スモールM&Aの場合，取引金額に占めるFA報酬の負担は大きいといわれている。

- M&Aは案件の規模に比例して作業量や手続の種類が増減するわけではない。つまり，非常に小規模な案件であっても，一定の作業や手続が変わらず必要であるため，それなりの手間がかかる。
- FA契約においては最低報酬規定を設けている場合が多いため，案件サイズが非常に小さくても，最低報酬は支払う必要がある。

ⅱ．成功報酬金額の算定式

　スモールM&Aの成功報酬はレーマン方式に従って算定し，別途最低報酬規定を設けていることが一般的である。なお，レーマン方式とは成功報酬を

M&Aの取引対価[5] に一定の料率を乗じて算出する方式をいう（具体的には【図表4-1-4】を参照されたい）。また，成功報酬算定の基礎となる取引対価の定義は，FAや仲介会社によって，次のように異なるため，同一の案件であっても取引対価の定義によって成功報酬に差が出てくる点に注意が必要である（つまり，取引対価は①＞②＞③の関係にある。したがって，レーマン方式に従って算定される成功報酬も同じく①＞②＞③の関係となる）。

① 移動総資産（株式価値＋総負債残高）

② 企業価値（株式価値＋純有利子負債残高）

③ 株式価値

図表4-1-4 レーマン方式に基づく成功報酬算定表（例示）

取引対価	料率
1,000万円以下の部分	300万円
1,000万円超〜5,000万円以下の部分	4％
5,000万円超〜1億円以下の部分	3％
1億円超〜5億円以下の部分	2％
5億円超の部分	1％

---

5) M&A直後に売主に役員退職金を支払う場合はその金額も取引対価に加算するのが一般的である。

> **（参考）レーマン方式に基づく成功報酬算定事例**
>
> ●案件概要
> ・100％株式譲渡
> ・取引金額5,000万円（＝株式価値）
> ・対象会社の純有利子負債残高1億円
> ・FA契約上，取引対価の定義として企業価値を採用し，**【図表4-1-4】**
>   の算定表に基づき，成功報酬を計算することとなっている。
> ●成功報酬の計算
>
> | | | |
> |---|---|---|
> | 1,000万円以下の部分 | | 300万円 |
> | 1,000万円超〜5,000万円以下の部分 | （5,000 - 1,000）× 4％ = | 160万円 |
> | 5,000万円超〜1億円以下の部分 | （10,000 - 5,000）× 3％ = | 150万円 |
> | 1億円超〜5億円以下の部分 | （15,000 - 10,000）× 2％ = | 100万円 |
>
> 　　　　　　　　合計　300+160+160+100=710万円

④　損害賠償規定

　売買当事者は自らの権利を保護するために，FA契約においてFAに対する損害賠償条項が含まれていることを必ず確認しなければならない。

　なお，売買当事者がFAに対して損害賠償を請求できるのは，FAに故意・重過失があった場合に限定され，また補償限度額はFAが受領した報酬の範囲内に限定していることが一般的である。

(4)　外部専門家の選定

①　外部専門家のリテインの必要性

　M&Aプロセスにおいて，サポートを受ける可能性がある外部専門家，サポ

ートが必要となる具体的局面，ならびに外部委託の必要性は次のように整理できる。

　なお，具体的に誰にどの部分を委託したほうがいいかは，外部専門家コストの予算，M&A案件の内容，売買当事者のM&Aへの慣れなどによって変わってくるので，FAと相談したうえで判断すればよいだろう。

（図表4-1-5）外部専門家のサポートが必要な局面と外部委託の必要性

買主の場合

外部専門家	サポートが必要な局面	必要性
会計士・税理士	・財務DD ・バリュエーション	FAや顧問税理士が対応できるなら委託不要。
弁護士	・法務DD ・契約書類作成（MOU，DAなど） ・契約交渉	ほぼ必須であるが，顧問弁護士が対応できるなら委託不要。
社会保険労務士	・人事DD	従業員数が少ない場合には弁護士が対応するケースも多い。
中小企業診断士 または 業種コンサルタント	・ビジネスDD ・PMI	できる限り買主自身で行うことが望ましいが，部分的にサポートを受けることも一案。

売主の場合

外部専門家	サポートが必要な局面	必要性
会計士・税理士	・プレM&A（主としてバリュエーション）	FAや顧問税理士が対応できるなら委託不要。
弁護士	・契約書類作成（MOU，DAなど） ・契約交渉	ほぼ必須であるが，顧問弁護士が対応できるなら委託不要。

② 外部専門家の選定

外部専門家はその道のプロであるため，担当業務の質については一定の安心感を持つことができるが，M&Aは特殊な部分があるため，FAの選定と同じようにM&A業務の経験件数や経験年数をヒアリングして判断すべきである（【図表4－1－6】参照）。もし，依頼する業務の専門性が高いため，その能力のよし悪しについて自身で判断しかねる場合は，FAに紹介してもらうことが最も容易かつ安全である。FAは紹介を依頼されたものとしての責任があることから，しかるべき外部専門家を紹介してくれるであろう。

図表4－1－6　外部専門家の適合性チェック

M&A業務の経験件数

M&Aは案件ごとの個別性が高いので，標準化された内容を学ぶ座学ではなく，実際の案件をどれだけこなしたかが，専門家の腕に直結する。

M&A業務の経験年数

どれだけの期間，M&A業務に携わっていたのかも，専門家の能力に直結する。

③ 外部専門家に対する報酬

DDや契約交渉において弁護士や会計士・税理士といった外部専門家をリテインすることが多いが，その場合の報酬体系は固定報酬と時間チャージのいずれかであることが多い。なお，時間チャージの場合は，契約段階ではコスト総額が不明であるため，サービス終了後に思いもよらぬ多額の請求がなされるリスクがあることから，次のような対応をとることが望ましい。

- 契約前に見積りをとっておく
- 報酬支払額の上限をあらかじめ設けておく（超過しそうになったら外部専門家が売買当事者に連絡することとし，その後の対応について協議する）
- 現時点の報酬発生額について適宜確認する（週次で報告してもらうなど）

第4章　スモールM&Aの要諦（売買当事者編）　165

　ちなみに固定報酬額や時間チャージレートが安ければいいということでは決してない。M&Aは独特の専門知識が必要であり，実績や経験が業務の質に大きな影響を与えることを忘れてはならない。

④　外部専門家コストの削減手段

　売買当事者が外部専門家コストをできる限り抑えたい場合は，次のような方策をとることが考えられる。特にM&Aに手慣れた売買当事者の場合には十分可能であろう。

- MOU締結までは基本的に法的拘束力が発生せず，作業や手続自体も限定的であるため，それまでの間は自社で対応する。
- （買主の場合）P200で後述するとおり，DDのうち，ビジネスDDは社内リソースで対応する。
- DAなどの法的文書については，売買当事者のみでドラフト作成から条件交渉まで行い，最終的なチェックだけ外部専門家に依頼する[6]。

---

6)　スモールM&Aの場合は，株式譲渡または事業譲渡のスキームが採用されることが極めて多く，その契約書のひな型はインターネット経由やFAに依頼すれば容易に入手可能である。なお，これはNDAやMOUについても同様である。

第2節　売買当事者双方が留意すべきポイント

(1)　守秘義務の遵守と秘密情報の管理の徹底

　M&Aに携わる関係者はすべて，M&A案件にかかる守秘義務の遵守および秘密情報の管理を最重要事項の1つとして認識する必要がある。M&Aプロセスは場合によっては長丁場になることもあり，誰かのちょっとした過ちであっても秘密情報が漏洩した場合は取引自体が台無しになりかねない。例えば，M&A案件にまつわる秘密情報が流出した場合，対象会社のキーマンが退職したり，重要取引先との関係が悪化してしまうなど対象会社の価値に甚大な悪影響を及ぼす事態を招く可能性がある。したがって，M&Aにおいては守秘義務の遵守は当然のことながら，秘密情報の徹底した管理も求められる。例えば，次に示すような秘密情報の取扱いルールをあらかじめ決めておき，秘密情報を知る関係者全員がその秘密情報の取扱いや重要性について共通認識を持つことが大切である。

（図表4−2−1）　秘密情報の取扱いルール

電話でのコミュニケーション

・電話でのやり取りは極力避ける（電話をかけてくるのは，緊急性が高かったり，込み入った話であるケースが多く，後で言った言わないといったトラブルになるリスクが高い）。
・重要な内容についてどうしても電話でやり取りを行わざるを得ない場合は，録音しておくことが望ましい。
・社用電話を利用すると，従業員が電話を取り次いだ場合，情報が漏洩する可能性があるため，できる限り避け，私用携帯電話を利用する。

第4章　スモールM&Aの要諦（売買当事者編）　167

FAX送受信

- FAX資料を従業員が見てしまうリスクがあるので，厳禁とする。
- 資料を送付する必要がある場合は，資料をスキャンして電子メールや SNSに添付したり，クラウドベースのファイル共有サービスを活用するなどして代替する。

電子メールやSNSでのコミュニケーション

- 社内メールアドレスでは ITシステム担当者などにより閲覧されるリスクがあるため，私用メールアドレスや SNSを利用する。
- 添付ファイルを送信する場合には必ずパスワードを付してから送付する。

打ち合わせ

- 平日に打ち合わせを行う場合には，社内の会議室ではなく，FAや外部専門家の会議室やホテルのミーティングルームなどで秘密裏に行う。

コードネーム・プロジェクトネームの利用

- 対象会社や売買当事者が特定されないようなコードネームをそれぞれに対して付す。
- M&A案件の内容が特定されないようなプロジェクトネームを付す。
- 案件の存在や社名などが特定されないよう，協議の場などにおいては，決して社名などは使わず，必ずプロジェクトネームやコードネームを使う。
- 資料や電子メールの表題・本文などにおいても社名などを使うことは厳禁とし，必ずプロジェクトネームやコードネームを使う。

その他

- 売買当事者双方にコンタクトパーソンを決め，必ず当該コンタクトパーソンを通じて情報交換を行うこととする。

(2)　M&A案件情報の授受

　大企業であれば，投資銀行や大手 M&A アドバイザリー会社などとのリレーションが構築されており，定期的に M&A 案件情報が紹介されたり，自然と自社の M&A ニーズを伝える機会が存在する。

スモールM&Aにおいても，案件が小規模ということもあって，いたるところに潜在的な案件が存在し，【図表4-2-2】に示したようにさまざまなM&A案件情報の入手・提供ルートが存在する。

【図表4-2-2】 M&A案件情報の入手・提供ルート

属性	例示
M&A専門業者	FA，仲介会社など
付随するビジネスチャンスを期待する企業や個人事業主	金融機関，士業専門家，経営コンサルタント，不動産営業マン，生保営業マンなど
行政機関	事業引継ぎ支援センター
売買当事者と親密な関係を有する者	経営者仲間，取引先，友人
Webサイト	M&Aマッチングサイト，SNS（Facebook，Twitterなど）

なお，M&A案件情報の入手・提供においては次のような点に留意する必要がある。

① 直接ルートかインターネット経由か

M&A案件情報の入手・提供ルートとして，直接ルート（リアルでのコミュニケーション）とインターネット経由（M&Aマッチングサイトなど）のどちらを主軸に進めるかを考える必要がある。

これは売買当事者の意向（例：幅広く相手方を募りたい，時間優先で進めたい，効率性重視で進めたい，秘密裡に進めたい），ITリテラシーの程度，案件の守秘性の程度[7] などを総合的に勘案したうえで判断する必要がある。

---

7) インターネット経由の場合，ノンネームではあるが一定の情報が公衆に縦覧されるため，同業他社が少ないなどの場合，容易に特定されてしまうリスクがある。

②　M&A案件情報の入手・提供先の見極め

　リアルでのコミュニケーションの場合，M&A案件情報を入手して提供する者がどのような属性かということも重要である。行政機関，金融機関，名の知れたアドバイザリー会社，M&Aと関連性が深い士業専門家の場合は，身元もしっかりしていて安心感は高いといえるだろう。

③　優良な売買当事者と認知されるための振る舞い

　M&A案件情報の入手・提供ルートが多種多様にあることイコール良質な情報が入手できることを意味しているわけではない。よくいわれるのが，良質の情報は表に出てこないことが多いということである。そこで良質な情報と巡り合うためには次のような点に気を配り，優良な売買当事者として認知してもらうことが望ましい。

- 受け身で情報が提供されるのを待つのではなく自ら能動的に情報発信する。例えば，常日頃より情報提供者とコミュニケーションを交わし，M&Aに対する強い意向を示しておく。
- M&A案件が紹介されたら何でも関心を示すという姿勢ではなく，明確な判断軸を持つように心がけ，案件紹介時に迅速かつ適切に目利きができるようにしておく。
- M&A案件情報の入手・提供ルートを独自で開拓し，自分だけの優良なネットワークを構築する。

(3)　相手方への誠実な対応

①　相手方を慮った発言や振る舞い

　M&Aプロセスの過程において，相手方の信頼を損なうような発言や振る舞いを繰り返すと良好な関係を築くことができずディールブレイクしてしまう危

険性が高まる。例えば，提示する取引金額が極端に高い（安い）とか，相手からの質問に対して真摯に対応しないという態度であれば，相手から信頼を獲得することはできない。良好な関係を構築できなかったとしても無事クロージングまで進むこともあるだろう。しかしながら，クロージング後の一定期間，売主は買主をサポートすることが一般的であるため，そこでトラブルが発生する危険が残る。

② 迅速性の要請

M&Aプロセスを進めていくと，さまざまな論点や問題点に直面し，その都度判断に悩んだりすることがある。しかしながら，M&Aは自分だけでなく相手があっての取引であるため，意思決定のスピードはできるだけ早くし，できる限り相手方の時間軸に合わせるようにしたい。また，意思決定だけではなく，相手方から何か依頼された場合においても迅速に対応するほうが当然印象はよい。

もし，それが少し時間を要してしまう場合においては，放っておかずすみやかにその旨を相手方に伝え，きちんと期待コントロールをしておくことが必要である。ちなみに，迅速性を確保するための対策として，プレM&Aをしっかり行っておくことが副次的効果として役に立つ（買主の場合はP182，売主の場合はP244において解説している）。

③ ディールブレイクにおける意思表示の仕方

相手方との協議や交渉の結果，ディールブレイクという判断に至った場合には，相手方に可及的すみやかにその旨を伝えるとともに，その理由を懇切丁寧に伝える必要がある。また，その場合，電話やメールを通じて間接的に伝えるのではなく，直接会って話をして誠意を見せることが望ましいだろう。

特に注意すべきは，クロージング間際になって何となく意思決定を逡巡して正当な理由なくディールブレイクを選択する場合である。その場合，相手方からの信用をなくすだけでなく，サポートしてもらったFAからも信用をなくす

ことにつながりかねない。

　なお，相手方との協議や交渉の過程で少しでも違和感や不信感を感じた場合は，一度冷静になってその背景や理由について頭の中で整理して考えるほうがいいだろう（なぜそのような態度をとったのか，単に機嫌が悪かっただけなのか，別途具体的な理由があるのではないか等）。このような違和感や不信感が後々トラブルの火種となる可能性がある。M&AはP223で後述するとおり，後戻りできない取引であるから，ちょっとした感情のすれ違いにも注意を払い，適切な判断ができるようにしたい。

(4)　相手方の風評調査の必要性

　大規模M&Aの場合には，売買当事者双方ともに基本的に素性が明らかであり，相手方の風評は比較的容易に判断ができる。一方，スモールM&Aの場合は，対象会社は小規模の非上場会社であり，売主はその経営者兼大株主である。また買主としては法人のみならず個人が加わってくる。以上のとおり，スモールM&Aの売買当事者は，さまざまな形で統制がとられた大企業とは異なり，バックグラウンドが多種多様であることから，大規模M&Aと比較して反社会的勢力との関わりなど相手方の風評により注意を払う必要があると考えられる。

　なお，風評調査の方法については，個人名や社名でWeb検索をかけることで簡単に見つけられることもあるし，外部に信用調査を依頼することも選択肢の１つである。そういった調査の結果，例えば相手方につき次のような風評を聞きつけたり情報を入手した場合は，M&Aプロセスを進めるかどうかについて慎重に検討することが必要である。

| 図表4-2-3 | 慎重に検討すべき相手方の風評（例示） |

コンプライアンス関係

・反社会的勢力との関係が噂されている
・幾度も訴訟トラブルを起こしている

相性

・明らかに社風が違う
・離職率が高い
・リストラを頻繁に行っている

なお，いったん M&A プロセスに入るとコスト（金銭，時間）が発生することになるし，クロージングすると売買当事者だけでなくステークホルダーも影響を受けるため，風評調査は可能な限り早めの段階で実施することが望ましい。

(5) 売買当事者の交渉力の関係

① 時間軸でみた売買当事者の交渉力の関係（一般論）

売主と買主の間には情報の非対称性があることから，一般的に，M&A プロセス当初は売主の交渉力が強い。特に，現在スモール M&A 市場は売り手市場となっており，売主の交渉力は強い状況にある（優良な売却案件であると，買主が群がるほどの需要があるといわれている）。しかし，M&A プロセスが進むにつれて買主に対象会社の情報が提供されていくため，情報の非対称性が修正されるようになり買主の交渉力が徐々に強くなる。特に，MOU において独占交渉権を買主に付与したところで買主の交渉力が強くなり，DD を経ることで情報の非対称性がぐんと小さくなる。

図表4-2-4 時間軸でみた売買当事者の交渉力の関係（一般論を前提としたイメージ）

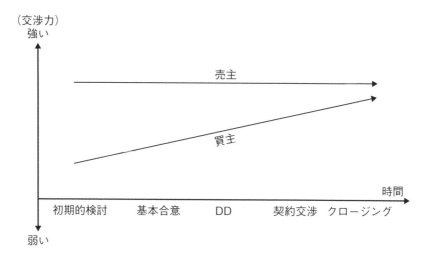

② 売買当事者の交渉力の関係において一般論から乖離する場合

売買当事者の交渉力の関係は，一般論として考えると上記①のとおりであるが，例えば次のような状況であると，異なった様相を呈する。

ⅰ．売主がM&Aプロセス当初より交渉力を維持できない場合

売主は，平時において仮に売却の意思があったとしても，経営者という立場上そのような気持ちを表に出さないことが多い。しかしながら，下記のような切実な事情が発生してしまうと，売主は売却の強い意思を示さざるを得ないことがある。

- 売主に重大な健康上の問題が発生した。
- 急遽多額の借財の返済を求められることになった。
- 足元の業績が急速に悪化したため，資金繰りが厳しくなった。

これらの場合，クロージングまで急を要することが多いが，売却を焦ってい

る態度が見透かされると，売主はM&Aプロセス当初から交渉力を維持できない。すなわち，M&Aプロセス当初より，買主から「条件次第では買収してもいい」という強気のポジションをとられてしまい，条件面で多大な譲歩を求められる可能性が出てくる。

ⅱ．売主がM&Aプロセス終盤でも交渉力を維持できる場合

対象会社が人気業種に属していたり，人気企業であった場合，多くの者から買収意向が受け取ることが期待できる。したがって，現在協議中の相手とディールブレイクしたとしても，別の相手を容易に見つけることができるため，売主はM&Aプロセスの最後まで強い交渉力を維持できる可能性が高い。

ⅲ．買主の分析・評価が不十分なためM&Aプロセスの終盤であっても買主の交渉力が弱い場合

買主は，初期的検討段階やDDにおいて，対象会社について各種分析・評価の機会を有するが，買主が能力不足のため十分に分析・評価が行えなかった場合，情報の非対称性が十分に解消されることなくM&Aプロセスの終盤を迎えてしまうため，最後まで買主の交渉力が弱いままとなってしまう。

ⅳ．買主の交渉力が強化される一方でM&Aへの関心を喪失するケース

買主はM&Aプロセス当初ではM&Aへの期待が強く積極的である場合が多い。また，上記①に記載のとおり，M&Aプロセスが進むにつれて情報の非対称性が修正されるため買主の交渉力は徐々に強くなる。しかしながら，DDでさまざまな問題が発覚した場合など，M&Aプロセスが進むにつれて段々と対象会社のネガティブな実情が明らかになってくると，買主は交渉力が強くなっているにもかかわらず，M&Aに慎重なスタンスに方向転換することがある（ただし，このようなスタンスは交渉力をさらに強化するためのポーズの可能性がある）。

第4章　スモールM&Aの要諦（売買当事者編）　175

⑹　スモールM&Aにおける人気企業と不人気企業

①　人気企業

　M&Aにおける人気企業は，業界動向，法規制の変更，経済市況，技術の進化などとともに移り変わっていくものであるが，ある程度不変的に人気がある企業の属性というものが存在する。客観的なデータがないため断定はできないものの，業界関係者の意見などを総合的に勘案すると，スモールM&Aにおいてはおよそ次のような属性を有する企業が買主の関心を集めやすいと考えられる。

図表4-2-5　スモールM&Aにおける人気企業の属性

財務的安全性が高い企業

属性	理由
固定費負担が小さい企業	損益分岐点が低く，コスト管理がしやすい（コンサルティング会社などのサービス業が当てはまりやすい）。
業績やキャッシュフローが安定している企業	事業リスクが低い。ストック型ビジネス（一定期間ごとに定額収入が見込まれる事業）を営む業種に多い（不動産賃貸業，レンタル業，ビルメンテナンス業など）。
財政状態が優良な企業	借入金が少なく自己資本比率が高いため，事業の安全性が高い。

定性面で魅力がある企業

属性	理由
独自の強み（注）を有する企業	競争上の優位性があるため，同業他社に比べて相対的に事業リスクが低かったり，成長性が高い場合がある。
組織的運営がなされている企業	事業運営の巧拙が売主の属人的要素に影響を受けないため，安心感がある。

成長業界に属している企業	市場全体のパイが拡大するため，個社ベースでもその恩恵を受けることができ，さらなる価値増加が期待できる（IT業界など）。
業歴が長い企業	老舗企業（例：伝統工芸や和菓子の製造販売）は業歴が長いと評価されやすい。
特定の許認可を有している企業	事業運営にあたり許認可が必要であるが，その新規取得が困難な場合がある。

(注) 例として，高い技術力，熟練労働者の存在，営業・マーケティングに強み，優良顧客の存在，長年の業務で培ってきたノウハウ，高い信用など。

買収対象としてとっつきやすい企業

属性	理由
極めて小規模な企業	買収に失敗しても許容しやすい。
事業構造がシンプルな企業	DDが平易であるため，目利きができやすく，M&A初心者に馴染みやすい。
単一事業のみを営んでいる企業	複数事業を営んでいる企業の場合，一部事業が買主にとって不要であることが多い。
BtoC事業を行っている企業	日頃触れる機会が多いため事業内容がイメージしやすい（飲食業が典型例）。
フランチャイジー	事業ノウハウはフランチャイザーがすでに確立済みであるため，事業リスクが限定的。

②　個人買主の場合における人気企業の傾向

　個人が買主の場合は，一般論として，事業内容がイメージしやすい，日頃触れる機会の多い事業を営む会社は，業界にとらわれず人気が高い。なお，企業経営に初めてチャレンジする場合や，純然たる投資リターンの追求が目的である場合は，安定収益で事業リスクが乏しい企業を好む傾向がある。

　ただし，そのような属性を有する企業は人気があることに起因するメリットがある一方でデメリットもあるため，その点は十分留意が必要である（【図表4-2-6】参照）。

第4章　スモールM&Aの要諦（売買当事者編）　177

図表4-2-6 人気企業を買収する場合のメリットとデメリット

メリット
・事業リスクが低い企業が多い
・再売却しやすい

デメリット
・人気があるため，買主が群がり，そもそもM&Aプロセスまで持ち込むことさえ難しい場合がある
・取引金額が高騰する可能性が高い

③　不人気企業

　スモールM&Aにおける買収対象として不人気企業といえるのは【図表4-2-5】の逆となる。しかし，一見不人気企業に見えても，次のような場合は買主から買収対象として十分検討される可能性がある。

ⅰ．買主にとって貴重な経営資源を有している場合

　例えば，買主が新規事業に進出したい場合，設備，経営ノウハウ，経験値の高い社員などの経営資源を有していると，自力で進出する場合と比較して事業リスクを大幅に引き下げることが可能になる。

ⅱ．複数の事業を営んでいるが，そのうち特定の事業に対し強い買収意向を有する場合

　買主のニーズとマッチすると，事業譲渡などのスキームを活用することによって，当該事業のみ切り離して売却することが可能である。

ⅲ．人余りの状態になっている場合

　事業よりもヒトという経営資源に焦点を当てた買収である。買主が著しい人手不足で収益機会を逃している場合などに適する。特に同業他社の買収の場合

は，教育の手間が削減でき，優秀な従業員であるならば即戦力として大きく期待できる。

(7) その他の留意ポイント

① 正しい判断ができるよう平常心を維持する

M&A プロセス終盤まで進んでしまうと，仮に大きく心に引っかかるような事実に直面したとしても「ここまでかなりの時間もコストもかけてきたので，今さら止めるわけにはいかない」というような思いが頭に浮かぶ場合がある。

これはとても危険な考えであり，いったん冷静になって，案件中断やディールブレイクという選択肢も含めて熟慮すべきである。なお，この場合，第三者である FA に相談することも一案であるが，FA は案件をクロージングさせて成功報酬を受け取るというビジネスモデルであるため，FA のアドバイスを額面どおりに受け取るのではなく，自分自身で判断を行うことも必要である（特に M&A プロセス終盤の場合）。

② M&Aは投資の１つの形

M&A は投資の１つの形であることから，投資における自己責任原則[8] が当てはまる。これは売主であっても買主であっても同じである。すなわち，売主は M&A を通じて過去の投資のリターンを確定させるということを意味し，買主は買収という新規投資を実行し，そこから投資回収をスタートさせるということを意味する。なお，金融商品や不動産といった伝統的投資商品については，いったん投資した後はリターンへの関与が受動的・限定的であるが，M&A の場合のリターンは買主の力量に応じて変動するものであるため，自ら能動的に関与していく必要がある。

---

8) 自己責任原則とは，金融商品取引において投資家が損失を被った場合，投資家が自らのリスク判断で取引を行った限りにおいては，その損失を自ら負担するという原則をいう。

第4章　スモールM&Aの要諦（売買当事者編）　179

③　M&Aの専門知識を持つこととFA・外部専門家活用とのバランス

　M&Aでは独特の専門用語が多く使われる（横文字である場合も多い）。また，M&Aにまつわる知識をある程度理解していないと，FAとのディスカッションや相手方との協議の場面で話についていくことができず，不十分な理解のもとで誤った判断をしてしまう可能性がある。したがって，売買当事者は，M&Aプロセスに入る前にM&A関連書籍を読んだり，インターネット上の情報を閲覧するなどして，可能な範囲でM&Aにかかる専門知識の理解に努めることが望ましい。とはいえ，会計・税務・法務などの詳細な知識や実務にまで踏み込む必要はない。そのあたりは遠慮なくFAや外部専門家に依拠してM&Aプロセスを進めていけばよい。

④　M&Aプロセスの主導権を握る

　一般的にM&Aプロセスを主導したものが案件を成功に導くといわれているため，M&Aに慣れ親しんでいる場合には，相手の一歩先をいってM&Aプロセスをコントロールすることが望ましい。FAや仲介会社をリテインしている場合でも，一方的にアドバイスを受けるという受け身の姿勢ではなく，彼らをもうまく誘導して自分自身のポジションを優位に持っていくように働きかけるのも1つの戦略である（これは売買当事者双方をサポートする仲介会社が関与している場合に特に有効である）。

　逆に，M&Aに不慣れな場合は，相手方よりも優位なポジションを確保すべく，多少コストはかかっても優秀なFAをリテインすることが望ましい。

―第5章―

スモールM&Aの要諦
（買主編）

第1節　プレM&A

(1)　買収戦略立案の必要性

　買主は，M&Aを検討するに際して，自社の強み・弱み，得意・不得意分野などを網羅的に整理したうえで買収戦略を構築することが必要である。

　買収戦略が明確になると，具体的には次のようなメリットがある。

- 対象業界の理解が深化され，また判断軸が明確になるため，紹介案件を適切に取捨選択できるようになる。
- M&Aプロセスで何を確認すべきかが明確となり，判断も的確にできるようになる。
- 買主は明確なビジョンのもと，自信を持ってM&Aの協議に臨むことができるようになるため，売主も安心感を持って応じることができる。
- 買収先として希望する条件を明確に伝えることができるため，FAなどから良質な案件が紹介される可能性が高まる。

逆に買収戦略が不明確であると，次のような弊害が生じる。

- トップ面談で何をヒアリングすべきか，DDにおいて何を調査すべきかといった焦点がぼやけてしまい，問題の本質を見抜くことができない。
- 売主から対象会社のどこに関心があるのか，買収後の事業運営の方針などについて話が及んだ際に理路整然と受け答えをすることができず，破談に終わる可能性が高くなる。
- 買収目的に合致していない企業を買収してしまう可能性があり，クロージング後に気づいたとしても後には戻れず手遅れとなる。
- スモールM&A市場では多種多様で数多くの買主が存在するため，買収戦略を明確に定めたうえで積極的に情報発信しないと，FAから具体的な案

件が持ち込まれにくい。

(2) 買収戦略の構築

① ゴールデンサークル

買収戦略を明確化するに際して，簡単ではあるが頭の整理ができるツールとして「ゴールデンサークル」を紹介する。

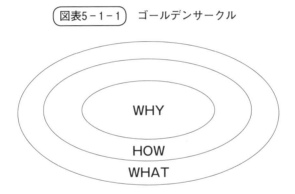

図表5-1-1 ゴールデンサークル

(出所) サイモン・シネック「ゴールデンサークル 優れたリーダーはどうやって行動を促すか」(TEDxPuget Sound 2009年9月)

買収戦略を構築するうえでの「WHY」とは，まず最初に買主はなぜM&Aを実行したいのかということをゼロベースで考えてみることをいう。次に「HOW」とは，M&Aの検討を具体的に進めていく前にM&A以外の選択肢は本当にないのか，仮に他の選択肢があったとしてもやはりM&Aを選択すべきなのかということを今一度立ち戻って考えることをいう。最後に「WHAT」とは，WHYで設定した目的を達成するために買収先に何を求めるのかを明確にすることをいう。

上記の検討はWHY → HOW → WHATの順に行っていくことになるが，

WHYを設定してそこからHOWとWHATを検討する流れに導くツールとして利用できるのがギャップ分析である。

ギャップ分析とは、まず現状（特定の経営課題）とありたい姿（当該課題が解決した状態）を設定し、そのギャップ（WHY）を解決するための道筋として、採用する手法（HOW）や具体的に獲得したい内容（WHAT）を見極めることである。

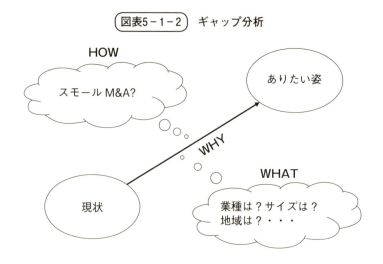

図表5-1-2　ギャップ分析

② WHY

買主は売主に対して買収の目的（WHY）を明確に伝えることによって、M&Aプロセスが円滑に進むことを可能とし、その結果クロージングの確度を高めることができる。

スモールM&Aを実施する目的には、既存事業の拡大、異業種への進出、優良顧客の獲得、経営資源の獲得（ヒト、モノ、知的資産など）、起業の代替手段（個人の場合）、新規事業開発の代替手段（法人の場合）などさまざまなものがあり、それは買主によって異なってくる。

そこで、ここでは、WHY（M&Aの目的、言い換えればM&Aを通じて獲

得したいベネフィット）を明確にするためのツールとして「ニーズセグメンテーション（ニーズの4つの輪）」を紹介する。

図表5-1-3　ニーズセグメンテーション

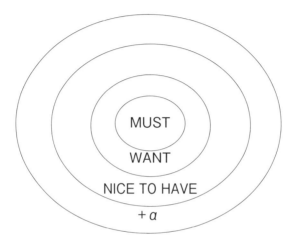

図表5-1-4　M&Aの目的（M&Aで獲得したいベネフィット）の例示

項目	定義	例示
MUST	必須条件	独自の技術，優良な取引先，業界や事業特有のノウハウ
WANT	できれば欲しい	熟練従業員，M&Aによる時間の短縮（起業や新規事業開発を実施することとの比較），従業員の継続雇用
NICE TO HAVE	あったら嬉しい	税務上の欠損金，許認可の継続利用（再取得可能であるが手間がかかる場合）
+α	想定していないメリット	想定外の規制緩和（業界全体が活況になった），思いもよらぬ知的資産が存在（例：活気がある社風，近隣からの信用）

③ HOW

　この段階では2つのステップがある。1つは本当にM&Aが代替的選択肢と比較して最適な手段なのかということと，M&Aを選択するとした場合にどのような方針で検討を進めるかということである。

ⅰ．ステップ1：WHYを達成するためにどのような手段で進めるべきか

　M&Aはあくまで手段の1つである。別の形で目的が達成されるのであれば必ずしもM&Aである必要はない。M&Aは特定の目的を達成するために時と場合によっては非常に便利な手段であることは間違いないが，得てして短絡的に実行されるケースもあったりする。M&Aの成功確率は低いという主張も見受けられたりするが，その原因のいくばくかはそういった行動によることもあろう。また，後述するがM&Aは後戻りできない取引である。したがって，M&Aに向けて突き進む前にいったん立ち止まって再考することが重要なのである。

　例えば，M&Aに類似した手段である起業や新規事業開発と比較して考えてみると，もし起業や新規事業開発によったほうが早く目的が達成できたり，より効果的であるならば，短絡的にM&Aを選択するのではなく，迷うことなくそれらの手段を採用すべきである。なお，自分自身で決断できない場合には，FAや経営コンサルタントといった第三者から客観的な意見を聞いてもいいだろう。

（参考）　M&Aの成功確率についての考察

　M&Aは実は成功確率が低いという意見が聞かれたりするが，一方で日本企業によるM&Aの成功確率は5割と主張する専門家も存在する。ただ，私見ではあるが，経営判断としてのM&Aの是非は，M&Aのみで判断するのではなく，M&Aの代替手段，例えば起業や新規事業開発とも比較して考えるべきではないだろうか。そこで，この2つの代替手段について調べてみると，起業については創業後10年後には約3割の企業が退出しているという調査結果が報告されている

（【図表5－1－5】参照）。次に，新規事業開発について見てみると実に約7割もの案件が失敗に終わっているとの回答が報告されている（【図表5－1－6】参照）。

　以上，非常に表面な比較に過ぎないが，M&Aは確かにリスクの低い経営判断とまではいえないものの，起業や新規事業開発と比較して明らかに劣後する手段と考えるのは早計ではないだろうか。

図表5－1－5　企業の生存率

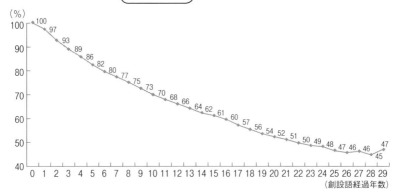

資料：㈱帝国データバンク「COSMOS2企業概要ファイル」再編加工
(注) 1. 創設時からデータベースに企業情報が収録されている企業のみで集計。
　　 2. 1980～2009年に創設した企業の経過年数別生存率の平均値を取った。
　　 3. 起業後，企業情報がファイルに収録されるまでに一定の時間を要し，創設後ファイルに収録されるまでに退出した企業が存在するため，実際の生存率よりも高めに算出されている可能性がある。
(出所) 2011年版中小企業白書

図表5－1－6　新規事業についての自己評価

(出所) 中小企業白書2017「新事業展開への取組および成否の実態」

（参考）　起業や新規事業開発との比較

　あくまでも参考にすぎないが，M&Aと類似する起業と新規事業開発を比較することを試みた。起業とは，個人が自ら経営資源（事業資金，従業員など）を手配して，新たに事業を起こすことをいう。また，新規事業開発とは，法人が，主として新規の顧客ニーズに対応すべく，新たな経営資源も活用しながら，既存の事業領域と異なる事業を立ち上げることをいう。

　【図表5-1-7】で比較してみると，やはり巷でよくいわれるように時間を買うという点を重視するとM&Aに軍配が上がる。一方で，起業や新規事業開発の場合，途中で撤退が可能であったり，経営資源をフレキシブルに変更できるという柔軟性がメリットである。いずれにせよ，どの方法を選択するかは，コスト，時間軸，経営資源などを総合的に勘案したうえで判断すればいい。

図表5-1-7　起業または新規事業開発とスモールM&Aの比較

比較項目	起業または新規事業	スモールM&A
コスト	少なくとも立ち上げ当初に要するコストは限定的。	取引金額＋FA・外部専門家コスト＋事業運営にかかる追加コスト（追加運転資金など）。
時間軸	一概にはいえないが黒字化に3年から5年の期間を要するだろう。	クロージングまでの期間（1つの目安として3か月〜半年程度）。
撤退判断の柔軟性	状況を見ながら随時撤退という選択をすることが可能。	買収すると基本的に後戻りできない（後述）。
経営資源	一から積み上げていく必要があるが，柔軟に調整可能。	対象会社の経営資源をそのまま活用できるが，硬直的（例：従業員のリストラが容易ではない）。
経営能力	立上げメンバーに依拠。	買主および対象会社の旧経営陣に依拠。
事業の性質	先鋭的なビジネスを追求することが多い。	比較的オールドスタイルのビジネスであることが多い。

ⅱ．ステップ２：M&A方針

　ステップ１で手段として M&A が望ましいと判断した場合，【図表5-1-8】に従い，どのような方針で目指していくのかを明確にする。

（図表5-1-8）　M&A方針

項目	内容
投資スタイル	・大枠としてどのような企業を買収対象とするかをイメージする（グロース投資：成長企業投資 vs バリュー投資：割安企業投資 vs ディフェンシブ投資：安定企業投資）
買主による対象会社の経営方針	・経営者 vs 投資家 ・クロージング後における売主による対象会社経営への関与についての希望
スキーム	・株式譲渡 vs 事業譲渡，あるいはその他のスキーム ・株式譲渡の場合は，最初から100％買収を目指すのか，それとも資本業務提携を経て段階的に買収することを目指すのか
時間軸	・できるだけ早く，今期中，数年以内など
買収予算	・上限額の設定，資金調達方法（自己資本 vs 他人資本）
シナジー仮説 （期待するシナジーとその実現までの道筋）	・WHY で設定した目的やニーズセグメンテーションの分析結果に従って，クロージング後どのようにシナジー効果を期待するか，そしてどのように実現させていくかについて大枠のイメージを持つ

④　WHAT

　WHY，HOW から導き出された結果に基づき，買収対象として希望する条件は何かということをここでできるだけ詳細まで落とし込む【図表5-1-9】。

190

図表5-1-9 買収対象として希望する条件（例示）

要素	判断基準
業界	同一業界なのか，隣接業界なのか，あるいはまったく関連しない業界なのかなど
地域	同一地域なのか，できるだけ遠方の会社が望ましいのか，大都市に所在する企業が望ましいのかなど
社歴	一般的に社歴が長いほど信用力がある。一方で，ビジネスモデルが陳腐化していたり，隠れ債務のリスクが大きくなるというデメリットもある
事業セグメント	単一事業を営む企業を好むのか，複数事業を営んでいる企業でも差し支えないのか（スキームとも連動）
企業規模	できるだけ小規模を好むのか，ある程度規模感が備わっていたほうが望ましいのか（買収予算と直結）
従業員	人数，年齢層，性別，学歴，専門性など
業績	赤字企業でもいいのか，業績好調でないと受け入れられないのかなど
財政状態	借入金がどの程度なら許容できるか，債務超過でもいいのか
M&Aを通じて獲得したいもの	優良な顧客層，熟練従業員，ブランド力，設備（ニーズにマッチした設備，汎用性のある設備，十分なキャパシティなど），ノウハウ，信用力，資金調達力，営業力など（何が必要かはWHYのニーズセグメンテーションの結果のとおり）

　なお，ここで注意しなければいけないのは，世の中に1つとしてまったく同じ企業は存在しないし，いかに詳細かつ明確なスペックを設定したとしてもそれに合致した企業を買収することは至難の業であるということである。例えば，BTOパソコン[1]のように自身の希望に応じてプロセッサーやメモリー，ハードディスク，マウスといった関連部品を自由に組み換えて購入することはできず，基本的に買主は対象会社を所与のものとしてその構成要素をそのまま受け入れざるを得ない[2]。

---

1) BTOとは，「Build To Order」の頭文字をとった略称で，受注生産を意味する。
2) 事業譲渡や会社分割といったスキームを採用すれば，ある程度のフレキシビリティを確保することが可能である。

⑤ 買収戦略を構築するうえで留意すべき事項

ⅰ．赤字企業だからといってはなから切り捨てない

　日本企業の7割が赤字といわれており（【図表5−1−10】参照），直感的に投資リスクが高いと受け止められ，買収対象から除外されることが多い。

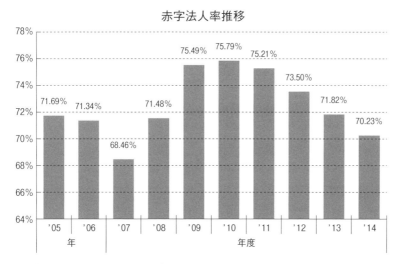

図表5−1−10　都道府県別「赤字法人率」調査

（出所）2014年度　都道府県別「赤字法人率」調査（東京商工リサーチ）

　しかし，以下に示すように，赤字であっても活路が見出せる可能性があるため，潜在的に大きなM&A市場が存在しているともいえる。

- ●正常収益で見ると黒字である場合

　スモール企業の場合，さまざまな形で業績と連動しない費用や損失が計上されていることが多い。したがって，買主は表面的な赤字決算に基づいて対象会社を評価すると誤った判断となるリスクがあるため，対象会社の業績に連動した損益のみに基づいた決算数値（正常収益に基づく決算数値）をベースに判断すべきである（正常収益を算定すると実態としては黒字であるケー

スも比較的多い。

●正常収益で見ても赤字である場合

仮に正常収益ベースでも赤字であったとしても，次のような企業は，買主の目利き次第で，他社が気づいていない優良企業を発掘して，大きなリターンを狙える可能性がある。また，このような案件では，売主自身も対象会社の隠れたる価値に気付いていない場合もあるため，交渉上有利な立場でプロセスを進めることができる可能性がある。

- ビジネスモデルの見直しや事業の磨上げにより大幅に業績回復が期待できる企業
- 一定の経営資源を投下すれば業績が大幅に改善される見込みが高い企業（例：一時的に資金繰りに困っている，多数の従業員が一斉に退職した）
- 自社だけが享受できる独自のシナジーが期待できる企業（例えば，対象会社が特殊な経営資源を保有している場合で，ある買主にとってはそれが大きな価値があると考える場合）

ⅱ．撤退基準の設定

買収戦略を構築する際に，同時に撤退基準を設けることが望ましい。この場合，複雑な基準を設定する必要はない。例えば，3期連続営業赤字，実質債務超過に転落など，わかりやすい指標で十分である。1つ実例を挙げると，買収を積極的に実行している㈱イードは「撤退基準は24ヶ月以内の黒字化達成」とシンプルかつ明確なメッセージを外部に発信している。また，別途述べているが，現在M&Aマッチングサイトにより M&A 市場に一定の流動性ができつつあり，これまでに比べて容易に売却しやすい環境になってきていることも撤退基準設定の意義につながるだろう。

ⅲ．慎重な判断と判断基準の柔軟性

売主から直接打診されたり，FA から案件を紹介された場合，決して急がず慌てず，自ら設定した買収戦略に従い，冷静に判断することを忘れてはならな

い。一方，買収戦略は必ずしも硬直的である必要はない。例えば，次のような場合は，自ら定めた買収戦略に固執することなく適宜柔軟に見直していけばよい。

- 経済環境や業界動向の変化
- 技術の進化
- さまざまな買収候補先とコミュニケーションしていった際に違和感を感じた場合

iv．自己棚卸の実施

　個人買主など，買収戦略を構築する前の足慣らしとして，【図表5－1－11】に記載したような形で自己棚卸することをお勧めする。自己棚卸においてはエピソードをできるだけ生々しく，かつ1文字でも多く回答するとその分だけ気づきが増える。この自己棚卸の結果を振り返ることで，どの業界のどういった企業を買収したいのか，M&Aを通じて何を実現したいのかといった点が浮き彫りになることが期待できる。

図表5-1-11 買収戦略立案上のヒントとなる自己棚卸（例示）

	自己に対する問いかけ
1	好きなことは何ですか？　それはなぜですか？
2	これまでの仕事の中でワクワクして心が躍ったことは何ですか？　それはなぜですか？
3	心から感謝した出来事は何ですか？
4	自信や誇りを持てたことは何ですか？
5	思い描いている夢は何ですか？
6	こうなりたいと思う人は誰ですか？（複数名でも可）また，その理由は何ですか？
7	最も憎しみ・怒り・悲しみを感じることは何ですか？
8	本気で助けたい，役に立ちたいと思うことは何ですか？　それはなぜですか？
9	絶対に成功するとわかっていたら，何に挑戦しますか？　それはなぜですか？
10	この世からいなくなっても，他の人に引き継がれたい「志」は何ですか？
11	詳しい業界・知識・ノウハウは何ですか？　そのバックボーンとなる体験・成果は何ですか？
12	これまで最も時間を費やしたことは何ですか？
13	自覚している長所は何ですか？　他人から何と言われて褒められますか？
14	自覚している短所は何ですか？　他人から何と言われて注意されますか？

　あるいは，P74で解説した経営分析フレームワークを用いて，買主自身を客観的に分析・評価しておくと，対象会社とのシナジー分析を行う際に非常に役に立つ。

第5章　スモールM&Aの要諦（買主編）　195

第2節　個別M&Aプロセスにおける留意点

(1)　初期的検討段階

①　初期的情報の収集

初期的情報を収集する際におけるポイントは以下のとおりである。

- 理想的には，この段階であっても，売主からできる限りの情報を引き出し，少しでも買収後のイメージを固めることが望ましい。ただ，後のプロセスでDDの機会があるし，あまり強く主張すると売主が抵抗する可能性もあるため，状況を見ながら臨機応変に対応すればよい。
- この段階では売手のアピールにつながる情報を中心に開示されている可能性があるため，懐疑的に見たほうが安全である。
- 提供された情報の正確性や不明点を確認すべきであるが，間接的なやりとりは手間がかかるので，トップ面談において確認したほうが有効かつ効率的な場合もある。
- ここで得られた情報から，DDにおいてどのような情報をどれだけ追加的に必要かというイメージづくりが可能となる。

②　初期的検討段階では交渉力が弱いことを理解する

買主はお金を出す立場ゆえ交渉力が強いと思いがちであるが，一般的にM&A市場は売り手市場であり，加えてそもそもM&Aでは売買当事者の間に情報の非対称性が存在することから，M&Aプロセス当初では売主の交渉力が強いケースが多い。ただ，状況によってはM&Aプロセス当初から売主の交渉力が強くないケースもあるので，そのあたりは状況に応じて臨機応変に対応

する必要がある。P172においてすでに解説しているので，そちらを参照いただきたい。

③　トップ面談における熱い思いの伝達

トップ面談において，売主が買主の前向きな姿勢を好意的に受け止めた場合，情報開示の場などにおいて積極的に応じてもらえることが期待できる。したがって，買主は，その場で買収の理念や買収後の事業展開などを強く明確にアピールしたほうがよい。加えて，一方的に自らの世界観を伝えるだけでなく，売主の対象会社に対する想いに共感を示すことができればより効果的である[3]。

なお，トップ面談は，インフォーマルな場をあえて設定してざっくばらんに話したほうが，より効果的かもしれない。

④　対象会社の顧問弁護士・税理士について留意すべきこと

対象会社の顧問弁護士・税理士は内情を深く理解していることから，DDなどの局面では買主にとってもよい情報収集元やサポート役になりうる。

また，M&Aプロセスの初期の段階で，売主や対象会社と顧問弁護士・税理士との関係性（顧問年数，訪問頻度，良好な関係かどうか，受けているサービスの内容など）について確認してみると，対象会社の内部管理体制の状況や売主の経営意識の高さなどが垣間見れる場合がある[4]。

ただし，対象会社の顧問弁護士・税理士のビヘイビアについて気をつけたほうがいい場合もある。なぜなら，売主は顧問弁護士・税理士に対象会社の売却について相談をした際に，顧問先を失う危険を感じて，ネガティブな反応を示すことがあるからだ。

顧問弁護士・税理士は売主に寄り添って長年サポートしてきた場合もあり，そのような反応をしてしまう心情は理解できないわけでもない。そこで，

---

3)　決して表面上だけ共感したふりをするのではなく，真に共感できる場合にきちんと売主にその気持ちを伝達するということである。

4)　ちなみにこの場合，売主が抵抗感を示さないよう，インフォーマルな場でさらりと聞いたほうが無難かもしれない。

第5章　スモールM&Aの要諦（買主編）　197

M&Aプロセスのどこかのタイミングで顧問弁護士・税理士がそのような反応を示した場合は，無用な混乱を招かないよう，買収後も引き続き対象会社の顧問を依頼する意向であることを前もって伝えておくといった配慮をすることも一案である。

(2)　DD

買主はDDを進めていくうえで，次に示す①～④をしっかりと理解しておく必要がある。

①　買主のリスクヘッジ手段としてのDDの重要性
②　スモールM&AのDD特有の留意点
③　スモールM&AのDDを有効かつ効率的に実施するための方策
④　個別のDDにおけるポイント整理

①　買主のリスクヘッジ手段としてのDDの重要性

M&A取引にかかる買主のリスクヘッジは4つのステップでなされる（【図表5-2-1】参照）。まず，売主より初期的情報の開示を受けて大まかなリスク評価を行い，DDで確認すべき事項を明確化する（ステップ1）。そして，MOU締結後にDDを実施し（ステップ2），その結果を受けて売主と交渉しDAに反映する（ステップ3）。そして，クロージング後に問題が生じた場合にはDAで定めた内容に従い治癒を求めるという流れである。このうち，DDの実施およびその結果のDAへの反映が買主のリスクをヘッジするための肝となる。

図表5-2-1 M&A取引にかかる買主のリスクヘッジの流れ

ステップ1	初期的情報開示における概要チェック
ステップ2	DDによる詳細チェック
ステップ3	DD結果をDAの個別条項に反映
ステップ4	DAの契約違反（表明保証違反等）に基づく損害賠償請求

② スモールM&AのDD特有の留意点

ⅰ．売主に配慮し節度を持った情報開示リクエスト

　スモール企業は規模も小さく，行う事業もシンプルな場合が多い。したがって，簡にして要という考え方を念頭に置き，相手方の事情を十分勘案しながら，節度を持って情報開示リクエストを行う必要がある。大規模M&AではDDにおいて膨大な情報開示を要求することが一般的である。初期的情報開示の段階でも一定量の情報の開示を求める。しかしながら，スモールM&Aにおいてそのようなリクエストを行うと，売主や対象会社が強い抵抗感を持つ可能性が高く，逆にクロージングまでの道のりが遠くなるリスクが出てくる。また，情報開示リクエストにおいては，その情報がなぜ必要なのか，簡単に理由を添えて，かつ丁寧に依頼することが売主や対象会社からの理解を得る助けとなるであろう。

ⅱ．スモール企業の実態を理解したうえでの評価

　DDはあるべき姿と実態との乖離を把握するものであるが，スモールM&Aにおいては次のような問題事項が報告がされることが多い。

- 内部統制システムが行き届いておらず脆弱である。その結果，あるべき資料が不備であったり，そもそも存在していない場合に遭遇したりする。

- 親族が役員を勤めている場合など，ガバナンスが有効に機能していないケースが少なくない。その場合の株主総会，取締役会での決議は形式的であったり，形骸化していることが多い。
- 売主が独自の事業運営方法を採用しており，それが一般的なものと誤解していたりする場合がある。

これらの問題は，対象会社固有のリスク要素というよりも，スモール企業で一般的によく見かける指摘事項の場合もある。その場合，対象会社の事業リスクが他のスモール企業と比較して相対的に高いとまでいうことはできない可能性がある。したがって，このような問題に遭遇した際，買主はその結果を正面から受け止めて過剰にネガティブな反応を起こす前に，スモール企業の実態に精通している外部専門家の意見を聞きながら，合理的にリスクを評価すればいいだろう。

③ スモールM&AのDDを有効かつ効率的に実施するための方策

スモール M&A において有効かつ効率的に DD を進めるためには，次のような方策が考えられる。
- ⅰ．買主の DD への能動的な参加
- ⅱ．外部専門家のサポート
- ⅲ．対象会社の顧問弁護士・税理士によるサポート
- ⅳ．現地 DD の積極的活用
- ⅴ．IT ツールの活用

ⅰ．買主のDDへの能動的な参加

スモール M&A の場合，買収予算が限定的である場合が多いため，外部専門家に報酬を払うことに抵抗を感じる買主も多い。そこで，DD を能力の許す範囲で買主自身が対応し，足りないところや重要と思われるところを外部専門家に委託して進めることも一案である。この場合，買主自身で対応可能な部分は主として「ビジネス DD」と「簡易調査」である。

●ビジネスDD

ビジネスDDについては，次のような理由により，買主自ら積極的に実施したほうが望ましい。

- 買主はクロージング後ただちに対象会社の事業運営をスタートすることになるが，ビジネスDDがクロージング前に対象会社の実情や事業内容を深く知ることができる唯一の機会であるため。
- 買収後に対象会社の責任者となるものにビジネスDDを担当させることにより，M&Aをより自分事として捉えさせることにつながるため。
- DDを通じて対象会社の事業運営上の勘所を把握できることから，次のようなメリットが期待できるため。
    ➢ 買収後をイメージしてシナジー項目の精査とその実現可能性について肌感覚を得ることができる。
    ➢ 精度の高い事業戦略や事業計画を構築することが期待できる。
- 特に同一業種や隣接業種に属する企業を買収する場合には，買主は事業運営上のポイントをすでに理解しており，業界特有のリスクの見極めが可能な場合が多いことから，ビジネスDDにおいて外部専門家よりも本質的な問題を見抜く能力があることが多いため。

以上から，手間がかかるといった安直な理由でコストをかけて外部専門家を雇うことは望ましくない。ただ，無関連多角化を目指すM&Aなどの場合は，事業経験がないため，当該業界に精通したコンサルタントを雇い事業リスクの評価などを依頼したほうが安全であろう。

●簡易調査

例えば，次に示すような調査は，買主自身で簡単に情報収集や調査・分析を行うことができる。

- 対象会社のHPを閲覧し，会社概要，沿革，組織図，商品・製品・サービスの概要などをチェックする。
- インターネット検索によって，売主，対象会社およびその経営陣の風評をチェックする。

第5章　スモールM&Aの要諦（買主編）　201

- 商業登記簿を役所で取得する（なお，この場合，過去の増資の履歴や役員の履歴を知ることができる履歴事項全部証明書を取得すべきである）。
- 対象会社の税務申告書を入手して，概括的にレビューする（細かい部分は財務DDで調査してもらえばよい）。

ⅱ．外部専門家のサポート

●外部専門家のサポートについての考え方

M&Aに手慣れた買主の場合は，売主に対して的を絞った情報開示リクエストができる。加えて，ある程度自らの手でDDを行うことが可能であり，仮に外部専門家に委託したとしても，密接にコミュニケーションをとりながら一部の業務を委託するだけで済ましてコストを抑えるなど効率的にDDを進めることも可能である[5]。

なお，M&Aに不慣れな買主であっても，今後も継続してM&Aを検討するのであれば，勉強代と割り切って積極的に外部専門家を雇い，一緒にDDを進めながらDDの勘所を学ぶことのメリットは大きい。

●外部専門家の調査レベルのコントロール

DDを外部専門家に依頼した場合，外部専門家は専門家としての責任感から必要以上に調査してしまうこともままある。DDの外部専門家は時間チャージの場合も多いので，その場合，調査をすればするほどコストがかさむことになる。したがって，そういう懸念を感じるならば，買主は，FAに依頼して，うまく外部専門家とコミュニケーションをとってもらいながら，外部専門家の作業範囲が必要十分な程度となるようコントロールしてもらうことが望ましい。

---

[5]　しかしながら，コスト削減を目的に一部の業務だけを外部専門家に委託したとしても，買主が想定する水準までコスト削減効果が期待できないケースがある。なぜならば，その場合でも外部専門家は業務委託契約に基づく義務を履行するために，全体の業務をサポートする場合と同じように案件概要や取引全体の把握などの手順を経たうえで具体的業務に携わることになるからである。したがって，外部専門家との間で，業務委託する範囲を確認するとともに，どの程度コスト削減効果があるかという点も含めてしっかり擦り合わせしておくことが必要だろう。

ⅲ．対象会社の顧問弁護士・税理士によるサポート

DD において対象会社の顧問弁護士・税理士にサポートしてもらうと DD が円滑に進むケースがある。例えば，次に示すように，彼らの協力を仰ぐと対象会社の情報収集が効率的に進む場合が多い。

- 対象会社のことを熟知しているため，マネジメントインタビューで不明瞭な部分が，顧問弁護士・税理士からの回答によって明確になる場合がある（特に長年顧問として関与していた場合）。
- 対象会社や売主に直接情報開示を依頼するのではなく，顧問弁護士・税理士に依頼して，まずは彼らの手元にある情報を開示してもらう（特に経理関係の情報については顧問税理士に経理処理を一任していたり，財務関連資料を預けていたりすることもあるので，効率的に情報収集ができる）。
- 顧問弁護士・税理士から対象会社に M&A ではない別の目的（例：税務監査，経営コンサルタントのレビュー）を告げて情報を収集してもらい，それを買主が間接的に受領する。

なお，弁護士・税理士は業法上守秘義務が課されていることから，売主にしてみても情報管理上安全である。

ⅳ．現地DDの積極的活用

スモール M&A においてはデスクトップ DD に限界がある。言い換えると，資料チェック[6] による調査が意味をなすのは，日々の活動の結果がきちんと資料として反映される業務プロセスが整備されており，かつそれらの資料の正確性・網羅性が担保できる場合である。しかしながら，スモール企業の場合には，資料の整備状況が思わしくない場合が多く，またその正確性につき信憑性に欠けるケースも少なくない。また，情報開示リクエストによるやり取りは間接的であり，情報量が多くなればそれだけ手間がかかる。

したがって，スモール M&A ではあまりデスクトップ DD による調査に拘

---

6) ここで資料とは，法的文書や証憑などの形式のいかんを問わず対象会社に保管されている書面や電磁的データをさすものとする。

泥せずに，現地訪問のうえで以下に示すようなやり方で直接情報を入手し，加えて口頭での回答も織り交ぜながら作業を進めたほうが効率的である場合が多い。

● マネジメントインタビューを丁寧に実施する

マネジメントインタビューに十分時間を割き，効率的に情報を収集するよう努める。不明瞭な部分や重要なポイントについてはその場で詳細な説明を求め必要十分な回答を得るように努める。

● QA セッションを設ける

間接的な情報のやり取りでは，質問の趣旨に沿った回答となっていないケースが散見されるため，直接対面して回答してもらったほうが効率的な場合が多い。

● 現場を実際に視察する

現場視察が可能であるならば，紙面上には表れない対象会社の強みやシナジーの源泉が確認できたり，従業員の士気や能力の程度を把握することが期待できる。特に，対象会社が BtoC ビジネスを行っている場合には，容易に製品・サービスに触れることができるため，特に有効である（例：顧客として商品を購入する。売り場を訪問して店員と会話する。サービスセンターに電話する）。

なお，上記方法は現地訪問を前提としているため，状況に応じて，従業員など対象会社のステークホルダーに知られないよう十分配慮して進める必要があることに留意する。

ｖ．ＩＴツールの活用

スモール企業は地方に点在していたり，売買当事者が地理的に隣接していないケースもある。その場合において，現地 DD を行うと移動に伴うコストが馬

鹿にならないことから，例えば，以下に示すようなIT ツールを活用することも一案だろう。

- 電子メールやSNSを通じて情報のやり取りを行う
- クラウドベースのファイル共有サービスを活用する
- （情報量がある程度のボリュームとなる場合）一定のコストを要するがVDR[7]を活用する
- 無料または少額で利用可能なビデオ会議システムを活用する

（参考）　重要性に応じた分析

　DD を進めるに際して，調査項目の重要度に応じて，調査の序列をつけたり，分析水準に濃淡をつけることがDD を効率的に進めるためのコツである。ちなみに，情報開示リクエストを行う際に，大規模M&A では重要度をA，B，C などとランク分けして依頼するケースが多い。ただし，低いランクのリクエストは結局情報開示されなかったという場合も多く，あまり有効ではないという意見もある。また，スモール M&A ではそもそも収集する情報量が段違いに少ないことから上記方法を採用する必要性は乏しいだろう。

---

④　その他の留意点

i．故意や過失が存在する場合の対処

　DD の過程で故意や過失を発見した場合，決算書が実態を反映していないことが多いが，それに対する買主の対応は以下のとおりである。また，当然ではあるが，対象会社のバリュエーションを行うにあたっては，故意や過失に関係なく，適切に修正した決算書をベースに行う。

---

7)　バーチャルデータルーム（Virtual Data Room）の略である。これは，クラウドベースのファイル共有サービスとサービス内容は近似しているが，社内外の関係者とより安全に重要な文書・ファイルを共有することができるとともに，よりDD に馴染む機能や操作性を有している。

第5章　スモールM&Aの要諦（買主編）　205

（図表5-2-2）故意や過失により決算書が実態を反映していない場合の対応

原因	例示	買主の対応
故意	• 粉飾決算：業績が不調な場合に，業績を実態よりよく見せようとする（例：架空売上の計上，費用の資産計上，減価償却費の未計上，未払債務の未計上）（注） （注）逆に，業績が好調な場合に業績を実態より悪く見せようとするケースもあるが，M&Aの場合は売主はできるだけ高値で売却したいためその可能性は低い。	• 内容が悪質なものや重要性が高い場合はディールブレイクを選択する。そうでない場合は，下段の「過失」と同様に判断する。
過失	• 経理担当者の能力不足による経理処理の誤り • 管理部門が手薄であることによる手続ミス	• DA締結までに適正に修正することを求める。 • クロージングの前提条件として，クロージングまでに適正に修正することを求める。

　なお，過失の場合はDDの最中に発見できる可能性が高く，また，その影響も軽微であることが多い。一方，故意である場合は問題点が発見されないように売主や対象会社がさまざまな手段を講じるため，DDにおいても発見が難しく，クロージング後において問題が顕現化した場合，対象会社に甚大な悪影響を及ぼす可能性があることを強く心に留めておく必要がある。

ⅱ．対象会社と売主や親族との取引や債権債務

　買主の立場からは不要な取引であったり，取引条件がアームズレングスルールに則っていない場合がある。その場合，次のような対応を要求する場合が多い。

　• スキームの変更を求める（株式譲渡ではなく事業譲渡を用いて，売主や売主の親族との契約および債権債務を除いて事業を譲渡する）。

・クロージングの前提条件として，取引の解消を求めたり[8]，アームズレングスルールに則った条件に改めることを約する。

iii．非事業用資産の取扱い

非事業用資産として，例えば，美術品，出資金，遊休不動産などがある。これらについても可能な限り時価で評価し，通常買主は売主に対してクロージング前に対象会社から買い取ることを要求する。なお，売主の資力が乏しいため買取りに応じることができない場合は，買主が一時的に対象会社への支払を肩代わりし，買主はクロージング時に取引金額と立替分を相殺した残額を売主に支払うことで対応することもある。

iv．ビジネスDDは買主が主体的に実施すべき

ビジネスDDにおける各種分析や評価は，できる限り買主が行うべきである。FAはそのサポートという立ち位置が望ましい。FA任せとはせず，買主が主体的に分析や評価を行うと，対象会社について深くまで理解することができることから，シナジーの内容およびその実行可能性について深く検証できるとともに，買収後の事業運営に即座に役立つからである。

v．外部環境分析の実施タイミング

外部環境分析はDDの前に実施することができる。外部環境は絶え間なく変化するものではあるが，スモールM&Aでは買収戦略立案からクロージングまでの期間は短期間であることが多く，また，DDの限られた期間内において内部環境の分析・評価に集中できるため，買収戦略を構築する段階で外部環境の分析・評価を完了させるか，DDまでに徐々に進めたほうがよい。

---

8) 例えば，役員貸付金・借入金の場合，売主と対象会社との間に金銭消費貸借契約書が存在しなかったり，あるいは内容が不十分であったりして，クロージング後にトラブルとなるおそれがある。したがって，基本的にクロージング前に売主と対象会社との間で取引を解消する。

第5章　スモールM&Aの要諦（買主編）　207

vi．形式よりも実態に着目する

　例えば，きちんとした社内規則があるかどうかという形式も重要であるが，より重要であるのはきちんと運用されているかどうかという点である。極端にいえば，社内規則が不十分であっても運用がきちんとしているならば，逆のケースよりもましといえよう。

(3)　バリュエーション

①　バリュエーションの実施タイミング

　M&Aプロセスの中で買主がバリュエーションを行うタイミングは3回ある。

図表5−2−3　バリュエーションの実施タイミング

時点	概要
ノンネームシート受領時	・取引金額のおよその水準を把握することが目的であるため精緻である必要はなく，年倍法など簡易な方法でかまわない（注）。 ・なお，Web上で非常に簡易にバリュエーションが行えるサイトもあるので，取り急ぎそれを活用するのも一法である。 （注）FA契約を締結する前に行うことも多い。
MOU段階	・買主は売主から開示される対象会社の初期的情報に基づいて簡易なバリュエーションを実施し，その結果に基づいて，売主と一定の交渉を行ったうえでMOUに反映する（固定金額あるいはレンジ）。
DD終了後	・この段階で買主は正常収益を算定したうえで，かつシナジー効果を定量化した額を反映させたバリュエーションを実施する。 ・この算定結果に基づき，最終的な価格交渉を行い，その結果が取引金額として合意される。

②　事業計画の作成とDCF法によるバリュエーションの必要性

　一般的にDCF法によると取引金額の算定価値が高くなることが多いため，

買主としてこれを使うメリットは乏しい。しかしながら，下記理由により，FAの手を借りてもかまわないので，対象会社の事業計画を作成し，かつDCF法によるバリュエーションを実施することが望ましい。

- 取引金額の妥当性を別の角度から検証できる（スモールM&Aでは算定が容易な年倍法を利用する場合が多いが，理論的妥当性に欠けるため，最も理論的な評価方法であるDCF法で評価の妥当性を検証することのメリットは大きい）。
- シナジーの定量化の助けになる。
- 買収後の事業運営においてそのまま活用することができる。

なお，事業計画の作成に際して，年次・月次損益のボラティリティ（変動性）については，過年度の決算書や月次試算表をチェックすることで，ある程度把握することができるだろう。

(4) スキーム

本書は紙面の都合により，株式譲渡を前提としているが，スモールM&Aにおいては以下に示すようなスキームを用いることも十分選択肢として考えうる。

① 事業譲渡スキームの採用

事業譲渡の場合，およそ次のような観点から，スモールM&Aにおいては使い勝手のよいスキームといえよう。

- 簿外債務のリスクを回避することができる[9]。
- 買主が引き継ぐ資産・負債を必要最低限に限定することによって，DDの範囲を著しく狭めることができる[10]。

---

9) スモール企業は，経営者や担当者の故意・過失によって簿外債務が存在しているリスクが，大企業と比較して相対的に高いと考えられる。

10) スモールM&Aの場合，外部専門家コストをできるだけ引き下げたいという要請が強い。

> **（参考）　対象会社の保有する不動産の取扱い**
>
> 　次のような場合，スキーム上対象会社の保有する不動産を除外して譲り受ける形とすることがある。
>
> - 対象会社が不動産を長年保有しており，多額の含み益を有している場合（取引金額が多額となるため）
> - 対象会社と買主の双方が本社ビルを有している場合（ディスシナジー要因）

②　リスク軽減を目的とした資本業務提携の活用

　資本業務提携は売主から買主への対象会社株式の移転を段階的に行い，以下に示すようにさまざまなメリットが存在することから，このスキームを経たうえで完全買収という流れは，買主にとってリスクを抑えることができる手法といえる（【図表5－2－4】参照）。

図表5-2-4　資本業務提携のメリット

事業リスクの限定

・役員派遣や社員の出向を通じて実際の事業運営に入り込めることから，事業リスクを徐々に見極めながら安心して M&A を進めていくことが可能になる（実質的に継続して DD を実施しているのと類似する効果がある）。
・無関係多角化目的の M&A の場合には，事業リスクの見極めが DD のみでは不完全となる可能性が高いので，それを補完する役割となる。

シナジーの見極め

・完全買収前に，対象会社の事業の勘所をつかめることが期待できるので，シナジー項目やそれらの実現可能性について慎重に見極めることができる。

判断のフレキシビリティの確保

・完全買収の場合と異なり，投資から撤退するという判断が行える。

PMI の円滑化

・買主と売主や従業員の間における信頼関係の構築にもつながり，完全買収後の PMI をスムーズに運ぶことが期待できる。

コスト削減

・完全買収の際において，DD 期間の短期化や外部専門家コストの削減につながる。

　ちなみに，M&A プロセスに入る前から資本業務提携を前提とすることが一般的であるが，買主が，DD における重大な問題の発覚を理由にして，M&A プロセスが進行してから本スキームへの変更を求めることもある。しかしながら，完全売却を急ぐ必要があるなど売主の意向に反する場合は，本スキームの採用について売主から拒絶される可能性がある。

(5) DA

① 表明保証条項

ⅰ. 表明保証条項の重要性

　P65で述べたとおりDDによる調査には限界があり，また売買当事者間で情報の非対称性が存在することから，買主は，売主との契約交渉において拒絶される可能性があるものの，DAドラフトにおいて，売主の表明保証項目をできる限り網羅的に列挙して自らのリスクをヘッジする必要がある。ちなみに，スモールM&Aにおいては「遠い昔のことで忘れていた」，「DAの中身をきちんと確認していなかったので違反しているとは思っていなかった」というように大規模M&Aではありえないような売主の過失・重過失（あるいは故意）に基づく表明保証違反が発生するケースも見受けられる。なお，売主が表明保証条項に違反した場合において，買主がとりうる選択肢は以下のとおりである。

- クロージングの前提条件が充足されないこととなり，取引金額の支払義務が発生しない。
- 契約の解除事由となり，DAの解除権が得られる。
- 表明保証違反に基づく損害について，売主に補償義務・損害賠償義務を負わせることができる。

ⅱ. 表明保証条項違反に基づく売主への損害賠償請求の限界

　しかしながら，スモールM&Aの場合，大規模M&Aとは異なり，売主に対する損害賠償請求が不調に終わるリスクがある。スモール企業の売主はクロージングに伴い売却収入が得られるものの，次のような場合，売主に対して補償請求・損害賠償請求を行ったとしても履行されないリスクがある。

- 売主が納得せず，単純に支払に応じない。
- 売却収入を使い切ってしまい，売主の資力が乏しい。

- 係争中に売主が死亡してしまい，相続において相続人が相続放棄を選択した（事業承継型M&Aの場合，特に注意が必要）。

② 前提条件

ⅰ．売主がクロージングの前提条件を充足できなかった場合の対処

売主がクロージングの前提条件を充足できなかった場合，買主は，前提条件を充たすために行った売主の努力の程度や前提条件の重大性などに鑑み，下記のいずれかから対応を選択する。

- クロージングを行わず，ディールブレイクを選択する。
- 前提条件を充足してからクロージングすることで再度合意する。
- 前提条件をひとまず放棄して，クロージングすることを選択し，クロージング後に充足することで合意する。

ⅱ．対象会社の重要な契約に関する注意事項

重要取引先との契約においてCoC条項が含まれている場合には，買収後きちんと取引が継続できるよう取引先への通知や承諾が必要となってくるため，売主にしかるべき対応を行ってもらう必要がある。ただ，スモール企業は規模も小さく取引先に対して交渉力が劣るケースもあり，CoC条項に基づく通知や承諾を求めた際に，契約解除や契約条件の不利益変更をほのめかされたりすることもある。その場合，買主は当該取引先の重要性を見極めながら売主と協議のうえで対応を考える必要がある（重要性によってはディールブレイクもありうる）。

なお，仮に契約上CoC条項が付されていなかったとしても，契約が売主と契約相手との間の特別な関係性のもとで成り立っていたような場合（例：同級生であった，古くからの友人であった，遠い親戚であった）には，クロージングから一定期間経過後に契約解除や契約条件の不利益変更を要求されたりするリスクがあることも肝に銘じておく必要がある。

第5章　スモールM&Aの要諦（買主編）　213

ⅲ．対象会社に少数株主が存在する場合の対応策

　株式譲渡スキームを採用する場合，買主は対象会社が発行する全株式の取得を求めるのが通常である。対象会社に少数株主が存在すると，M&Aプロセスの途中でM&Aの噂を聞きつけて株主権を主張してくるおそれがあるし，また，仮に少数株主分を除いてM&Aを実行したとしても，クロージング後に同様のリスクが残り，対象会社の事業運営に支障をきたしかねないからである。そこで，対象会社に少数株主が存在する場合，買主は次のような対応を求めることになる。

　●売主による少数株主からの株式の買取り

　　M&Aの協議を始めてからクロージングに至るまでに少数株主が保有する株式を売主が買い取ることを求める。場合によっては，売主がすべての少数株主から株式を買い取ることをクロージングの前提条件に含める場合もある。なお，売主の資力に問題がある場合は，代わりに対象会社が自己株式として取得することもある。

　●キャッシュアウトの活用

　　売主と少数株主との関係が良好でなかったり，疎遠であったりすると，売主による株式の買取りに応じてもらえない場合がある。その場合，売主が3分の2以上の議決権を保有していれば，キャッシュアウト[11]という手法で少数株主が保有するすべての株式を強制的に買い取ることができる。

ⅳ．名義株主が存在する場合の対応

　対象会社の業歴が長い場合，名義株主が存在するケースが多い[12]。

11）　キャッシュアウトとは会社の支配株主が，少数株主の有する株式の全部を，少数株主の個別の承諾を得ることなく，現金を対価として強制的に取得し，少数株主を会社から締め出す手続をいう。

12）　平成2年より前に会社を設立する場合，改正前の商法が適用され，設立に際して発起人が7名以上必要であった。そのため，第三者から名義を借りて発起人（名義株主）とし，当該発起人の出資負担は名義借用者（通常は創業者）が負うという実務が幅広く行われていた。名義株とはその場合の第三者が所有する株式のことをいう。

対象会社に名義株主が存在する場合，名義株主と名義借用者のいずれが実質株主であるかという点で争いが発生し，スモール M&A の実行において支障をきたす場合があるため，次のような対応を求める必要がある。

- 名義株主から同意を取り付け，株主名簿上の名義を名義借用者（売主）に移すことをクロージングの前提条件に含める。
- 売主が当該名義株の実質株主である旨を表明保証させる。

③　その他の留意事項

ⅰ．未払残業代・未払社会保険料

スモール M&A における簿外債務の代表例として未払残業代・未払社会保険料がある。これら未払分の対処については，以下の方法が考えられる。

- 取引金額から減額する。
- クロージングの前提条件として未払分の支払や納付を求める。
- 表明保証条項に，クロージング後に未払分の支払を求められた場合は売主に損害賠償請求できる旨を含める。

ⅱ．キーマン条項

スモール企業の経営はヒトの要素が大きいため，キーマン条項は買主にとって重要な条項であるが，次のような点に十分留意する必要がある。

第5章　スモールM&Aの要諦（買主編）　215

> **図表5-2-5** キーマン条項を検討するうえで留意すべき点

キーマンの処遇

ロックアップ中の役職，報酬水準などについて，キーマンや売主と協議のうえで
お互い納得する形で合意する必要がある。

ロックアップ期間

難しいことではあるが，短すぎず，長すぎず，であることが望ましい。短すぎると，
事業運営の引継ぎを十分に終えることができない可能性がある。逆に，キーマンを
長期間縛るとモチベーションの維持ができず，かえって足かせになる場合がある。

キーマンの感情（キーマンのモチベーション維持）

ロックアップが付されると，キーマンは自由に会社経営をできるわけではない反
面，DA上の義務が課され，さらに取締役や監査役となると会社法上の義務を負
う必要がある。そのため，クロージング後において，のしかかるストレスや重圧
に耐えかねたり，ネガティブ感情が現れてしまう可能性がある。そしてキーマ
ンは対象会社においてしかるべき役職についているため，どうしても対象会社の
業績や従業員に悪影響を及ぼすリスクが高くなる。そこで，買主は，DA締結前
に次のような対応を考えることも一案である。
  ・ロックアップ期間におけるキーマンのモチベーション維持を目的とした内容
　　のアーンアウト条項を設定する（P104参照）。
  ・契約交渉中に買主がキーマンのネガティブな気配を感じ取った場合，あえて
　　ロックアップを付さないという選択肢も検討する（注）。
  （注）そのような判断をしたとしても，買主は一方的に不利な状況下に置かれ
　　　　るとまではいい切れない。例えば，キーマン条項を撤回する一方で取引金額
　　　　の減額を勝ち取ることができる場合もある。

キーマンとの相性

・キーマンが従業員と良好な関係性を維持していなかったりすると，買収後におい
　てむしろ事業成長の足かせとなる場合もある。そういった場合は，そもそもキー
　マン条項を入れないか，あるいはキーマン条項は含めるが対象者は別の者を選定
　するという選択肢も考える必要がある。

ⅲ．最終交渉における売主の反応に留意

　当然ながら，売主が対象会社に内在するリスクを最も熟知している。そして，
交渉過程における売主の態度から，対象会社のリスクの所在を推測できる場合
がある。例えば，売主が表明保証条項の中の非常に細かい部分にこだわってい

る場合，そこに表明保証違反が存在している可能性を心配しているのかもしれ
ない。買主はそのような微妙な反応を察知した場合，売主に対し詳細な質問を
投げかけるなどして，対象会社に問題点がないかどうか，状況を深掘りする姿
勢を示したほうがよい。

ⅳ．買主の交渉スタンス

　買主はクロージング後において，対象会社の運営に際して売主から一定期間
サポートしてもらうことが通常である。したがって，買主が最終交渉において，
ネガティブな言動を繰り返したり，必要以上に好戦的なスタンスをとると，デ
ィールブレイクのリスクが出てくることに加えて，クロージングに至ったとし
てもその後の引継ぎにおいて悪影響を及ぼす可能性がある。

(6)　PMI

　P111に述べたとおり，買主はPMIを3つのフェーズに沿って進めていく。

①　フェーズ1：アイスブレーク（Icebreak）― 不安からの解放

　買主は，クロージング直後において，対象会社の従業員が以下例示したよう
な不安を感じてしまい，従業員のモチベーションが低下することを懸念する場
合が多い。
- 雇用は問題なく維持されるのか，処遇が悪化しないか。
- 突然面識のない人が新社長に就任するが，良好な関係を構築できるだろう
  か。
- 異なる企業文化に馴染めるだろうか。

　そこで，まずはウェットな形での統合（心の統合）を目指すのが後に続くフ
ェーズを円滑に進めるためのポイントとなる。
　具体的には，買主は，以下に示すようにフォーマルな場とインフォーマルな
場の両方を織り交ぜながら，1つひとつを熱い気持ちで丁寧にやり通し，従業

第5章　スモールM&Aの要諦（買主編）　217

員から信認を得るように努めながら社風や企業文化の統合を図っていく。

i．フォーマルな場の設定

　買主から従業員向けに全体説明会を開催したり，個別面談を実施して，従業員の理解に努める[13]。

ii．インフォーマルな場の設定

　グループ全体で懇親会を開催する。また，運動部やサークルに勧誘したり，新たに立ち上げるのもいいだろう。近場でいいので旅行に行くのもいいかもしれない。さらに，SNS上でグループを作って，自然な形で双方の従業員の統合を図るのも現代的な手段であろう。

iii．クロージング直後における従業員への配慮

　加えて，従業員の心情や負担に配慮して，買収後継続して，あるいは一定期間は職場を変えず，独立性を維持したままにすることも一案である。また，スモール企業は従業員数が少なく，事業運営や会社の業績が従業員1人ひとりの力量や業務範囲に依拠していることが多い。そのため，買主は従業員がクロージング直後に退職してしまったりモチベーションが低下してしまうことを恐れる。特にキーマンの退職やモチベーションの低下は絶対に避けたい事態である。そのため，買主はクロージング後少なくともしばらくの間は，従業員の処遇はそのまま維持する傾向が強い。

②　フェーズ2：相互理解（Unlearn）― 固定観念を捨てる

　お互いの違いを認識し認め合うフェーズである。さまざまなやり方があるが，一例を挙げると次のとおりである。

---

13)　これらの場において従業員の様子や反応を注意深く観察し，将来の不平分子となるおそれがないか，ただちに退職する可能性がないか，その他組織全体にネガティブな影響を与える可能性がないかといった点についても把握する。

ⅰ．経営理念・ビジョンの共有セッションの開催

業務を通じて何を目指していくのか，何を是として何を否と考えるのかといった点を従業員に浸透させていく必要があるが，それらは目に見えないものであり，強引に行うべきではない。そこで，双方の従業員で経営理念・ビジョンの共有セッションの開催することが一案として考えられる。このセッションでは経営理念・ビジョンなどを互いに紹介し合い，将来の方向性を共有し，共感を醸成するように導きながら，買主の経営理念・ビジョンを自然な形で浸透させていく。

加えて，その場をより効果的に利用するために，次のような工夫を行うことが望ましい。

- 自由に意見交換ができる場づくりが重要である。つまり，研修やセミナーでありがちな一方向で受動的な場とするのではなく，ファシリテーション技術をうまく活用するなどして双方向でのインタラクティブな場を設定する。
- 経営陣や役職者ではなく現場の若手スタッフが，相手方の従業員に，自社の経営理念・ビジョンについて，その背景も踏まえて熱意を持って語りかける。

ⅱ．従業員サーベイの実施

従業員の期待にそぐわない改革は，かえって不満や不安を煽り，PMI が失敗に終わる可能性がある。そのため，従業員に対して簡単なサーベイを実施することも一案である。ここで確認すべきことは次のとおりである。

- M&A を通じて期待していること，不安に思っていること
- これまで仕事において満足していたこと，不満に思っていたこと

買主はサーベイの回答から従業員の希望をしっかりと汲み取って，フェーズ3の実質的統合の手順や，タイミングを決めるうえでのヒントとすべきであ

る[14]。

③ フェーズ3：実質的統合（Refreeze）─フレッシュスタート

　買主は対象会社と一緒に，統合後における対象会社のグランドデザインを定めたうえで，個別具体的な施策を実行計画として落とし込む。実行計画は，制度の統合・組織の統合・業務プロセスの統合など項目別に分け，それを時間軸（年度ごとなど）で区切って実行していく。なお，このフェーズをクロージングより間もない時点からスタートするのは，従業員からの反発や不安感を煽る可能性があるため，決して急がないように心がけ，買収より一定期間経過後に実施するほうが無難である（クロージングより3か月後，半年後など）。なお，実行計画を進めていくうえで次の2点がポイントとなる。

ⅰ. クイックウィンの選定と実行

　まずは，実行計画の中から短期的に達成可能なプロジェクトを選定し，1つずつチャレンジしていく（クイックウィン）。些細なことでもかまわない。双方の従業員が協力して継続的に1つずつチャレンジしていくことに重要な意味がある。単に業績向上といった目に見える形での成果だけではなく，この過程を通じて，社風，企業文化，事業の方向性，仕事のやり方などの目に見えない部分の統合を自然と図ることが期待できる。

　以下でクイックウィン実行上のポイントを示す。

---

14)　付随して，問題社員の特定など，PMIプロセスを阻害するリスクを把握し事前対策を検討することもできる。

図表5－2－6 クイックウィン実行上のポイント

短期間に達成できるよう目標はシンプルに設定すること

短期間に達成できるものであるためには，1つのプロジェクトに対して複数の目標を盛り込むのではなく，1つの目標で十分である。

従業員全員に目に見える形で報告すること

社内メールでも掲示板でもやり方は問わない。活動結果をシェアすることが重要である。これは成果報告のみならず，失敗報告も含む（失敗を許容するオープンな環境を提示し，肩の力を抜いて前向きに仕事に取り組んでもらうため）。

経営陣は必ず労を労うこと

必ずしも，結果に応じて金銭的報酬を与える必要はない。従業員による報告に対し，即座に労いの言葉やアドバイスを行うことが大事である。

できるだけ多くのプロジェクトを設定すること

成果がどれだけかよりも従業員が力を合わせてチャレンジする場の数が重要である。

各プロジェクトには両社の従業員を参加させること

社風や企業文化の統合なども目的の1つであることから，可能な限り，双方の従業員でプロジェクトメンバーを組成する。

ⅱ．KPI[15] による管理

　クイックウィンの達成状況を確認しながら，本格的に実行計画を進めていく。

　この時，個々の施策ごとに適切な KPI を設定することを忘れない。KPI で実行計画の進捗状況を管理しながら両社の統合状況やシナジーの達成状況などを観測する。この一連の流れを PDCA サイクル[16] を回しながら，モニタリン

---

15) KPI（Key Performance Indicator）とは，重要業績評価指標という意味であり，KGIを達成するための過程を計測・評価するために設定した中間指標のことをいう。また，KGI（Key Goal Indicator）とは，重要目標達成指標ということを意味し，組織やチームで設定した最終目標である。これは，売上，利益，利益率といった財務指標を目標値とする場合が多い。KPIにはさまざまな種類があるが，例えば，有資格者数，HPのアクセス数，受注数/受注率，クレーム数，歩留まり率，新商品開発件数，離職率などがある。

16) PDCAサイクルとは，Plan（計画）・Do（実行）・Check（評価）・Action（改善）を繰り返す

グを継続していく。

④ その他の留意点

ⅰ．全体最適での統合

　必ずしも買主のやり方や枠組みなどを対象会社に導入すればいいということではない。全体最適という観点を鑑み，対象会社の方が優れている場合には，逆に買主はそれを採用するなど柔軟に対応すべきである。

ⅱ．引継作業の可及的すみやかな実施

　スモールM&AにおけるPMIは限定的なものとはいえ，クロージングの翌日より，対象会社は買主傘下で事業を行うことになるため，日常的な業務の引継ぎは可及的すみやかに行う必要がある。特にスモール企業の場合，売主と親族が業務に深く関与しているケースもあり，引継ぎをスムーズに行わないと，買収直後からの円滑な事業運営に支障をきたすことになる。加えて，取引金融機関や重要取引先といった社外の重要なステークホルダーへの挨拶を可及的すみやかに行って，関係性の維持に努めることも非常に重要である[17]。

ⅲ．買主が売主よりも格上とみられる場合における留意点

　規模の大きな企業がスモール企業を買収する場合など，買主が売主よりも格上とみられる場合，意識的であるかどうかにかかわらず，日常のコミュニケーションや振る舞いにおいて，買主サイドが対象会社を見下すような態度が出てしまうことがある。その場合，グループ内部に隔たりができてしまったり，変な格差意識や特権意識が生まれたりして，PMIが失敗に終わってしまう可能性があるため，十分留意する必要がある。

　　ことによって，業務を継続的に改善していく手法のことをいう。
17)　上記挨拶は，ステークホルダーとの関係性に応じて，クロージングの前提条件とされたり，
　　DA締結前に実施する場合もある。

ⅳ．買主の言動の一致

　買主は，PMI で前向きな言葉を発するだけでなく従業員に実際の行動を見せるという意味では，クロージング直後にキーマンを役員に昇進させたり，従業員の処遇を改善するといった対応をすることも一案である。なお，いささか姑息な手段ではあるが，クロージング直後においては従業員の処遇の改善という手段を使わず，クロージングから一定期間経過後に，個々の従業員の力量を確認したあとで，処遇改善の対象とすべき従業員を明確にしてから，そのカードを切って，ピンポイントにターゲットを絞ってモチベーションを上げるほうがより賢いやり方かもしれない。

ⅴ．PMI責任者の選定

　PMI の成否は買主サイドの PMI 責任者の采配による面がある。そしてスモール M&A の PMI は非常に人間味のあるプロセスともいえる。したがって，PMI 責任者の人選には，人間性や従業員との相性といったウェットな面を勘案して細心の注意を払い，慎重に決定するべきである。

ⅵ．買主にとっても社内体制整備のチャンス

　買主においても，経営理念や社内規則など，もし言語化されていない部分があれば，クロージング前にきちんと見える化したり，内部規定の整備などを進めて PMI に備えればよい。M&A は買主にとっても社内体制を見つめ直すいい機会である。

第5章 スモールM&Aの要諦（買主編） 223

第3節 買主として理解しておくべき事項

(1) Point of No Return

　M&Aプロセスを進めるに際して，買主にとって後戻りできないポイント（Point of No Return）が2回あることを頭の片隅に入れておく必要がある。

　1回目がMOU締結時である。MOUを締結すると次はDDとなり，そこで外部専門家コストが一定額必要となり，また社内のM&A検討チームが立ち上がることもある。したがって，このステージ以降で案件を中止することになると，相当の金銭コストと機会コストが発生するため，買主に与える負担は大きい[18]。

　2回目がクロージング時である。クロージングしたら文字どおり案件が完了ということになるので，売買を取り消してM&A前の状態に戻ることは原則としてできない。理屈上は譲り受けた企業を再売却することは可能であるが，ステークホルダーに対する説明責任があり，また，新たな買主との交渉において不利な立場に追いやられるリスクも高いことから現実性に乏しいと言えるだろう。

(2) 経験の蓄積

　P294の連続買収家にて後述しているが，M&A慣れして洗練された買主とみなされると，ある売却案件に複数の買主候補が群がった場合でも競争上優位に

---

18) ただし，スモールM&Aの場合，DDは簡素であり，外部専門家コストも限定的であるし，さらにM&A担当者についても多くても数名程度であることから，さほど影響は大きくないかもしれない。

立てる可能性がある。M&Aも，自転車に乗れるようになるのと同じで，場数を踏むことが大切なのである。

　これは何も，幾度も買収を繰り返すことまでを求めているのではない。できるだけコストと時間をかけずに，経験を蓄積することを考えても構わない。例えば，気になる案件があれば能動的にアプローチして，クロージングに至らなくとも，一定のM&Aプロセスを経ることで，M&Aの経験値を高め，失敗確率を低くすることができる。もう少し具体的に述べると，買主は自らの買収戦略に基づき気に入った売却案件に積極的にアプローチし，初期的な検討を行う。ここでトップ面談や初期的な分析などを行い，M&Aにおいて必要となる専門スキルにどんどん慣れ親しんでいく。最終的にクロージングに結び付けばそれでよいが，条件的に折り合わなかったら潔く撤退して，次の案件を探し求める。こういったことを何度か経験していくと，次第に業界特性やKSF[19]が見えてくるようになり，投資判断の軸がより明確となることから，M&Aの成功確率を上げることにつながるということである。

　これを実践している例として，M&Aを積極的に実行しており高いPMI能力にも定評がある㈱じげんがある。じげんは，2018年度通期決算説明会資料において「約600件ソーシングをし，約120件DDを行い，そのうち10件を買収」と開示しており，クロージング件数に比して膨大な数の「素振り」を行っていることが垣間見える（【図表5－2－7】参照）。

19）　キーサクセスファクター（Key Success Factor）の略である。これは事業を成功させるための主な要因あるいは必要条件ともいえる。なお，事業の種類によって，KSFとなりうる要素はさまざまである（例：事業規模，技術力，顧客対応の迅速さ）。

図表5-2-7　買主によるM&A案件への能動的アプローチの事例

■上場以来2018年4月末までに，約600件のソーシングを実施し，10件，総額約90億円（取得価額）のM&A案件を厳選。

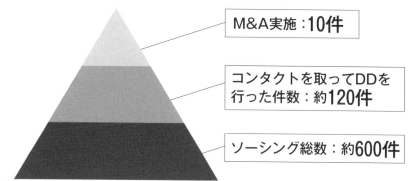

（出所）㈱じげん 2018年度通期決算説明会資料抜粋

ただし，この方法で経験を蓄積する場合に注意すべきことがある。それは，具体的に案件を検討するたびに真剣に取り組み，誠実に対応することを忘れないということである。

気に入った案件に遭遇すれば，迷うことなくM&Aプロセスを進めていけばよいが，単に"お勉強"だけを目的とすると，売主のみならず案件を紹介したFAなどからも敬遠されるようになり，中長期的には自らの首を絞めることになる。

(3) 買主のM&A責任者とクロージング後の対象会社経営者が同一人物であること

DDや契約交渉などの対応を行った買主のM&A責任者とクロージング後の対象会社経営者が異なる場合，想定していたシナジーの実現に苦労するケース

が散見される[20]。逆に，両者が同一人物であると，クロージング後スムーズに事業運営をスタートさせることができ，また，M&Aプロセスを経ることで対象会社の事業内容に精通するようになることから，シナジー実現の可能性を高めることが期待できる。

(4)　トータルコストで考える

①　案件関連コストと追加コスト

　M&Aの検討を進めるうえで，特に買主が注意しなければならないことがある。それは，M&Aはトータルコストで考えなければならないということである。

　簡潔にいうと，買主はクロージングまでに必要となる案件関連コストのみならず，その後の事業運営に必要となる追加コストの総額で経営判断すべきということである（【図表5-2-8】参照）。

　ちなみに，投資対効果を考える際に，よく投資回収期間が用いられるが，その場合も同じで，取引金額のみを考慮するのではなくトータルコストで考える必要がある。わかりやすい例として，赤字企業や債務超過企業の買収が挙げられる。この場合，取引金額は割安であることが多いが（債務超過の場合は，備忘価格で取引されるケースも多い），多額の借入金や個人保証の引継ぎが求められたり，事業立直しに多額の追加投資が必要となるケースも多い。したがって，投資回収期間を考える場合には，それら全体の負担を踏まえて考える必要があることに注意したい。

---

20)　これは大規模M&Aの場合でもよく遭遇する問題である。

第5章　スモールM&Aの要諦（買主編）　227

（図表5-2-8）　M&Aのトータルコスト

案件関連コスト

・取引金額
・FAや外部専門家の報酬
・借入金や個人保証の引継ぎ負担
・その他（登記費用など）

クロージング後の事業運営における追加コスト

・対象会社の追加運転資金（必要に応じて）
・PMIコスト（外部専門家の報酬，対象会社との統合コストなど）
・赤字企業や債務超過企業の買収などの場合における事業が安定するまでに必要な追加資金（増資引受け，親子ローンなど）

②　潜在コストへの対応

　重要ではあるがその扱いが難しいのは，クロージング後に一定の事態が発生しトータルコストに反映していない想定外のコスト（潜在コスト）が発生するリスクである（【図表5-2-9】に例示）。

228

図表5-2-9 クロージング後に発生する可能性のある潜在コスト

簿外債務の顕現化

(例)顧客から損害賠償請求された。

事業計画と実績との大幅な乖離

(例)対象会社の業績が想定以上に低迷したため，事業立直しのために思いもよらぬコストが発生した。
(例)対象会社とのシナジーをさまざま想定していたが，ほとんど実現しなかった。

想定外の時間コストの発生

(例)PMI(対象会社との統合) に思いのほか時間を費やした。

その他

(例)売主の表明保証違反により多額の損害が発生したため，売主に損害賠償請求したものの，損害額を回収することができなかった。

　前述の案件関連コストやクロージング後の事業運営における追加コストは，M&Aプロセスの過程ですでにコストが確定していたり，未確定であってもある程度試算することができるが，潜在コストを事前に見積もることは非常に難しい。そこで，潜在コストの発生につながるようなリスクを限りなく抑えることを考えるべきであるが，そのために買主がとりうる手段としておよそ次のものがある。

  • 経験豊富なFAや外部専門家にサポートを依頼する。
  • 時間をかけて慎重にDDを実施する。

　ただ，これらの手段を採用する場合，追加のコストについて考えなければならない（経験豊富な外部専門家ならおそらく低い報酬というわけにはいかないだろうし，DDも時間をかけた分だけコストが上積みされる）。確かに，買主にとって望ましいのは，できるだけコストをかけることなくリスクを抑えることであるが，これらの手段を講じてM&Aプロセスを進めたほうが結果的にトータルコストが少なく済む可能性がある。

なお，当然の話ではあるが，FAや外部専門家を雇う場合の最良の選択は「優秀でありながら，報酬も安価（またはリーズナブルな水準）な」専門家を雇うことであり，最も避けるべき選択は「実力不足であるにもかかわらず報酬が高い」専門家を雇うことである。後者の場合，コストがかさむにもかかわらずリスク低減効果は限定的であるため，著しく費用対効果が乏しい。しかしながら，M&Aに慣れていないと，買主にとって前者と後者の目利きが難しいかもしれない。したがって，FAや外部専門家を雇う際には，信頼のおける第三者に相談したり，日頃よりさまざまなFAや外部専門家とコミュニケーションをとっておくことが望ましい。

(5) シナジーの検討

① シナジーの種類

　M&Aにおけるシナジー効果とは，「複数の会社（または事業）を統合して運営する場合の価値が，それぞれの会社（または事業）を単独で運営するよりも大きくなる効果（相乗効果）」をいう。M&Aによって実現しうるシナジーとして，売上シナジー，コストシナジー，ディスシナジー（負のシナジー）の3種類を押さえておけばよいだろう。なお，シナジー効果の具体例としては，以下のようなものが考えられる。

図表5-2-10	シナジーの種類とシナジー効果の具体例
シナジーの種類	シナジー効果の具体例
売上シナジー	・お互いの顧客にクロスセリング ・買主のブランド力が強い場合，そのブランドを用いて対象会社の商品を展開する（買主にとってみればプロダクトラインの追加）
コストシナジー	・本社統合や重複部署の統廃合（営業拠点や管理部門など）を行い固定費の削減を図る （注）ただし，スモールM&Aの場合は，規模の経済によるコストメリットを享受することは限定的であろう。
ディスシナジー （負のシナジー）	・従業員の退職 ・（部門統廃合による配置転換などを理由とした）モチベーションの低下 ・顧客の離散（特に売主や対象会社と顧客が特別な関係性を有していた場合） ・カニバリゼーション

② シナジーの検討プロセス

　買主は，M&Aプロセスが進むにつれて，対象会社に対する知見が深まるとともに，買収後における事業成長のイメージを持つようになっていく。したがって，シナジーの検討は【図表5-2-11】に示す流れで進めていくことを勧める。ポイントはシナジー候補の「発散」と「収束」である。この場合，買主による主観的で視野の狭い検討となることを回避すべく，FAに参加を依頼することも一案である（例：FAが会議のファシリテーターとして参加して，議論が有効かつ効果的に進むようにコントロールする）。

第5章　スモールM&Aの要諦（買主編）　231

（図表5-2-11）　シナジーの検討プロセス

	検討タイミング	作業内容	留意点
自己認識	プレM&A	買主の周辺環境における機会・脅威や買主自身の強み・弱みなどを整理する。	できる限り客観的に評価するように努める（特に買主自身の分析・評価は主観的となりやすい）。
発散	初期的情報開示	対象会社の初期的情報と買主自身の強み・弱みとを照らし合わせて，対象会社とのシナジー候補をできる限り案出する。	それぞれのアイデアを否定的に捉えることはしない。
収束	DD	DD結果に基づき，シナジー候補を実現可能なものに絞り込む（一方，DDで得られた情報により新たに判明したシナジー候補を追加する）。それから，可能な限りシナジーの定量化を試み，バリュエーションに反映して，最終交渉に挑む（注）。	実現可能性については保守的に評価したほうが安全である。
計画と実行	PMI	シナジー効果実現のための計画を策定して実行に移す。その後はPDCAサイクルを回しながら，当初の計画どおりにシナジーが実現しているかどうかモニタリングを続ける。	計画と結果が大幅に異なる場合には，その原因を探り修正案を練る。また，想定外のディスシナジーが発現していないかどうかについても注意を払う。

（注）できる限りシナジーを定量化することが理想ではあるが，スモールM&Aにおいては売主から提示される情報量が少なかったり，買主のリソースに限界があることが多いため，困難に直面する場合も少なくない。

ⅰ．経営分析フレームワークの積極的活用

　対象会社とのシナジー分析を行ううえで，経営分析フレームワークは非常に

便利で有益なツールである。

プレ M&A の段階において，自社に経営分析フレームワークを適用して，自社が直面する機会・脅威や自社の強み・弱みについて整理する。

次に，初期的情報開示や DD のタイミングで，対象企業に対しても同様に経営分析フレームワークを用いて分析・評価を行う。そして，双方の結果を照らし合わせてシナジー項目と実現可能性の分析・評価を行うと，ロジカルかつ網羅的に検討することができるからである。

ちなみに，対象会社が隣接業界に属していたり，同業他社の場合は，外部環境を理解しており，内部環境についてもある程度推量することが可能であるが，多角化型 M&A の場合は，外部環境・内部環境いずれも認識が不足しているケースが多いので，このフレームワークの利用価値は特に高いだろう。

ⅱ. 個人買主の場合での適用可能性

個人買主の場合でも経営分析フレームワークを利用することは可能である。

外部環境のうちマクロ環境は買主が法人であろうが個人であろうが分析・評価が可能であるし，SWOT 分析についても自分自身の強み・弱みを整理して目標を立てることができるので，十分利用するに足りる。

③ 事業計画の作成

スモール企業の場合，まともな事業計画を作成していなかったり，事業計画の質に問題があるケースが少なくない。その場合，買主はその事実をそのまま受け入れるのではなく，DD で得られた情報をもとに自ら対象会社の将来業績を予測してみることを推奨する。なぜなら，買主はクロージング後ただちに対象会社の事業運営を開始することになり，いずれにせよ事業計画を新たに作成したり，作り直す必要があるからである。なお，DD により対象会社について詳細な情報が入手できるため，クロージング後に行う場合と同等の精度で事業計画を作成することが可能である。また，その事業計画をベースにシナジーを定量化できた場合には，それを取引金額の上乗せ材料として売主との交渉上バ

ッファーを持てるようになる。

　ちなみに，買主は，無事クロージングすることができたならば，自ら作成した事業計画を売主に提示してアドバイスをもらうことも一案である。売主は対象会社の事業を熟知しているため，将来の見通しには一定の肌感覚を有しているはずである。そして，売主からヒアリングした結果を反映させることによって，より精度の高い事業計画とすることが可能となる。

(6)　買主としての適格性

①　売主やFAに気に入られるストロングバイヤーを目指す

　繰り返しになるが，M&A市場は売り手市場であることが一般的であるため，勝負の土俵に上がるためには買主自身魅力的に見せる必要がある。当然ながらFAにとってM&Aはビジネスであるため，優良な買主でないとなかなか優良な案件を持ち込もうというインセンティブが生まれづらい。ここで優良な買主とは，具体的には以下②に示す3つの要件を満たす買主をいう。これらの要件を満たしている，あるいは満たすように絶え間なく努力をしている買主は，FAから信頼され優良な案件に巡り合う可能性が高まる。また，売主にとっても，買収後における対象会社の事業運営に安心感を感じることができ，売却に前向きになれることから，買主にとって有利な条件でクロージングできる可能性も高くなる。

②　優良な買主の3要件

ⅰ．マインド（心）

- 経営者マインド：上昇志向が強く，やる気がみなぎっている。逆境でもくじけない強い気持ちや類まれなる行動力がある。このようなマインドセットは特に従業員を牽引していくうえで非常に重要な要素である。
- 人間力：コミュニケーション能力や人心掌握力。売主やステークホルダー

図表5-2-12　優良な買主の3要件[注1]

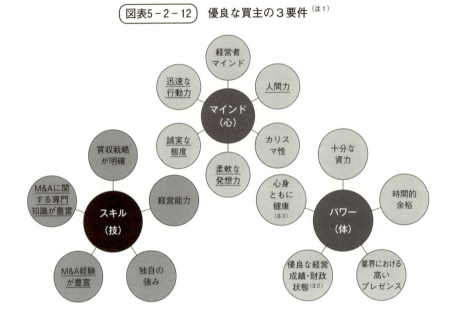

（注1）下線部分はFAの力量・基本的資質とも重複している。
（注2）法人買主に該当
（注3）個人買主に該当

の立場を慮った真摯な姿勢。傾聴力。M&Aプロセスの過程であってもクロージング後であっても買主の人間性が問われる機会は多いため、非常に重要である。

- カリスマ性：事業運営を行ううえで、経営者として正当な大義を有していること。内面に秘めたその思いが自然な形で外部に発せられていると、売主や対象会社のステークホルダーなどの周囲から強い共感や信頼感を得ることができる。
- 柔軟な発想力：従来のやり方や考え方にとらわれずに多面的に物事を見ることができること。この力がシナジー項目の発想の源となり、その実現の蓋然性にも直結する。
- 誠実な態度：売主に対しオープンで裏表のない態度で交渉に臨むこと。自

己の利益のみならず，全体最適を目指す姿勢。一例を挙げると，M&Aの意向はそれほど強くなく情報を収集することが主たる目的であると，不誠実な買主として敬遠されるため注意が必要である。

- 迅速な行動力：情報へのアンテナを高く持ち，望みの案件に巡り合ったら，迷うことなく行動する力（優良案件は競争が激しい）。また，M&Aプロセス途中においても迅速性が求められる（特に売主がクロージングを急いでいる場合）。

ⅱ．スキル（技）

- 買収戦略が明確：買収目的，買収予算，買収後の経営方針，対象会社に求める要件などが明確である。買収戦略が明確であるとしっかりとした目利き力（案件紹介時に対象会社の潜在的な価値を見極め，検討を進めるかどうかをただちに判断できる力）を有することができる。

- 経営能力：買収後ただちに事業運営に携わるため，スムーズに事業を引き継ぐことができるよう一定のマネジメント経験を有していることが望ましい（経営ノウハウがある）。最低限，経営に関する基礎的な知識を身につけておく。

- 独自の強み：経営者として対象会社を牽引すべく，特定の職能（経営戦略，営業，マーケティングなど）において十分な強みを有していることが望ましい。

- M&A経験が豊富：過去に起業，新規事業開発，またはM&Aを行った経験があると，売主やFAが安心感を持つ。また，これまでの経験をてこにして，M&Aプロセスの途中で判断を誤るリスクが低い。

- M&Aに関する専門知識が豊富：M&Aに関する専門知識が豊富であるとFAや外部専門家の手を借りず，あるいは限定的なサポートのみで，M&Aプロセスを進めることが可能である。

ⅲ．パワー（体）

- 十分な資力：手元資金や金融機関からの与信に余裕があると，十分な買収予算を組むことが可能であるため，意思決定を柔軟に保つことができる。また，売主の個人保証の引継ぎや事業運営資金の調達も円滑に進めることが期待できる。

- 時間的余裕：通常買収戦略に合致した企業を見つけるのに一定の時間を要するが，時間的余裕があると，焦ることなく希望する案件に巡り合う可能性が高くなる。また，本格的なプロセスに入ってからも時間的なフレキシビリティがあると，多少スケジュールが遅れても支障がない。

- 業界における高いプレゼンス：長年の経験で業界に精通している。人脈が豊富で対外的信用が高い。そういった蓄積が売主やFAの安心につながるため，条件面での譲歩を引き出せたり，クロージングに至る確率を高くする。

- 優良な経営成績・財政状態（法人のみ）：外見上の信用力が高いため，ソーシングの場面において他の買主候補に対し優位な立場に立つことができる。また，売主やFAが安心してM&Aプロセスを進めることができるため，条件面での譲歩を引き出せたり，クロージングに至る確率を高くする。

- 心身ともに健康（個人のみ）：大企業であれば組織的経営を行っているため経営者個人の体調不良が事業運営に致命的な打撃を与えることは少ない。一方，スモール企業の場合は経営者が体調不良を起こしてしまうと事業運営に多大な支障をきたすリスクが高いため，買主候補として敬遠されるおそれがある。

③ 買主が個人の場合に役立ついくつかのヒント

ⅰ．純投資目的で買収する場合

　企業の買収は単に法人格という器を買うという意味にとどまらず，従業員をはじめとしたステークホルダーを含めた一体を譲り受けることを意味する（P34参照）。したがって，M&Aを検討する際に，事業だけを見るのではなく，

事業を支える従業員の顔を思い浮かべて欲しい。さらにいえば，従業員を支える家族の顔を思い浮かべて欲しい。企業を買収するということはそういう重さを背負うという覚悟が必要なのである。

しかしながら，純投資目的の買収が否定されるかというとそうでもない。買収後において，株主たる買主の意向を尊重し，対象会社にフィットするプロ経営者を連れてくれば特に問題はない。例えば，投資ファンドも買収後の経営はプロ経営者に任せるということはよくあるし，事業承継においても，後継者として考えている先代オーナーの子息が十分育っていない場合は，いったん中継ぎ経営者を外部から招聘することがある。

ただ，純投資目的で買収する場合，所有と経営が分離することになるので，経営者にガバナンスを効かせるためには，経営者の事業運営の巧拙を見極めるだけの目利き力が買主に必要となることは留意すべきである。なお，目利き力に自信がない場合には，その事業や業界に精通した専門家を顧問などの名目でサポートしてもらうことが一案として考えられる。ちなみに，有能な専門家と直接コネクションがなかったとしても，現在ではインターネット経由で条件に応じた専門家を容易に派遣してもらえる時代であるため，そういったサービスを活用するのもいいだろう。

ⅱ．シナジーの実現可能性

個人買主の場合はシナジーを実現しづらいため，法人買主に劣後するという意見がある。しかしながら，多面的な知識や経験，独自の強み，幅広い人脈，豊富な資力などを有する個人であれば，さまざまな形のシナジーを想定することが可能である（スモール M&A の場合には対象会社が小規模であるため，個人であっても十分にシナジーを実現できる可能性がある）。したがって，シナジーの源泉は自分自身であることから，例えば，P193に示したような自己棚卸を行って，自分自身の強み・弱みなどをきちんと整理して，売主との対話の場面において存分に強みをアピールすることが重要である。

iii．趣味が高じてスモール M&A を目指す

　個人がリスクを抑えてスモール M&A を実行するためには，趣味の延長線として挑戦することが 1 つの方策として考えうる。すなわち「好きこそ物の上手なれ」の発想で，幼少期より慣れ親しんできた趣味や他人からマニアといわれるほどの趣味があるならば，それに関連性が強い企業を買収対象とするのである。そうした場合，買主は深く事業運営にのめり込む可能性が高く，高いパフォーマンスを発揮することが期待できる。

iv．買収目的会社の設立

　M&A マッチングサイトの中には法人買主しか登録を受け付けない業者もあるので，そのような場合は，買収目的会社を用意するなど，別途対応を検討する必要がある。

ⅴ．過去に M&A の経験がない場合のアピールポイント

　過去に M&A の経験がなかったとしても，次のような場合，売主へのアピールの 1 つとなるであろう。

- ●起業した経験がある場合
  - ・仮に起業が失敗に終わったとしても，それは座学では決して得られない経験として，対象会社の事業運営に活かすことができる独自の強みと受け止められる可能性がある。
- ●過去の勤務先でマネジメント経験がある場合
  - ・マネジメント経験があると，売却後における対象会社の経営の舵取りや従業員の行く末についてあまり心配することなく，安心して売却に応じることができる。
  - ・マネジメント経験を対象会社の取引金融機関が評価した場合，個人保証の引継ぎ，買収後の事業運営資金の調達などが円滑に行える可能性がある。

(7) スモールM&Aと多角化戦略

① スモール企業が多角化戦略を採用することの合理性

スモール企業は大企業と比較して規模も経営資源も限定的であるのにもかかわらず，選択と集中の戦略（経営資源をコア事業に集中させる戦略）をとらずに意図的に事業の多角化[21]を推進する経営者も多い。これは経営者独特の個性（例：リスク愛好的な性格，新しいことへの挑戦に強い魅力を感じる）によることもあろうが，事業リスクの分散という合理的理由に基づく場合も多い。つまり，単一事業しか営んでいない場合は，業績が悪化した際にとりうる手段が当該事業の業績を改善することしかないが，複数の事業を営んでいる場合には別の事業で取り返すという代替策を選択することできるからである。そして，スモール企業の場合，次に示すような点も，多角化戦略を採用することを肯定する理由といえよう。

- スモール企業は通常所有と経営が一致しているため，経営陣から株主への説明責任を考慮する必要がない（事業多角化を推進することにつき株主の同意を得る必要がない）。
- スモール企業は非上場企業であるため，コングロマリットディスカウント[22]について考慮する必要がない。

---

21) 事業の多角化は，1つの企業で複数の事業を営む場合もあれば，異なる事業を別々の会社で営む場合もある。

22) コングロマリットディスカウントとは，複数の事業を営む企業の価値が，個々の事業の価値の合計よりも小さい状態のことをいい，株価という市場価値が付されている上場企業に適用される概念である。

> **（参考）** 一方で，スモール企業において選択と集中の戦略を支持する考え方がある。そのロジックはおよそ次のとおりである。
>
> - スモール企業は大企業と比較して経営資源が極めて限定的であり，その限られた経営資源を最大限有効に活用するためにはコア事業に集中する必要がある。
> - 昨今の内需の減退，外国企業の日本への進出，劇的なIT化の進行など，企業を取り巻く外部環境の大きな変化を受けて，本業回帰や得意分野に経営資源を集中する企業もあり，そういった行動が企業の永続性を高めているという指摘がある。

② スモールM&Aと多角化戦略

この多角化戦略を推進する場合，M&Aは有力な手段であるが，その一方で一定のリスクが伴うことに注意を払う必要がある。そこで，多角化型M&Aの中で最もアグレッシブな形である非関連事業に進出することを目的としたM&Aの場合の事業リスクをみてみると次のように整理される。

- グループ全体としてはリスク分散効果が期待できるが，対象会社の事業運営には精通していないため，対象会社単体で見ると事業リスクは高い。
- 地理的距離が離れているほど，対象会社の事業リスクが高くなる傾向がある。

しかしながら，次のような対策を講じることで，このような事業リスクを低減することができよう。

- ビジネスDDにおいて，対象会社の業種に特化したコンサルタントをリテインして，慎重にリスク評価を行う。
- 売主に，クロージング後も一定期間，経営者として事業運営を継続してもらう。

⑻ スモールM&Aと地理的近接性との関係

買主と対象会社との地理的近接性も，スモールM&Aを検討するうえでの判断材料の１つとなりうる。買主と対象会社が地理的に近い場合は，次のようなメリットと留意点がある。

図表5－2－13　買主と対象会社が地理的に近い場合のメリットと留意点

メリット
・地場での風評といった通常は入手困難な情報が入手しやすく，対象会社の事業リスクの見極めの精度を高めることが期待できる。
・買収後に両者の間で密なコミュニケーションがとりやすいため，PMIがスムーズに進みやすい。
・従業員にとっても負担が小さい（配置転換や転勤が必要な場合など）。
・規模の経済や範囲の経済(注1)を享受できる可能性がある(注2)。

留意点
・対象会社が同業他社の場合，カニバリゼーション(注3)のリスクがある。
・クロージング後における地場での評判を十分鑑みる必要があるため，ハードな交渉は適さない。

(注1)　規模の経済とは，事業規模が大きくなればなるほど，単位当たりのコストが小さくなり，競争上有利になる効果をいう。また，範囲の経済とは，経営資源を複数の事業で共有化することで，それぞれ単独で事業を行った場合には実現できないコストメリットを得ることができる効果をいう。
(注2)　スモールM&Aを実行した後においても事業規模が小さいことは変わらないため，規模の経済や範囲の経済は地域限定であったり，業界大手と競合できるまでに競争力を高めることはできないだろう。
(注3)　カニバリゼーション（Cannibalization）とは，市場で自社ブランド同士が競合してしまい，シェアを奪い合う非効率な経営状態（「共食い」現象）を指す。M&Aに当てはめると，例えば，買主が提供する製品と対象会社が提供する類似製品が競合することによるシェア減，買主の販売チャネルが対象会社の販売チャネルへ侵食することなどが挙げられる。

したがって，この場合，多角化型 M&A であっても比較的容易に実行することができ，そのリスクも相対的に低いと考えられる。また，案件全体に占める割合は極めて低いものの，合併スキームも比較的容易であるといえよう。したがって，PMI のスタイルも統合型（P114参照）がフィットしているといえる。

逆に買主と対象会社が地理的に遠い場合は，次のようなメリットと留意点がある。

図表5−2−14　買主と対象会社が地理的に遠い場合のメリットと留意点

メリット	・対象会社が同業他社であっても，カニバリゼーションのリスクが少ない。 ・仮にハードな交渉や買収後に大規模なリストラを行ったとしても，地場におけるハレーションが起こらない可能性がある。

留意点	・地場での風評といった情報が入手しにくいため，対象会社の事業リスクの見極めが難しい。 ・買収後に両者のコミュニケーションが難しく，PMIがスムーズに進まない可能性がある。 ・従業員にとって負担が大きい（配置転換や転勤が必要な場合など）。

したがって，この場合は，多角化型 M&A の難度が相対的に高く，同業他社との M&A を志向したほうが無難といえる。また，同業他社との M&A であっても地理的距離を考えると，PMI のスタイルも独立運営型（P114参照）を採用するのも一考である。

―第6章―

スモールM&Aの要諦
（売主編）

第1節 プレM&A

(1) プレM&Aの必要性

スモール企業の売主の場合，M&A自体が一生に一度出会うかどうかという取引であるため，M＆Aの検討初期の段階では「自分の会社はいくらで売れるのか」，「売却方法はどのようなものがあるのか」，「売却するとした場合，事前にどのような準備が必要なのか」，「具体的にどのような作業や手順を踏む必要があるのか」というようにさまざまな不安が頭をよぎる。そこでまずはM&Aの入門書や専門書を読んだり，M&Aにまつわるセミナーに参加したり，あるいは必要に応じてFAとコミュニケーションをとったりしながら，M&Aの概要について理解を進めればいいだろう。そして次のステップとして，下記のような理由から，プレM&Aをしっかり行ったうえで本格的にM&Aの検討に入っていくことが望ましい。

① M&Aプロセスを有利に進め，好条件で売却できる可能性が高くなる

当然ながら売主はできるだけ好条件で売却することが目標である（特に売主は取引金額の最大化が一番の目的であるケースが多い）。エクセキューションに入る前に用意周到にプレM&Aを行うことによって，注意すべきポイントが明確になり，あらかじめさまざまな対策を講じることができることから，プレM&Aをしなかった場合と比較してM&Aプロセスを有利に進めて，MOUやDAの交渉の場で好条件を引き出せる可能性が高くなる[1,2]。

② 余裕を持ってエクセキューションを進めることが可能になる

エクセキューション期間は現業と同時並行となるので，1つひとつの作業や協議を進めていくのは大変な労力を要する。そういう体力的・精神的にタフな状況に陥ると，集中力が散漫になったり，気持ちに余裕がなくなったりして，経営判断を誤ってしまう可能性が出てくる。また，開示資料の準備を，比較的時間に余裕があるプレ M&A の段階で行うか，エクセキューションに入った後の時間的制約が大きい中で対応するかという違いがあるのも見逃せない。

③ プレ M&A によって負担が大きく増えるわけではない

プレ M&A を行うことは骨を折る作業だと考えるかもしれないが，スモール企業は小規模であるため，膨大な準備を行う必要はない。少しテコ入れをするだけで買主の心証がよくなることが期待できるので，特に DD で問題視されやすい部分に集中して対応すればよいだろう。

なお，プレ M&A の作業は，(2)，(3)で解説しているとおり「見える化・魅せる化・磨上げ」と「売却戦略の構築」の2つに分けられる。

(2) 見える化・魅せる化・磨上げ

① 概　要

「見える化」とは，「主として取引条件の悪化原因となるような対象会社に内在する問題点を明らかにする活動」をいう。「魅せる化」とは，「見える化で明

---

1) 加えて，初期的検討段階で必要十分な情報をスムーズに買主に提示することを可能とするため，買主に与える心証もよくなる。

2) もし，急な業績悪化や取引金融機関からのプレッシャーなどで追い詰められて，後ろ髪を引かれる思いで売却を決断する場合は，プレ M&A をする余裕もなく，後々の条件交渉において苦しい立場に追い込まれる可能性が高い。

らかになった問題点を，買主がポジティブに受けとめるように情報発信して直接的に取引条件の改善を目指す活動」をいう。「磨上げ」とは，「見える化で明らかになった問題点を，企業内部の改善により間接的に取引条件の改善を目指す活動」をいう。見える化・魅せる化・磨上げは，次の６つの項目に分けたうえで，まず「見える化」を行ってから，個々に「魅せる化」または「磨上げ」の作業を進めていく（【図表6-1-1】参照）。

図表6-1-1　見える化・魅せる化・磨上げの全体図

項目	見える化	魅せる化・磨上げの例示（注）
ⅰ.基本情報の整備と開示	企業の基本情報の確認（例：沿革，経営理念，組織図）とそれらの情報の外部発信状況のチェック	<u>HPや外部向け資料（例：チラシ，パンフレット）の作成または更新</u>
ⅱ.主要業務プロセスの見直し	ブラックボックス化された業務の特定	売却後も支障なく業務が継続できる体制の構築（業務マニュアルの作成，担当者の配置換えなど）
ⅲ.ガバナンス体制の見直し	属人的経営となっていないかどうかの見極め	組織的経営体制への移行
ⅳ.非財務課題への対応（②，③以外）	上記ⅰ.からⅲ.以外で買主に指摘され条件悪化の要因となりうる定性的問題点の把握	【図表6-1-2】参照
ⅴ.財務課題への対応	買主に指摘され，主として取引金額の減額要因となりうる定量的問題点の把握	P68参照
ⅵ.知的資産の棚卸し	対象会社の知的資産の分析・評価（売主が気づいていない対象会社の独自の強みや隠れたる価値の把握）	<u>「事業価値を高めるレポート」，「知的資産経営報告書」，「経営デザインシート」</u>などの作成

（注）下線が「魅せる化」に該当する。

第6章　スモールM&Aの要諦（売主編）　247

②　見える化・魅せる化・磨上げの期待効果

　下記のとおり，「対象会社の適正な評価」，「クロージング確度の向上」，「ＰＭＩの円滑化」，「事業リスクの低減」など，さまざまな面で売主にとって取引条件の改善に導く効果が期待できる。

ⅰ．基本情報の整備および開示

●概　要

　HPはHP閲覧者の心証に直感的に影響を与えるものである。特にHPがないと企業としての信用が疑われる可能性もある。そのため，プレM&Aの段階で，対象会社のHPがない場合は新たにHPを作成し，HPはあるが外見や内容が気になる場合はリニューアルしたほうが無難である。なお，この場合，必ずしも業者に外注して相応のコストをかけて高品質なものを用意するまで求めているのではない。今では簡単にHPが作成できる無料または低コストのITツールがあるため，それを利用すれば外部に委託せずともそれなりのものが自社で作成できる。

　また，HPに掲載する情報は，一般的なもの，すなわち，企業概要，経営理念，沿革，製品・サービス概要といった内容で十分である。これらは初期的検討段階またはDDにおいて必ず買主から情報開示をリクエストされるものであるため，HPの情報で代用できるならばM&Aプロセスの円滑な進行にも役立つ。

　また，チラシやパンフレットといったマーケティングや営業目的の資料も，上記と同様のロジックで対応すればより好ましい。

●期待効果（魅せる化）

- クロージング確度の向上：スモール企業は企業の信用力が脆弱である場合が多い。企業情報を整理し洗練された形で発信すると，買主は安心感を感じることができるため，初期的検討やDDを円滑に進めることにつ

ながり，その結果，クロージングの確度を高めることが期待できる。

ii．主要業務プロセスの見直し

●概　要

　スモール企業の場合，人的リソースが限定的であるため，ある従業員が長年ずっと特定の業務に従事していたり，逆にある従業員がさまざまな業務を担当している場合がある。そういった場合，それらの業務の進め方やコツなどを他の従業員がまったく把握していない可能性があるため（ブラックボックス化），仮に，M&Aを機にそういった従業員が退職してしまうと，その業務が回らないという事態が発生してしまう。そこで，主要業務がブラックボックス化していないかどうかを確認し，もしそのような事実が存在している場合には，次のような対策を行うなどして，支障なく業務遂行ができる体制を事前に構築しておく。

- 業務を標準化するために業務マニュアルを作成する（必要最低限なものでかまわない）。
- 特定の業務を必ず複数人が対応できるように手当てしておく。
- 担当者の配置換えを行う。

●期待効果（磨上げ）

- PMIの円滑化：主要業務プロセスの見直しが行われていると，買主はクロージング後円滑に対象会社の事業運営をスタートすることができる。
- 事業リスクの低減：万一従業員が退職したとしても，その場合の手当が事前に用意できているため，買主は安心して買収することができる。

iii．ガバナンス体制の見直し

●概　要

　スモール企業の場合，経営力が売主の属人的活動・能力に紐付いていることが多い。そのため，M&Aによって売主が経営から関与しなくなると，重

要取引先が離散したり，業績が悪化するおそれがある。そこで，もし，対象会社が属人的経営となっているようであるならば，事前に次のような手当てを行い，組織的経営体制に移行しておく。

- 売主が抱えている重要取引先をキーマンに引き継がせる。
- 売主からキーマンに権限移譲を進め，経営参画意識を植えつける。

● 期待効果（磨上げ）

- 事業リスクの低減：売主の引退をきっかけとして対象会社が弱体化するリスクを低減できる。
- PMIの円滑化：組織的経営体制が構築されているとPMIをスムーズに運ぶことが期待できる。

ⅳ．非財務課題への対応

● 概　要

上記ⅰ．からⅲ．以外の非財務課題で，DDなどで買主に指摘され取引条件の大幅な悪化やディールブレイクの要因となりうるような重要な事実は，可能な限り見える化して事前に磨上げをしておく（【図表6-1-2】に例示）。

250

図表6-1-2 非財務課題の見える化・磨上げ

見える化	磨上げ
重要文書の整備状況の確認	重要な契約書はすべて整備し，無用なリスクを排除する（特に対象会社と売主や親族との取引については契約書の存在を確認するだけでなく，契約内容にも注意が必要である）。
社内規定の整備状況の確認	スモール企業では本来あるべき社内規定が存在しなかったり，内容に不備があるケースがある。後者の典型的な例として就業規則の不備がある。就業規則の内容が法令に則していなかったり，実態と異なるという点が確認されたりする。そういった場合，顧問弁護士などのサポートを得ながら，規則の改訂などしかるべき対応を行う。
少数株主が存在するかどうか	売主の他に少数株主が存在する場合，買主は全株式の取得を希望することが一般的であるため，少数株主の意向を確認して，売却に応じるように説得する（詳細はP260にて解説している）。
キーマンの影響力の程度	キーマンの存在が大きい場合は，状況が許すのであれば，エクセキューションに入る前に売却後の意向について確認する（例：継続雇用を望むのか，処遇に具体的な希望があるのか）。もしネガティブな回答であるならば，キーマン不在を前提とした事業運営体制の検討を始めるべきである。一方，キーマンへの確認がDA締結後でないと難しいのであれば，キーマンがM&Aに同意しない場合のバックアッププランを用意しておくことが無難である。

● 期待効果（磨上げ）

- 事業リスクの低減：内部管理体制が強化されるため，故意や過失が発生する可能性が少なくなる。
- クロージング確度の向上：クロージングを阻害する要因が特定され，事前に可能な限りの対応を行うことから，ディールブレイクの可能性を小さくすることができる。

第6章 スモールM&Aの要諦（売主編） 251

ⅴ．財務課題への対応

●概　要

DDなどで買主に指摘され，主として取引金額の減額要因となりうる問題点は，可能な限り見える化し事前に磨上げをしておく。

なお，磨上げの例示については，P68の「⑹DD（個別DDにおけるポイント整理）①財務DD」を参照されたい[3]。

●期待効果（磨上げ）

- 対象会社の適正な評価（その1）：買主の心象を損なうような財務上のリスク要因を可能な限り排除できる。その結果，決算書の信頼性が向上し，財務DDでの指摘事項が少なくなるため，買主が対象会社の価値を不当に低く見積もるリスクが低くなる。
- 対象会社の適正な評価（その2）：各種磨上げを通じて対象会社の正常収益が把握できる。その結果，対象会社の本来の実力があぶり出され，かなり精度の高いバリュエーションを行うことができる。

ⅵ．知的資産の棚卸

●概要

対象会社の知的資産の棚卸を行い，それらを整理することで，対象会社の独自の強みを把握する。そして，整理された情報は，初期的検討段階やDDのタイミングで買主に開示して，対象会社の魅力を積極的にアピールする。

なお，このとき，売主や対象会社が認識している知的資産のみならず，認識していない隠れたる価値を気づくように心がけ，それら全体を整理することが重要である。ちなみに，その際に，P74で解説した経営分析フレームワークを利用するとMECEに見える化できるため非常に役に立つ。

ただ，対象会社の有する知的資産を整理することができたとしても，それで十分ではない。知的資産というものは目に見えず価値が測定しづらいもの

---

3) 買主向けの解説であるが，そのまま売主が事前に磨上げしておくべき内容として読み替えることができる。

であるため，きちんと魅せる化までに昇華させる必要がある。つまり，整理した内容に対し，買主に十分な納得感を抱かせ，正当に評価をしてもらう必要がある。そのためには，次の点がポイントとなる。

- 経済産業省が推進する「知的資産経営」に基づく報告書（「知的資産経営報告書」），それを簡素化した中小機構が公表する「事業価値を高めるレポート」，あるいは内閣府が推進する「経営デザインシート」といった形式で取りまとめて開示すると，関係者の理解が容易に進むことが期待できる。
- 知的資産は単独では機能しないことが多く，知的資産が相互に絡み合ってはじめて企業独自の強みとなって現れることが多いため，それぞれの知的資産の相関関係（価値の連鎖）を見せる必要がある。
- 知的資産を使って，今後の経営にどのように活かしていくかという道筋（成長ストーリーや経営戦略ともいえよう）も見せる必要がある。

●期待効果（魅せる化）
- 対象会社の適正な評価：対象会社が有する知的資産を網羅的に整理して買主にアピールすることで，取引金額の嵩上げなど，好条件を引き出すことを可能にする。
- クロージング確度の向上：M&Aプロセスの早い段階で開示すると（例：トップ面談で積極的にアピール），買主からさらに関心を引き出すことが期待できる。

(3) 売却戦略の構築

大規模M&Aでは，株主や取引金融機関といったステークホルダーの要請や証券アナリストの厳しいコメントといった外部からの声でM&Aを決断する場合が珍しくない。一方，スモールM&Aでは売主の独断でM&Aが実行されることが一般的であるが，その決断をした時にはすでに手遅れの状況に陥

っている場合もある（特に事業承継型 M&A の場合）。

そこで，比較的時間に余裕のある段階から，売主においても，買主と同じように，以下列挙した項目に沿って売却戦略を構築することが望ましい。

① 売却タイミングの見極め
② 買主候補の選定
③ ステークホルダーの対処方針
④ 少数株主対策（存在しない場合は不要）
⑤ 売却後のプランの明確化

なお，この場合，できれば FA や外部専門家といった外部の第三者からの客観的意見を踏まえながら進めたほうが，より精度の高い戦略を立案することが期待できる。

① 売却タイミングの見極め

M&A を考えている売主は，大変難しい判断ではあるが，以下に示すように「売り時を逃さない」ということと「拙速に売り急がない」という両面を注意する必要がある。

ⅰ.「売り時を逃さない」という視点

買主は買収意向を表明するだけであれば何も失うものはない立場にあるが，売主のほうはそうはいかない。仮に強い売却意向があったとしても，ステークホルダーから反対されることを恐れたり，これまで手塩にかけて育ててきた自社を手放すことに踏ん切りがつかないといったことが背景にあるからである。

売り時を逃すと，対象会社の価値は下落していき，気がついた時には売却しようと思っても安値でしか売れない，最悪の場合，手遅れとなり買主が現れず廃業に至ってしまうというケースもある。

特に事業承継型 M&A の場合，事業承継自体に次のような事情が潜んでいるケースがあるため注意が必要である。

- 事業承継問題の解決が治療型（今すぐ対処が必要）ではなく予防型（いつかは対処が必要）である

　事業承継問題が深刻な形で表に現れるのは，先代オーナーの体調不良，著しい業績不振，資金繰りの急速な悪化，後継者候補の死亡といった緊急性を伴う問題が発生した場合が多い。この場合，問題解決と時間との戦いとなるため，廃業リスクが急に顕在化し手遅れとなる可能性が出てくる。しかしながら，先代オーナーは問題が表面化しない段階では，潜在的なリスクに気づいてはいるものの今すぐ対処が必要ではないと考えて放置しがちである。

- 親族内承継が遅々として進まない（先代オーナーの本音と子息の本音）

　親族内承継を前提に事業承継計画を進めていたとしても，先代オーナーは「まだまだ私が事業を引っ張っていく（死ぬまで辞めたくない）」，「（こんな大変な事業を）子息に継がせたくない」といった本音が根底にあったりする。一方，子息のほうも「（斜陽産業，恰好悪いといったことを背景に）継ぎたくない」というネガティブな気持ちが優先していることもある。

- 対象会社に対する先代オーナーの強い愛着

　事業承継問題に直面する企業は業歴が長く，業界や企業のライフサイクルで見ると，衰退期あるいは間もなく衰退期を迎える場合が多い。しかしながら，業歴が長いほど先代オーナーの対象会社に対する愛着が深くなり，今後さらに厳しい状況に陥ることをわかっていても，事業承継問題に背を向けて適切な対処をとらない場合がある。

　また，事業承継型M&A以外の場合でも売り時を逃すケースがある。例えば，売主が事業にかける情熱が減退しているが売却に踏ん切りがつかない場合である。スモール企業は経営者の属人的な能力に依拠している部分が大きい。したがって，売主の事業意欲が低下した場合，企業に与える負の影響は計り知れず，決断を先延ばしにした分だけ企業の価値にも悪影響を与える

第6章　スモールM&Aの要諦（売主編）　255

ことにつながる。したがって，仮に売却を決断したとしても，時すでに遅し
で好条件で売却できない可能性がある。

ⅱ．「拙速に売り急がない」という視点

ⅰ．とは逆説的ではあるが，売主は拙速に売り急がないという視点も持って
おく必要がある。例えば，業績が右肩下がりとなっているからといって急いで
売却するのは得策でない場合がある。事業再生コンサルタントなどの専門家の
意見を聞き，じっくりと時間をかけて業績を改善させてからのほうが結果とし
て高値で売却できることもある。

そこで，売主は日頃より気軽に相談でき，かつ信頼の置けるFAと良好な関
係を維持しておくことが大事である。ここで信頼の置けるFAとは，売主が直
感的に対象会社を売却したいと伝えたときに，熟慮することなくすぐに売却す
べきと進言するのではなく，多面的かつ客観的な視点から，売主の利益最大化
に則したアドバイスを行ってくれるFAのことをいう。

ⅲ．売却タイミングの判断軸

売却タイミングについては，上述したⅰ．とⅱ．の視点を頭の片隅に入れなが
ら，【図表6－1－3】に例示したような判断軸を総合的に勘案したうえで決定す
ればいいだろう。

図表6−1−3　売却タイミングの判断軸（例示）

内部環境の変化

心の状態	事業意欲の減退
技の状態	経営者としての旬を超えた
体の状態	健康状態の悪化

外部環境の変化

政治（Politics）	規制緩和などによる競争環境の激化
経済（Economy）	経済情勢の悪化が予測
社会（Society）	顧客ニーズの変化
技術（Technology）	技術の陳腐化

ⅳ．売却タイミングを見極める際に留意しておく事項

　前述のとおり，売主は「売り時を逃さない」ということと「拙速に売り急がない」という両面に注意を払う必要があると述べたが，これらはいずれも自己の判断に基づきスムーズに売却が成立することが前提となっている。しかしながら，実際には，次のような理由により，自分の思いどおりに事が運ばない可能性があることを理解しておく必要がある。

- 会社というものは，ステークホルダーとのしがらみなどもあり，いつでも気軽に売却を決断できるものではない。
- 非上場会社の場合は，株式市場で売却するという手段をとることができず，売却先を見つけにくいため，そもそも容易に売却できるというものではない。
- 企業の売却可能性は，企業の経営成績，財政状態，成長性といった企業自らの状況のみならず，景気動向，技術革新，業界トレンドといった外部環境にも大きく左右される。

②　買主候補の選定

　買主候補の選定に際しては，P47にて解説した流れで進めたらいいだろう。ただし，これからは，M&Aマッチングサイトを活用する方法も選択肢として十分ありうる。幅広く買主を募ることができることがM&Aマッチングサイトの大きな魅力であるため，この方法で買主探しをする場合，次のような効果が期待できる。

- 対象会社が人気業種に属していたり，業績が好調であると，数多くの企業（または個人）が買主候補として名乗りをあげてきて，売主にとって有利な競争環境を構築できる可能性がある[4]。
- 売主が想定していない企業（または個人）が買主候補として手を挙げてくる可能性がある。その場合，売主が思いもよらないシナジーを想定している可能性もある[4]。
- たとえ対象会社が業績不振であったり不人気業種に属していたとしても，幅広く買主を募ることができるため，買主候補を見つけることができる可能性がある。

③　ステークホルダー対策

i．従業員をはじめとしたステークホルダーへの十分な配慮

　売主は対象会社は自分のものという意識が強いかもしれないが，売却によって影響を受けるのは売主だけではなくステークホルダーも含まれる。特に従業員への影響は計り知れない。いささか大げさかもしれないが，従業員の家族にも影響を与えることになる。したがって，売主は自社を売却すると決めたならば，できるだけ早く行動に移し，その決断を合理的理由なく後で取り消したり先送りしないことが肝要である。また，売主は自らの利益だけを考えて判断を下すのではなく，全体最適を目指した取引となるよう最大限配慮することが望

---

4)　したがって，これらの場合，売主にとって有利な条件で交渉することが期待できる（例：取引金額がつり上がる）。

まれる。

ⅱ．ステークホルダーに対する秘密情報開示のタイミング

M&Aを検討している事実については，次のようなリスクに鑑み，ＤＡ締結まではステークホルダーに話をすべきではないのが基本スタンスである。

- 従業員に知れてしまうと，売却後の対象会社の姿，自らの処遇などについて不安を持つことがある。従業員は基本的に自らの力でどうすることもできないが，退職という選択肢をとることはでき，対象会社の価値を損ないかねない。
- 取引先に情報が流出すると信用不安を惹起する可能性があり，取引条件の不利益変更を要求されたり，M&Aプロセスの進行を妨害したりする可能性がある。また，外部者のためなおさら情報管理の統制がとれないことから，同業他社などに情報が漏洩するリスクもある。
- 取引金融機関の場合，対象会社が優良顧客であればあるほど，売却によって顧客を失いたくないという心理が働き，M&Aに反対してくる可能性がある。

ⅲ．取引金額と従業員の保護との関係

売主はM&Aの実行において従業員の保護を求めるケースが多いが，取引金額との間では反比例の関係にあることを理解しておく必要がある。

取引金額は理論的には対象会社の将来事業計画によって決まる（厳密には将来に生み出すキャッシュフローになるが，ここでは理解を容易にするために簡略化する）。取引金額が高いということは対象会社に対する買主の将来事業計画の期待がそれだけ高いことを意味し，言い換えると買主の期待する投資利回りを満たすためには，対象会社はそれだけの業績を上げなければいけないということである。将来業績を作り出すのは，対象会社の従業員である。したがって，売主は高値での売却を主張すればするほど，対象会社の従業員は大変な思いをしながら業績を上げていかなければならない。売主は創業者利益の確定と

いった理由で対象会社をできるだけ高値で売却したいという気持ちは大変理解できるところではあるが，一方で従業員の立場も理解したうえで総合的に判断していただきたい。

iv．クロージング後に従業員が不当な扱いを受ける可能性

　経営者は現場の細かいところまで常時目を光らせることまではできない。場合によっては，買主自身が意図していなくとも，現場レベルでパワハラ，いじめ，不当な残業などが発生して，従業員が連続して退職していくこともある。また，そもそも買主が心変わりして従業員に対し配置転換やリストラまがいのことを行う可能性は否定できない。その原因が，従業員の力量が想像よりも劣っていたり協調性に問題があったりすることもあり，一方的に買主を非難すべきではないが，売主としてはそのような可能性がある点は理解しておくべきであろう。

ｖ．売主の親族との十分なコミュニケーション

　売主の親族が対象会社の株式を一部保有していたり，役員や従業員といった立ち位置で対象会社の事業運営に関与している場合，売主は売却の意思を固めた時点で，M&Aプロセスを進めるのに先立ち，親族を集めて親族会議を開催し，株式売却や事業運営の継続関与についての意向を確認することが望ましい。

　なお，親族が対象会社の役員や従業員であり，売却を機に現場を離れる意向である場合は，対象会社の事業運営に支障が生じることがある。特に営業など業績に直結する職務についている場合は，売却後の事業運営に大きなダメージを与える可能性がある。そのような場合，売主はその者に対しクロージング後も一定期間は業務を継続することを要請し，理解が得られるよう十分な努力を行うことが望ましい。ちなみに，親族が管理業務に従事している場合は，業務の個別性が低いことが多いので，一般的に影響は限定的である。

　ちなみに，親族会議を開催する場合には，次のような点に留意する必要がある。

図表6-1-4　親族会議開催時の留意点

守秘義務の徹底	・M&Aを検討している事実について守秘義務を順守させる ・事前に覚書やNDAを用意し，会議の場で署名押印を求める
フォーマルな場の設定	・会食付きでも，会議自体はフォーマルな場を設定して開催することが望ましい ・飲食後では合理的な判断ができない可能性があるため，会議は会食前に行う
全員参加	・効率的に合意を取り付けるべく，対象会社と一定の関係性を有する親族は全員参加するようスケジュールを調整する ・全員揃った中での判断は同じ方向に意思決定を誘導できる可能性がある
会議の記録	・会議での議論や合意内容について，事後に言った言わないというトラブルを回避するために，議事録やメモを残したり，録音しておくことが望ましい

④　少数株主対策

ⅰ．少数株主から株式買取の同意を取得する際の留意点

　対象会社に少数株主が存在する場合，売主が当該少数株主から株式買取りの同意を取得する際には次の点に留意すべきである。

- 売主と少数株主との関係性や株式買取りがセンシティブな問題であると，基本的にFAなどの第三者でなく売主本人が同意の取得を試みるべきである。FAは，必要に応じて売主に寄り添って背後でさまざまなサポートを行えばいいだろう。ましてや買主を巻き込むのは，少数株主から無用な反発を惹起するおそれがあるので，避けるべきである。
- 個別に意向を確認すると手間であるし，個々の判断がバラバラになりやすい。したがって，会議形式にして全員一律で同意を取得することを試みる

ことが望ましい。

- 買取価格については，少数株主に対し最大限の配慮を行うことが望ましい。買取価格を提示する際には，第三者である外部専門家により算定された評価額を提示すれば納得してもらえる可能性が高まるだろう。ただ，配当還元方式による評価額は著しく低くなることが多いため，それで買取りの提案をすることはなるべく避けたほうがよい。

なお，少数株主が売主と疎遠であったり良好な関係でないため株式買取にかかる同意の取得に支障がある場合には，FAや外部専門家と協議するなどして，別途対策を検討する必要がある。

ⅱ．親族が少数株主である場合の留意点

スモール企業においては，相続，税金対策，共同創業者といった事情により，親族が対象会社の株式を保有している場合がある。この場合，株式を保有している親族全員からM&Aにより株式を売却することについて同意を取得するよう努める。確かに，キャッシュアウトによって株主たる地位を奪うことも可能ではあるが，親族との密接な関係性を考えた場合，そのような手法を活用することは基本的に避けるべきであろう。

⑤ 売却後のプランの明確化

売却後の身の振り方が明確でないと，M&Aプロセスの最中において売却を躊躇することにもつながりかねず，買主やFA，さらにはステークホルダーなどさまざまな関係者に迷惑をかけかねない。したがって，売主はもし売却後のプランを設定していない場合，粗々でもいいので，次のような形で，あらかじめ売却後のプランを用意すべきである。

図表6-1-5 売却後のプランの例示

事業から完全に引退し，趣味などに生きる

海外旅行，海外移住，スポーツ，園芸，絵画など種類は問わない（ただし，すぐに飽きてしまうという話も聞く）。

経営者としての知見を活かす

業界研究，事例調査，講演会開催などを目的として，個人研究所，一般社団法人，財団法人などを立ち上げる。また，買主と相談のうえで対象会社の経営に引き続き何らかの形で携わるのも一案である。

再度事業を立ち上げる

個人事業主または法人形態で起業して再度事業をスタートさせる。または，興味のある事業を営む企業を買収する。

投資家として生きる

個人投資家として株や不動産といった伝統的投資商品に投資する。あるいはエンジェル投資家として若い世代の起業家を支援する。

第2節 個別M&Aプロセスにおけるポイント

(1) 初期的検討段階

① 初期的情報の開示内容とタイミングについて

プレM&Aの段階で「魅せる化」作業を行った場合，その成果が早くもここで役に立つ。

しかし，その情報は初期的検討段階で必ずしも開示しなければならないというものではない。特に買主が同業他社の場合には，NDAを締結しているとはいえ，ディールブレイクした際の悪影響を考えて，開示内容や開示のタイミングについて慎重に判断したほうがいい（例えば，同業他社の場合，主要な取引先についてはこの段階では開示しないといった要領である）。

一方で，初期的情報開示の段階で買主にとって満足がいくレベルの情報を開示したほうがいい場合もある。例えば，売主が売却を急いでいる場合，不人気業種や不人気企業の売却の場合などが挙げられよう。この場合，売主の立場としても，後々のDD対応が楽になるというメリットがある。

上に例示したように，初期的検討段階で，買主にどの情報をどれだけ開示して，何をDDにおいて開示するかについては，売買当事者それぞれの魅力度や属する業界，あるいはM&Aにかける本気度などを総合的に勘案しながら判断する[5]。対象会社にかかる情報には中にはセンシティブなものもあり，判断に迷う部分があろう。したがって，売手はできればFAに相談したうえで判断すべきである。

---

5) 初期的情報の開示を行った後，買主から追加で情報開示のリクエストがあった場合も同じ要領で判断する。

いずれにせよ，どの時点でどのような情報を開示するかについては売主がコントロールできる部分であることから，買主との関係性や交渉力の強弱などの状況も鑑みながら，このアドバンテージをうまく活用されたい。

② 初期的情報の開示様式

初期的情報を IM の形で開示する場合，IM には一般的なフォーマットがあるものの対象会社の情報を取りまとめるには多少の手間があり，また適当な形に取りまとめるコツといったものがある。したがって，FA に作成を依頼するか，対象会社自身で取りまとめるものの FA から一定程度サポートしてもらったほうがいいだろう。

③ 買主への積極的なアピール

M&A プロセスの初期段階では，買主が対象会社の買収に極めて強い関心があるというまでには至らなくても，売主に M&A を打診してくるケースがある。

その買主が売主にとって決して望ましい相手と考えられないならば，前に進めず断ってしまうことも 1 つの選択肢である。

一方で，売主がもともと期待していたような相手であるならば，買主の買収意欲を高め，M&A プロセスを次々と進めていくべく能動的なアクションをとることが望ましいだろう。確かに，買主は，特に M&A の検討初期の段階では，企業の通信簿である過年度の決算数値といった定量的な情報に基づき，直感的に買収候補のよし悪しを見極めがちである。しかしながら，以下に述べるような方法で，買主の買収意欲を高めることは可能である。

●経営理念やビジョンについて熱意を持って伝える

長年守り続けてきた企業の経営理念やビジョン（ありたい姿）について熱く語ることにより，買主から強い共感を引き出せる可能性がある。ただし，ビジョンとして話す内容は現実性を伴っていることに注意を払う必要がある。過度に楽観的でリアリティの欠けるビジョンは，買主から実現可能性に乏し

第6章　スモールM&Aの要諦（売主編）　265

いと見破られ，買収意欲を高めることにつながらない可能性のほうが大きい。

●買収することで得られるベネフィットに気づきを与える

　M&Aを通じて買主が享受するシナジーは，本来買主自身で考える必要があるが，売主や対象会社から能動的にシナジーのアイデアを提案し買主とディスカッションする。対象会社が貢献できると思うところはどんどんアピールしていき，買主に新たな気づきを与えることができると望ましい。

●買主に先回りした質問を投げかけ，前向きに対応する

　買主にM&Aを進めるうえでの困りごとや懸念材料について逆に質問を投げかける。例えば，買収後の引継ぎとして買主は何を対象会社や売主に求めているかをヒアリングし，それに対して売主はどのように協力できるか積極的に提案したり，前向きな議論を行う。

(2)　DD

①　DDにおける積極的な対応

　DDは売主にとって最も受け身なプロセスである。特にDDで対象会社の秘密情報を開示することに対して心理的抵抗感を示すことが多い。しかしながら，DDで必ず開示が求められるような情報は買主からリクエストされる前に先回りして開示するなど，売主が積極的な対応を示すと，売主としても次のようなメリットが期待できる。

- 買主は対象会社をより綿密に分析できるようになり，DAの時点でシナジー効果の定量化まで行える可能性が高まることから，売主にとって有利な条件を引き出すことが期待できる（特に取引金額の嵩上げ期待が高まる）。
- 買主からの心証がよくなるため，買主はより安心感を感じるようになり，その結果，信頼関係の醸成にもつながることから，クロージングの可能性が高まる。
- DDが長期間に及んだり，買主からいたずらに詳細な情報開示リクエスト

がなされることが回避でき，DDの対応にさほど大きな負担を要しないことが期待できる。

上記とは逆にDDに消極的な対応をとると，買主は事業リスクを高く見積り，取引金額や表明保証条項などにおいて，買主から不当に不利な条件が提示されるリスクが高まる。

ちなみに，ある報告では買主がディールブレイクを選択した際の理由の1位に挙げたのが「判断材料としての情報が不足していた」ということであり，その点からも積極的な情報開示が求められるといえよう（【図表6-2-1】参照）。

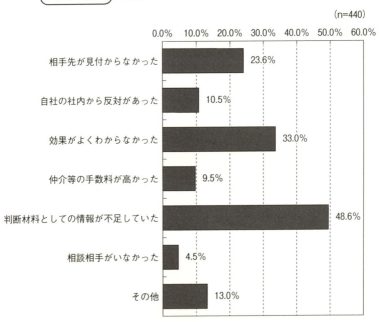

図表6-2-1　買主がディールブレイクを選択した際の理由

(出所) 三菱UFJリサーチ&コンサルティング㈱「成長に向けた企業関連系統に関する調査」
（2017年11月）

第6章 スモールM&Aの要諦（売主編） 267

② その他の留意点

ⅰ. 資料の手配に余計な手間をかけない

DDでは資料に基づきさまざまな分析・検証が行われることになるが，買主から依頼された資料がない場合でも，手間をかけて新たに資料を準備するのではなく，できる限り他の情報で代用することを心がける。例えば，情報開示を依頼された資料が整備されていない場合でも，売主が口頭で懇切丁寧に説明を行い買主がそれを必要十分な情報と考えるならば，それで十分である。事業のことを誰よりも，また資料よりも理解しているのは売主自身である。

ⅱ. いい加減な説明はしない

DAにおいて「売主や対象会社に関する一定の事実が真実かつ正確である」という売主の表明保証が盛り込まれることが一般的であるため，売主は不明瞭な資料の提供や口頭でいい加減な回答をしないように十分注意しなければならない。

(3) スキーム

売主は，スキームを検討するうえで，単に取引金額の水準だけを気にすればいいというわけではなく，税引後の純手取額で考えることが必要である。よく見かけるのが，売主が取引金額全額を対象会社の譲渡対価として受け取るのではなく，税務上のメリットを鑑み，クロージング前に取引金額の一部を役員退職慰労金として受け取るケースである[6]。したがって，売主は，どのようなスキームを採用するかについては，税引後の純手取額の多寡を判断軸の1つとして，顧問税理士などに相談することが望ましい。

---

6) 役員退職慰労金は所得税法上退職所得に該当し，クロージング前に対象会社から売主に役員退職慰労金を支払ったほうが，売主の税金負担が小さくなるケースが多い。

(4) バリュエーション

　売主も買主と同じように，P85に記載したバリュエーション手法を用いて対象会社の価値を算定することになる。この際，P74で解説した経営分析フレームワークを活用して，財務情報・非財務情報を整理し対象会社の将来の成長期待などを見極めたうえでバリュエーションを行うと，より精度が増す。

　なお，売主の場合は，買主とは異なり対象会社の情報は既に手元にあるため，プレM&Aの段階から対象会社の価値を高い精度で見積もることができる[7],[8]。

　ただし，その後，バリュエーション結果に影響を与えるほどの外部環境・内部環境の変化があれば見直す必要が出てくる（例：対象会社の業績が大きく変動した，対象会社の事業に多大な悪影響を及ぼす天変地異が発生した，従業員の離職が相次いだ）。

(5) DA

① リスクリバーサル条項の協議について

　P102で解説したリスクリバーサル条項は，売主の立場からは基本的に受け入れるべきではない。例えば，次のような理由があると，買主に対してこの条項を含めないことを主張しやすい。

- 売却収入についてクロージング直後に具体的な使途がある。
- 十分な担保を有していない。
- 買主の信用力が乏しい。

---

7)　買主は情報の非対称性が解消されていくに伴って，バリュエーション結果を修正していくことが一般的である。

8)　ただし，P244のプレM&Aの見える化・魅せる化・磨上げのプロセスで，「ⅴ．財務課題への対応」を行い対象会社の正常収益をきちんと算定していることが前提となる。

第6章　スモールM&Aの要諦（売主編）　269

・買主の誠実性に疑義を感じる[9]。

　ただ，最終的には売買当事者間の交渉力の強弱やM&Aにかける意思の強さなどにより，この条項が盛り込まれるのか，盛り込まれる場合の条件はどうなのかが決定されるだろう。

②　キーマン条項

　DAにキーマン条項を盛り込むべきかどうか，具体的条件（役職，報酬，期間など）をどうするかについては，次のような点を勘案したうえで買主と交渉すべきである。

---

9)　買主がリスクリバーサル条項に基づく権利を不当に行使するリスクを感じることを指す（例えば，クロージング後に，正当な理由がないにもかかわらず，表明保証違反を主張する，担保権を行使する，分割払いを拒絶する，エスクロー口座からの出金を認めないといったリスクである）。

| 図表6－2－2 | キーマン条項を検討する場合の判断軸 |

キーマン条項の要否に影響を与える要素

キーマンの意思

キーマンが売主と同じタイミングで一緒に身を引くことを考えていないかどうか。

買主との相性

一定期間事業運営をともにするわけであるから，キーマンと買主との間の相性を考えることは重要である。

キーマン条項の具体的条件に影響を与える要素

事業の難易度

対象会社の事業運営の難易度が高いと，キーマンが残ることについて買主からの要請は強い。

M&Aの属性

多角化型M&Aであると，事業運営に精通しているキーマンが一定期間会社に残ることの要請は強い。

③　従業員からの同意の取り付け

　通常DA締結とともに，売主は全社説明会を開催したうえで別途個別面談を実施する。そこで従業員に対し，M&Aによって処遇の変更はないなどの説明を行い，従業員の不安を取り除く努力をする。なお，個別面談は役員または上席の従業員から順に実施していくのが望ましい。ちなみに，彼らがM&Aに同意する場合には，部下の従業員との個別面談に同席してもらうことも一案である。なぜなら，これからも上司部下の関係で一緒に働く上司から要請があれば同意する可能性は高まると考えられるからである（友好な関係性にない場合は逆である）。

第6章　スモールM&Aの要諦（売主編）　271

④　補償条項における補償範囲の限定に対する売主のスタンス

　補償条項における補償範囲の限定に対する売主のスタンスは（当然の帰結ではあるが）以下のとおりとなる。

（図表6-2-3）　補償条項における補償範囲の限定に対する売主のスタンス

請求金額の上限設定

　上限はできる限り引き下げることが望ましい。上限が高いと，買主から請求された場合，取引金額で賄えなく自己資金からの持ち出しとなったり，極端な場合は資金不足で自己破産に陥る可能性もある。

請求期限の設定

　請求期限はできる限り短いほうが望ましい。クロージング後に売却収入の具体的使途があったとしても，請求期限が到来するまではその全部または一部を使用することができなくなるためである。

請求にかかる最低金額の設定

　微細な損害で請求されるリスクを排除すべく，最低金額はできるだけ高く設定する。

⑤　対象会社と売主との間で特別な関係を有する資産

　売主の保有する資産を対象会社が利用しているケースがある。売主の保有している不動産を対象会社が賃借しているのが典型例である。クロージング後に買主が引き続き利用することを望む場合，株式譲渡であるならば，もともとの契約関係に影響を与えないため，特段手当は必要ない[10]（事業譲渡の場合には，売買当事者間で改めて賃貸借契約を締結する必要がある）。また，売主が個人的に利用する機会がある資産を対象会社名義で保有しているケースがある（例：営業用車両，ゴルフ会員権）。もし，売主がM&Aに伴い個人名義に移

---

10)　ただし，売主がクロージングとともに賃貸借関係の解消を求める場合，買主は代替手段を検討する必要がある（例：売主から不動産を買い取る）。

したい意向があるならば，クロージング前に売主に名義変更しておくほうが確実であろう（通常は対象会社から売主に譲渡する）。

(6)　PMI

①　クロージング後における業務の引継ぎ

　売主も PMI の当事者という意識を持つ必要がある[11]。買主にとっては M&A はクロージングしてからが本当のスタートとよくいわれるが，売主もクロージングしたらそれで終わりではない。

　中小企業の離職率は大企業よりも高いが，業歴の長い企業においては長年勤めて売主に尽くしてきたという従業員も多い。それが経営判断とはいえ他社に売却され，売主が突然いなくなると，これまでにない状況に直面することになり，自らの処遇の悪化や雇用の継続について不安を強く感じたりする。

　したがって，その対処の一環として，クロージングから買主が円滑に対象会社の事業運営ができるようになるまでの一定期間（半年から1年程度が多いようである），売主が対象会社の会長や顧問といった役職につき，買主への業務の引継ぎを行うことがある。なお，この場合，買主との間で無用のトラブルが発生することを回避すべく，売主の引継期間や役割については買主としっかりと擦り合わせをしておく必要がある。特に引継期間については次のような点に鑑みて判断すべきである。

---

11)　買主が個人の場合は，そもそも法人という枠組みを有していないことから，基本的にPMIは必要ではなく，対象会社のやり方や枠組みをそのまま使うことになる（ただし，買収というタイミングを契機に，個人買主から一定の見直しを要求されることは十分ありうる）。

第6章　スモールM&Aの要諦（売主編）　273

図表6-2-4　引継期間検討の判断軸

買主との相性

一定期間事業運営をともにするわけであるから，当然ながら相性は重要である（M&Aプロセスのコミュニケーションを通じて見極めることができよう）。

M&Aの属性

多角化型 M&Aなど，買主にとって不慣れな事業であると，買主からある程度長い期間，会社に留まることを求められる可能性がある。

売却後のプランとの兼ね合い

売却直後に具体的なプランがある場合，事業引継を短期間に限定するための交渉が必要となる。

DAでの条件

DAで合意した条件が売主の引継期間に影響を与えるケースがある。一例を挙げると，アーンアウト条項が含まれていると，アーンアウトの対象期間と引継期間を連動させることがある。

売主の意向

売主の対象会社への思いが強い場合，買主に売却後もできるだけ長い期間対象会社に関与することを要請してもいいだろう。

② クロージング後における事業運営の継続

　クロージング後においても買主から引き続き経営を依頼されるケースとして以下のような場合がある。

ⅰ．資本業務提携の場合

　クロージング後においても売主が対象会社株式を過半数保有する場合は，対象会社の経営者として引き続き在任することになるだろう。ただし，この場合でも，買主が一定の持分を取得することになるため，買主から役員の派遣や従業員の出向などを受け入れることが一般的である。

ⅱ. 個人買主の場合

　個人買主で資力はあれども経営能力に不安がある場合は，クロージング後においても経営者として事業運営の継続を依頼されるケースもある[12]。この場合，売主は雇われ経営者という立場に代わるが，引き続き対象会社に対して取締役としての義務（例：善管注意義務）を負担する。例えば，業績の著しい落ち込みなど経営に重大な問題が発生した場合，株主である買主から責任を追及される可能性がある。したがって，売主はそういったリスクを踏まえて慎重に判断すべきである。

③　売主の個人保証や担保の取扱い

ⅰ. 問題の所在

　スモール企業の売主においては，対象会社の取引金融機関に対して，個人保証していたり，個人資産を担保として差し入れているケースが多い。売主はM&Aにより通常対象会社の経営から退き，経営責任を負わなくなる。しかしながら，クロージング後も対象会社は存続し，クロージング後にしかるべきアクションをとらないと，売主の個人保証や担保は消滅せず何も変わらず存在する。したがって，例えば，クロージング後において対象会社が経営不振に陥り，それが買主の不適切な経営の結果だとしても，売主に対して保証請求がなされたり，担保権が行使されるおそれがある。

ⅱ. 対応策

　M&Aプロセスの過程で買主と協議を行い，クロージング後すみやかに買主が引き継ぐよう確約してもらう必要がある。しかしながら，買主の申入れにより売主の個人保証や担保を取引金融機関が解除してくれるかどうかは定かではない。例えば，買主が個人であったり，創業間もない法人である場合は，資力や担保余力が限定的であったり，信用力が乏しい場合も多いため，取引金融機

---

12)　人材紹介会社より会社経営のプロフェッショナル（通常は「プロ経営者」と呼ばれる）を紹介してもらうケースもある。

関が買主への個人保証の引継ぎを拒んだりするケースがある。このような場合，取引金融機関と協議のうえで売主のとりうる選択肢としては次のようなものがある。

- クロージング前に借入金を一括返済する。
- クロージング後においても，売主の個人保証や担保提供を一定期間継続する。
- 「経営者保証に関するガイドライン」（金融庁。平成29年12月改訂版）に基づく一定の条件を充足して，買主による個人保証の引継ぎや新たな担保提供を求めないことで合意する。

④ M&Aプロセスに入ってからの業績推移

　売主はクロージングに至るまでの業績推移には極めて神経を配る必要がある。もしM&Aプロセスの途中で大幅に業績が悪化すると，取引金額の減額につながる材料を与えることになってしまう。ここで難しいのは，売主は経営者として現業に従事しながらM&Aプロセスを進めなければならないということである。この点から，別途指摘しているように，売主はプレM&Aを実施する必要性が高いといえるし，FAや外部専門家のサポートを受けることの意義がある。

⑤ 売却することを怯まない

　特に事業承継型M&Aで当てはまることであるが，売主にとって対象会社は子供みたいなものといわれるほど愛着を感じている場合が多い。したがって，エクセキューションの最後の最後になって売却の決断ができないケースがある。その気持ちは大変理解できるものであるが，M&Aには相手方が存在し，またFAが関与しているし，そして何よりもステークホルダーが多大な影響を受けることから，誠実な態度とはいい難い。人は死んでも，事業は死なない。マクロ的観点でみれば，「外部をも巻き込んだ経営資源の再分配」ともいえよう。したがって，売却すると判断した経緯を思い出し，むしろ売却後の将来に目を

向けるべきと考えられる。

―第7章―

スモールM&Aの
さまざまな可能性

第1節　スモールM&Aにおいて活用しうる各種ITツール

(1)　M&Aテック

①　M&Aテックの定義とその範囲

　M&Aテックとは，「M&Aプロセスを円滑かつ効率的に進めるために利用されるITテクノロジーを活用したサービスの総称」と定義する。これはM&Aでの利用のためだけに提供されるサービスのみならず，M&Aのみでの利用を前提としていないがM&Aと親和性の高いさまざまなITツールもM&Aテックの範囲に含めるものとする（【図表7-1-1】参照）。

　スモールM&Aでは，売買当事者にとって外部専門家に対する予算の制約が大きいことが多く，また遠隔地との取引も比較的多い。したがって，売買当事者のITリテラシーが高い場合は，各種ITツールを積極的に活用することによりM&Aプロセスを低コストで効率的に進めることを可能とするため，ベネフィットは大きいものと考えられる。

　なお，それぞれのサービスの具体的な利用方法はさほど難しいものではないが，実際のM&Aプロセスに入ると時間的制約が大きいことから，M&Aを真剣に検討しだした段階より，徐々に使い慣れておくことが望ましい。

図表7-1-1 M&Aテックの業界マップ

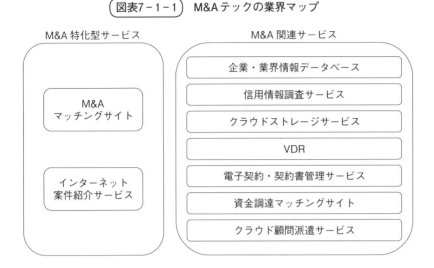

② 個別M&Aプロセスごとのサービス活用イメージと各サービスの概要

　M&Aにおいて情報収集を行ったり，各種分析を行ったりする機会が多いのは買主サイドであるため，買主に馴染むサービスが多い。

図表7-1-2　個別M&Aプロセスごとのサービス活用イメージ

（注）DAのみならず，NDAやMOUといった他の法的文書にも活用できる。

<u>初期的検討段階</u>

サービス	サービスの概要
M&Aマッチングサイト	P25参照
インターネット案件紹介サービス	インターネット上でノンネームシートレベルの案件情報を掲載する点ではM&Aマッチングサイトと同様であるが，関心がある場合はHP上にある所定のフォームに企業名や連絡先などを入力し，その後電話やメールで連絡を取り合いながら具体的なM&Aプロセスを進めていく形式が一般的である。このサービスを提供しているFAや仲介会社は比較的よく見られる。
企業・業界情報データベース	業者が提供するデータベースを活用して，対象会社の基礎的情報を入手する（ただし，スモール企業の場合は，非上場かつ小規模のためデータベース上に情報がなかったり，あったとしても情報量に限界がある場合が多い点に留意が必要である）。また，業界動向に関するレポートを入手したり，ニュース検索を行うことで，過去のある一定期間における企業ニュースや業界ニュースを取得することも可能である。
信用情報調査サービス	業者が提供するデータベースを通じて，対象会社や対象会社の経営者に関する信用情報を入手する。

第7章　スモールM&Aのさまざまな可能性　281

DDからDA締結

クラウドストレージサービス	クラウドストレージサービスとは，クラウド上のサーバーにデータを保存し，その保存データを共有できるように設計されたサービスをいう。インターネットを介してファイルのダウンロードやアップロードを行うので，ウェブブラウザだけでも利用できる。IDとパスワードを設定しログインすることで，パソコン以外のデバイスでもアクセスが可能である。クラウドストレージサービスを提供する業者は数多く存在し，容量，機能，セキュリティレベル，料金などが異なる。無料で利用できるサービスも多く存在するが，有料サービスと比べると一般的にセキュリティレベルは劣後するといわれていることから，守秘性の高いM&Aにおいては有料サービスを利用することを強く推奨する。
VDR	前述のとおり，VDRとは物理的なデータルームとは異なり，クラウド上に配置された仮想的なデータルームをいう。クラウドストレージサービスとは異なり，第三者が情報を閲覧できるレベルを，例えば，閲覧不可，閲覧のみ可能，閲覧と印刷が可能，閲覧と印刷とダウンロードが可能，というように制限を設定することが可能なため，情報漏洩や機密文書紛失のリスク等を抑えることができる。そのため，クラウドストレージサービスを利用する場合よりもコストを要するが，昨今従来のVDRよりも使い勝手を改善し，かつ安価でサービス提供している業者も存在するため，守秘性が高い案件や一定の情報量がある案件においては一考する余地があるだろう。
電子契約・契約書管理サービス	リーガルテックの代表的な領域であるが，M&Aにおいても親和性の高いサービスである。例えば，NDA，MOU，DAといった法的文書のドラフトや正本のやり取りにおいて，このサービスを活用すると，手続の簡素化，時間の短縮，コスト削減（印紙代節約など）などのベネフィットが得られる。

クロージングからPMI

資金調達マッチングサイト	インターネット上における起業家と投資家のマッチングサイトである。M&Aにおいて買主の買収資金の調達手段の1つとして活用することも考えられる。

クラウド 顧問派遣 サービス	顧問を希望する者は，インターネット上の入力フォームより自身の経験や人脈などの情報を登録し，顧問派遣業者より，顧問先の紹介を受けるサービスである。例えば個人買主などで経営経験が乏しいため，買収後の事業運営に不安を有する場合であっても，顧問の有する豊富な知識・経験を活用することで社長の右腕として十分なサポートを受けることが期待できる。

③ M&Aテックの今後の展望

　M&A プロセスは，前述のとおり，これまでは非常にアナログ色の強いものであったが，今後 AI[1] などの最先端ＩＴテクノロジーを活用することによって，他の業界と同じようにサービスレベルが大幅に進化・向上することは間違いないであろう（例：フィンテック，リーガルテック，不動産テック）。また，ＩＴテクノロジーの進化によりデータの利活用が急速に進歩していることも見逃せない動きである。例えば，企業が M&A を実行するに至る意思決定の過程は，これまでのような勘や経験だけではなく，ビッグデータを活用した機械学習[2] によっても明らかにできる可能性がある。実際，一般社団法人 M&A テック協会の代表理事である筆者のもとには，ＩＴテクノロジーを活用して斬新なサービス開発を進めている既存の M&A 関連事業者や新規参入者（スタートアップ）の噂がちらほらと聞こえている。したがって，そういった開発途中のサービスのうちのいくつかが近いうちに正式に新サービスとして公開されて，その結果として M&A プロセスがより効率的な形に進化を遂げるなどの破壊的イノベーションを起こし，業界のエコシステムを抜本的に変革させる可能性が十分にあるのではないだろうか。

---

1)　AI（人工知能。Artificial Intelligent の略）とは，人間が行う知的な振る舞い（他言すれば，脳で考えて実行する活動全般）の一部を，コンピュータプログラムを用いて人工的に再現したものを指す。

2)　機械学習とは，AI の一種であり，データから学習することで知的な振る舞いを人工的に最適な形で実現することを指す。

第7章　スモールM&Aのさまざまな可能性　283

(2)　M&Aマッチングサイトの今後の動向と課題

①　今後の動向

　2018年は多くのM&Aマッチングサイトが相次いでサービスを開始し，すでにかなりのM&A案件が公開されている。しかしながら，ほとんどのサイトがサービス開始から日も浅いこともあって，クロージング件数自体はまだこれからというのが現状のようである。なお，M&AマッチングサイトはWebプラットフォームビジネスの一種であるが，参入障壁はさほど高くないことから，今後さらにプレイヤーが増える可能性がある。また，M&Aマッチングサイトの一定数はスタートアップにより運営されており，そのような企業は圧倒的なスピードでの事業拡大を目指していることから，今後本格的に業界内でのポジション取りが激しくなることが想定される。

②　課　題

ⅰ．売買当事者のITリテラシーの問題

　例えば，事業承継型M&Aの場合，対象会社は業歴も長く，売主も高齢である。そのため，売主は一般的にITリテラシーが高くないので，M&Aマッチングサイトを利用することに抵抗感がある場合が多い。これは，漠然とした抵抗感である場合もあれば，インターネットを通じて案件情報を登録することができないといった現実的な理由の場合もある[3]。また，そもそもM&Aマッチングサイト自体を知らない，あるいは知っていてもどのようなサービスなのかを知らない場合もまだまだ多い。したがって，FAなどの周囲の関係者はM&Aにおいて用いられる便利なツールの1つとして紹介し，そのメリット・デメリットを説明して，本人の意向を確認したらいいだろう。

3）　M&Aマッチングサイトによっては案件情報の入力代行を付随サービスとして取り入れている業者もあることから，そういったサービスを活用してもいいだろう。

ⅱ．情報の守秘性の問題

　M&Aマッチングサイトに公開されている案件情報は，通常ノンネームシートと同等の情報開示レベルであるが，リアルでのソーシングとの間では一点大きな違いがある。それは，リアルではノンネームシートは売主から許可を得た買主に限定して情報提供したり，売主から売却の相談を受けたFAが自身のリレーションの範囲内でノンネームシートを提供し買主を探るというクローズドな活動であることが一般的であるのに対し，M&Aマッチングサイトは広く公衆に縦覧されるという点である（ただし，単なるサイト訪問者と登録会員とで情報開示レベルを分けているケースが多い）。

　なお，M&Aマッチングサイトの多くは，売主の初期的情報が公衆に縦覧され，情報を得る立場であるのは買主であるため，相対的に売主の情報漏洩リスクのほうが大きいといえる。実際，M&Aマッチングサイトで開示されている案件情報をいくつかみてみると，業界に精通する者や同業他社の従業員が見た場合，容易に対象会社を特定できそうな案件も見受けられる[4]。そういった意味で，売主の中にはM&Aマッチングサイトへの案件情報の登録に未だ抵抗感を持っているものが一定数存在することは否定できない。

　また，多くのM&Aマッチングサイトは複数のサイトに同一の案件を登録することを制限していないようである。その場合，売主は案件が特定されるリスクについてより注意をしたほうがいいだろう。どれか1つでもサイトに登録すると，なかば公衆に縦覧されるといえるわけだから，複数のサイトに登録しても案件が特定されるリスクに差がないのではないかと思うかもしれない。しかしながら，各サイトに登録している買主や未登録で単にアクセスして案件情報だけをチェックする潜在的な買主はバラバラであるため，複数サイトへの登録は案件が特定されるリスクが増加する可能性がある点に注意が必要である[5]。

---

4),5)　同業他社の数が限定されるM&Aや守秘性が高い案件（例：事業承継型M&A，廃業回避を
　　　目的としたM&A）は特に注意を払ったほうがよいだろう。

ⅲ．相手の顔が見えないことに対する不安

P9に記載したとおり，スモール M&A においては，さまざまな属性を持つ者が新たに M&A 市場に参入している。そのため，M&A マッチングサイトを通じて，お互い顔の見えない形で M&A プロセスを進めることに対して不安を感じる売買当事者も一定数存在する。したがって，M&A マッチングサイトを活用して M&A を実行することを考えている場合，サイトへの登録の段階から FA や外部専門家などに相談しながら手続を進めたほうがいいかもしれない（このような初期的な段階であるならば，サポート内容にもよるが無償で対応することが多い）。なお，相手方が誰かを把握した段階でリスク回避のためのさらなる対策として，有償無償で一定の信用調査を行うことも選択肢としてあるし，経験豊富であったり幅広いネットワークを有する FA や外部専門家であれば相手方の風評について情報を収集してくることも期待できる。

ⅳ．登録案件のクオリティ

売主が M&A マッチングサイトに案件情報を登録すると，多くの買主から関心を示されることも珍しくないと聞くが，今のところまだクロージングした案件の数は多くはないようである。その背景としていくつか考えられるが，その中で少し気になるのが，M&A マッチングサイトに登録される案件は，FA 経由を中心としたリアルでクローズドにソーシングされる案件と比較して質が劣るのではないかという偏った見方である。

実際のところは定かではないが，M&A マッチングサイト経由でも大きく話題になるような案件もクロージングしているので，一概に一括りにはできないだろう。また，世の中の急激な IT 化の流れに沿って M&A マッチングサイトの活用は今後より一般的になっていくものと考えられるため，次第に上記のような偏った見方はなくなっていくものと推察される。

| 第2節 | 今後想定されうるスモールM&Aの発展形態 |

(1) クロスボーダーM&A

① インバウンド型

これまで海外の買収資金が日本の中小企業に向かう動きは限定的であった。
報道ベースでは，経営破綻した地方の温泉旅館を海外企業が再生するといった事例があるが，まだほんの一握りにすぎないものと推察される。しかしながら，今後追い風となる動きがある。それは，経済産業省が事業引継ぎ支援センターにおける中小企業のM&A情報を集めたデータベースをジェトロを通じて外資系企業に提供する体制を整えるとの報道である[6]。

なお，経済産業省はジェトロが仲介することで日本の技術がむやみやたらと海外に流出するリスクを防ぐことができるとコメントしており，たとえ海外企業であっても売主は安心してM&Aを進めることが期待できる。

② アウトバウンド型

【図表7-2-1】「平成29年中小企業実態基本調査速報（要旨）」によると，海外に子企業，関連企業，または事業所を有する中小企業は1.5万社存在する。しかしながら，それは法人企業全体に占める割合でみるとほんの1.0%にすぎない。これはアウトバウンド型M&Aの潜在市場が大きいともいえるし，アウトバウンド型M&Aが一般的となるにはまだまだ時間を要するともいえる。

---

6) 「経済産業省は中小企業のM&A（合併・買収）情報を集めたデータベースを外資系企業に開放する。今年度中にジェトロを通じて情報提供を始め，日本の中小企業の製品や技術に関心がある外資に紹介する。技術の伝承や地方の雇用の場の確保を重視し，優良な中小企業の廃業を防ぐ狙いだ。」（2018/10/16 日本経済新聞）

第7章 スモールM&Aのさまざまな可能性　287

> 図表7-2-1　平成29年中小企業実態基本調査速報（要旨）

　海外に子会社，関連会社または事業所を所有する中小企業（法人企業）は，1.5万社，法人企業全体に占める割合は1.0％となっている（前年度差0.1ポイント上昇）。
　法人企業の海外の子会社，関連会社または事業所の所在地を地域別にみると，アジアが最も多く，子会社で82.0％，関連会社で84.6％，事業所で85.6％を占めている。

図1　海外に子会社，関連会社または事業所を所有する中小企業（法人企業）の割合（産業大分類別）

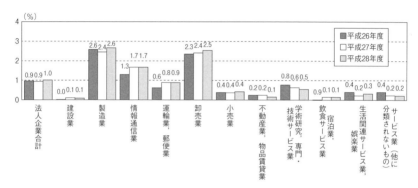

図2　海外の子会社，関連会社または事業所（法人企業）の地域別展開状況

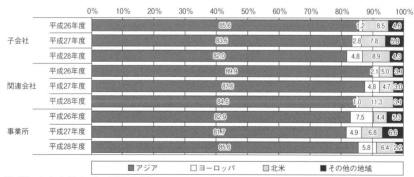

（出所）中小企業庁（一部簡素化）

ちなみに，今後アウトバウンド型 M&A が急激に増加するかどうかは別と
して，国内 M&A と比較してクロスボーダーM&A は特有の困難さが伴うため，
その実行に至るまでには以下に示すようなステップを経ることが望ましい。

i．ステップ1：情報収集

クロスボーダーM&A は国内 M&A と比較して情報が乏しく，また情報取得
にコストがかかることが多い。そこで，まずは次に示すような無料であるもの
の信頼性の高い情報をチェックしながら，どの地域，どの国に進出していくか
といった大枠の検討を始めることからスタートすればいいだろう。

- ジェトロが発表する各種調査レポート・報告書
  https://www.jetro.go.jp/world/reports/
- 「海外進出　ビジネス情報とジェトロの支援サービス」
  https://www.jetro.go.jp/themetop/fdi/

ii．ステップ2：現地視察

国内有数のデータベース業者であっても海外の非上場企業の情報は限定的で
あるため机上での分析ではどうしても限界がある。国内で可能な範囲での情報
収集と基礎的分析を行って買収戦略の大枠を固めた後は，「百聞は一見にしか
ず」ということで，実際に現地に訪問して実態を把握することで買収戦略をよ
り詳細に落とし込んでいく。なお，現地訪問時に，現地の業界実力者と面談し
たり，すでに海外進出している現地の日本企業を訪問して成功体験・失敗体験
などをヒアリングすると，よりリアリティを持って検討を進めることができる
だろう。なお，現地訪問時に地場のコンサルタント（国籍を問わない）にサポ
ートを依頼するケースもあるが，トラブルに巻き込まれることがあるため，現
地での風評を事前に確認するなどして慎重に選定することをお勧めする。

iii．ステップ3：定的観測

M&A は実行後に後戻りできず，また，一般的にクロスボーダーM&A は国

内M&Aよりもリスクが高いことから，M&Aを行う前に小規模でかまわない（1名でもかまわない）ので一定期間現地に滞在し（ホテル滞在，シェアオフィスレンタル，駐在員事務所など形は問わない），慎重かつ丁寧に定点観測を行うことが望ましい。現地拠点があれば，買収戦略の深掘りや見直しを行うことが非常にやりやすくなる。

なお，上記ステップは，一般的な仮説検証プロセス[7]を参考にしたものであり，M&Aの検討のみならず，現地拠点の設立や海外企業との業務提携といった別の形で海外進出をする場合にも利用できるものである。そのため，ここで参考のため簡潔に触れておく。

> **（参考） 仮説検証の3つのステップ**
>
>
>
> ① 現状把握・状況観察
> ・一定の情報を収集しそれを分析するなどを通じて，まずは仮説の根拠となる現在の状況を把握する。
>
> ② 仮説設定
> ・①の結果に基づき，仮説を設定する。これは自動的にわかるものではなく，自ら思考することで導き出すものである点に注意する。ちなみに，仮説とは，物事を考える際に最も確かだと考えられる主観に基づいた仮の答えであり，必ずしも正しい解を見つけることではない。
>
> ③ 仮説検証
> ・②で設定した仮説の正誤を検証するためにさまざまな情報を収集する。つまり，現場に実際に調査に赴くなど能動的にさまざまな活動を行うことで十分な情報を収集し，その得られた結果を分析して仮説が正しいかを確かめる。なお，ここでは②と異なって，客観的かつ論理的に判断する必要がある。
> ・ちなみに，結果として，②で設定した仮説が正しくないことが判明した場合は，これまでの結果を踏まえて，再度別の仮説を設定し検証し直すことが必要となる（これを仮説検証サイクルという）。

---

7) 仮説検証プロセスとは，仮説の真偽を事実情報に基づいた実験や観察などを通じて確かめる思考のプロセスをいう。これは経営戦略の立案や，マーケティングなどで幅広く活用されている。

③ クロスボーダーM&Aにおける有力な相手方

アウトバウンド型 M&A の場合は地理的近接性や【図表7−2−1】の「図2」の報告にもあるとおり，アジア企業が買収対象として一番有力であろう。一方，インバウンド型 M&A についても次のような観点より，同じくアジア企業からの打診が多くなるものと考えられる

- アセアン10か国を見てみると，その人口総計は6億人を超え，人口増加率・経済成長率が高い。
- 中間富裕層が厚くなり，日本への投資意欲も旺盛になってきている。
- 地理的に近接しており，時差が少ない。
- 親日国が多い。

(2) 事業承継型スタートアップ

① 事業承継型スタートアップとは

「2017年版中小企業白書」（中小企業庁）において，中小企業庁は【図表7−2−2】とともに次のように述べている。

「起業・創業によりイノベーションが起こり，既存企業は成長を目指し，事業や経営資源（撤退企業を含む）が円滑に次世代に引き継がれるというライフサイクルが重要である」

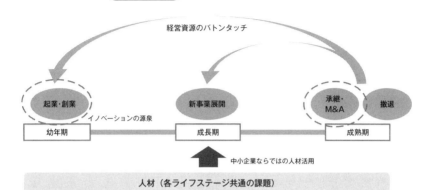

(出所) 中小企業庁「2017年版 中小企業白書 概要」

　これは，あえて宗教的な言い方をしてみると，企業の"輪廻転生"というイメージであり，このサイクルを通じて，通常所有と経営が一致している中小企業でもゴーイングコンサーン[8]を実現することが可能といえる。

　そして，前述の白書に従って，事業承継型スタートアップを定義してみると，次のような感じとなる。

　「事業承継を控えた老舗企業を第三者承継により譲り受ける起業家または幼年期企業」[9]

　もう少し噛み砕いていえば「老舗が売主で，起業家または幼年期企業が買主となるM&Aであり，買主は，老舗企業の経営資源や独自の強みなどに着目しながらも，最先端技術の導入やイノベーティブな視点を持ち込むことを通じ，老舗のビジネスモデルを抜本的に転換させ，再成長を目指す」ことと定義できる。

　ちなみに，親族内承継における課題として「経営者としての適性や能力のミ

---

8) ゴーイングコンサーンとは「継続企業の前提」とも呼ばれ，会社が将来無期限に事業を継続していくという前提を指す。
9) ちなみに，紙面の都合により説明は割愛するが，第三者承継の割合は一貫して増加しており，現在4割を超えている。

スマッチ」[10] ということをよく耳にするが，第三者承継によると，売主は買主を十分精査できれば，そのリスクを回避することができる。また，先進諸国との比較で起業率は過去より一貫して著しく低いという指摘[11] に対し，このスキームは起業率の底上げにもつながる。

つまり，これは事業承継問題を解決に導くことができるとともに，起業率の底上げにもつながるという一石二鳥の効果が期待できる優れたスキームといえる。

② 現状の課題

しかしながら，このスキームが本格化するためには，いくつか乗り越えなければいけない課題が存在する。そのうちの主要なものにつき以下に列挙する。

ⅰ．FAや事業承継専門家にとってキャッシュポイントが限定的である

誤解を恐れずにいえば，起業家は潤沢な資金を持っているわけではない。老舗も似たようなシチュエーションの場合が多いだろう[12]。したがって，本来サポート役として期待されるFAや事業承継専門家にとって，このスキームは現時点においてはビジネスとしての魅力に欠ける，と考えてもなんら不思議ではない。

ⅱ．リスクマネーの提供先として相対的に魅力が乏しい

一般論としては起業家に対してリスクマネーが提供される環境は整備されてきており，例えば生粋のスタートアップであるならば，シードマネー[13] の調達は比較的容易である。一方，事業承継型スタートアップの場合，起業家が老舗

---

10) 後継者が過度に保守的，視野狭窄，新奇性欠如，発想が硬直的，常識にとらわれすぎといった
側面が強いため，次世代を担う経営者として力量不足のレッテルが貼られてしまうリスクを指す。
11) 平成29年度中小企業白書（中小企業庁）
http://www.chusho.meti.go.jp/pamflet/hakusyo/H29/h29/html/b2_1_1_2.html
12) 潤沢な資金を有している老舗であれば，後継者難などの事業承継問題に陥る蓋然性は乏しいだ
ろうという直感的な考えに基づく。
13) シードマネーとは，新たに事業を開始または起業準備のために必要な資金をいう。

第7章　スモールM&Aのさまざまな可能性　293

を継ぐことから短期的な高成長は難しいと評価され，金融機関や投資家などから，投融資対象としての魅力が劣後しているとみなされる可能性がある。

ⅲ．老舗もワカモノもなかなか次の一歩を踏み切れない

両者を取り持つマッチングイベントは徐々に増えてきているが，ワカモノの斬新なアイデアを受けて，老舗とワカモノが具体的に次のステップへと辿るのはまだ限定的なように見受けられる。これは，資金の問題だろうか？　世代間ギャップの問題であろうか？　それとも当事者の覚悟の問題であろうか？

③　事業承継型スタートアップに託される期待

国内で事業承継問題が公になる契機となったのは「2004年版　中小企業白書」の「第3章　中小企業の世代交代と廃業を巡る問題」と記憶している[14]。

そこからもはや15年程の歳月が経過しており，この問題は収まるどころか大きな社会問題となっている。資産承継に効果的な手法はさまざま存在する。経営承継についても十分にノウハウが溜まっている。それでもなおこの問題が根強く残っているということは，物事を多面的に見て，固定観念にとらわれずに違ったやり方を模索することが必要ではないだろうか。したがって，事業承継型スタートアップは事業承継問題を抜本的な解決に導くソリューションの1つとして期待することができよう。

(3)　連続買収家

スモールM&Aを立て続けに実行していくと[15]，次に示すようにさまざまなメリットを享受できることから[16]，M&Aの成功確率を経験曲線的に高める

---

14)　あくまでも筆者が簡潔にWeb調査を行ったものに過ぎず，正確に確認をしたわけではない。

15)　途中でディールブレイクしたとしても十分な学びが期待できるため，決してクロージングした案件に限定する必要はない。

16)　メリットではないが，仮にスモールM&Aが失敗に終わっても，案件規模が小さいことから負のインパクトは限定的であるため，再び買主として参戦しやすいという点も見逃せないだろう。

ことが期待できる。

- 何件も検討を繰り返していくと，次第にその業界において何がKSFかがわかるようになってくる（例：技術力，従業員の質，立地，顧客の囲い込み）。
- クロージングまでの期間が短いため，短期間に数多くのM&Aを経験できることから，M&Aの実務やM&Aプロセスに慣れるスピードが速い。
- クロージング後の事業運営において立ち向かってくるさまざまな困難を乗り越えてきたという経験が評価され，FAも安心感を感じ，良質な案件の紹介を受ける機会が多くなる。
- M&Aの場合，規模の大小を問わず，求められる知見やM&Aプロセスの流れや内容は似たようなものであるため，スモールM&Aを繰り返すことで経験値を高め，さらに規模の大きな案件や複雑な案件にチャレンジするための土台を築くことができる。

また，連続的に買収する場合の成功の秘訣として，クロージング後に必ず買収案件の振り返りを行うというものがある。M&Aの実体験は，専門書やセミナーなどの座学において決して得ることができない売買当事者のみが享受できるものである。振り返りを行うことにより，次の案件において，より適切にM&Aプロセスを進めることが期待できる（例：決してプレM&Aを軽視しない，経験値を生かしてPMIにおいてより短期的でシナジーを実現できる）。

なお，効果的な振り返り方法として次のようなものがある。

- 社内で成功体験のみならず失敗体験も共有する。
- M&Aプロセス期間中に得られた知識やノウハウを見える化する（マニュアル化して再現性を持たせるようにするとなおさら望ましい）。

●連続買収家の事例

特に，M&A巧者として大変有名な日本電産㈱について見てみると，1984年からM&Aをスタートし，現在までに60社もの企業を自社の傘下に収めている。そのうち，海外案件は35件にも上り，特に近年は海外案件を集中的

第7章　スモールM&Aのさまざまな可能性　295

に行っている。なお，スモールM&Aに近いところでは，㈱NSGホールディングス，㈱コシダカホールディングス，㈱じげん，㈱メタップス，㈱イードといった企業が非連続的成長の手段として積極的にM&Aを活用している。その中で，例えば㈱イードについて見てみると，「小規模M&Aの場合は，1～2ヶ月程度で実施」という機動性の高さに加え，「投資回収は基本5年間（＝のれん償却期間）」，「撤退基準は24ヶ月以内の黒字化達成」といった回収基準や投資撤退の判断基準が明確になっているところが目を引くところである。

(4)　アービトラージ型[17]

M&AマッチングサイトによりスモールM&A市場に一定の流動性が出てきて，市場の裾野がどんどん広がってくると，いわば利鞘抜きを目的とするような売買当事者が出現する可能性がある。イメージとしては，格安での買収に成功した買主が売主に回って短期的に買収価格より高値で売却してキャピタルゲインを確定させるという行動である。このようなアービトラージに類似した取引を行おうとすると，取引に一定の流動性がないと難しい。つまり，買収できたとしても売りにくいのであれば，取引は成立しにくいのである。

この行動パターンはシリアルアントレプレナー（連続起業家）に近いものといえる。シリアルアントレプレナーとは，「自ら立ち上げた企業を短期間のうちに売却し，その直後に（通常売却収入を原資に）新たな事業を立ち上げ，また短期間に売却するというようなサイクルを繰り返すような起業家」のことをいう[18]。これはスタートアップの創業者でたまにみられる行動パターンである。

---

17)　アービトラージ（裁定取引）とは，「同一の価値を持つ商品の一時的な価格差（歪み）が生じた際に，割高なほうを売り，割安なほうを買い，その後，両者の価格差が縮小した時点でそれぞれの反対売買を行うことで利益を獲得しようとする取引のこと。機関投資家などが，リスクを低くしながら利ざやを稼ぐ際に利用する手法をいう。」（出所：SMBC日興証券HP）
18)　参考：正田　圭『サクッと起業してサクッと売却する　就職でもなく自営業でもない新しい働き方』（CCCメディアハウス）

人のつながりが強いスモール企業ではあまり現実的ではないかもしれないが，スモール M&A の取引市場が成熟してくると，このように，より経済性を追求した行動をとる売買当事者が現れる可能性がある。

あ と が き

「はじめに」で述べたとおり，本書の大義は「スモール M&A 市場の健全な発展に資する」である。しかしながら，実は本書にはもう 1 つ大きな目的がある。

それは「社会的に大きな問題となっている大廃業時代への挑戦状」である[1]。

最近次のような話を聞いたり，身の回りに似たようなシチュエーションに遭遇したりしたことはないだろうか。

「65才男性の熊谷さんは，根っからのたたき上げで，30才の時に自ら会社を立ち上げた。そして，一代で大手電機メーカーの下請けとなるまでに会社を育て上げ，現在では十数名の従業員を抱えながら日々奮闘している。子供は 2 人いるが，いずれも一流会社に勤めており，後を継ぐ意向は乏しい。最近長年お世話になっている近くの金融機関の担当者が"事業承継"という言葉を何度も口にするようになっており，自分の会社もどうなっていくのか気になっている。しかし，足元の業績は芳しくなく，過去の設備投資の際に調達した多額の借入金の返済も気になって，まだ事業承継の問題に手をつけられていない。後継者が見つからなかったら，場合によっては廃業もやむなしと考えているが，借金返済にケリをつけないとその判断もできない。また，メンツもあるので倒産だけは避けたい。最近 M&A というあまり耳慣れない単語の話題もちらほら聞こえてくるが，うちのような会社を買いたい人なんているのだろうか……」

---

1) ちなみに事業承継問題について解説した書籍は数多く存在するため，本書では最低限の記載にとどめている。また，「中小企業白書」など中小企業庁などの行政機関からも無料で膨大な資料が公開されているため，読者自身で適宜ご覧いただきたい。

これまで，赤字や借金に苦しんでいる会社は，経営コンサルタントや士業専門家にとってビジネスの対象とはなりにくく，十分なサポートを得る機会が限定的であった[2]。その結果，そのような会社は，誰もが知らないうちにひっそりと廃業という選択肢を取るケースが比較的多かったものと推察される。場合によっては，借金を返せないため倒産に追い込まれ，貸し手の金融機関としても望まない展開となっている。

また，赤字や借金に苦しんで事業承継の対象になっている会社の場合には，後継者側からすると，家業を継ぐということはたとえ夢があったとしても，リスクが大きい。

加えて，企業ライフサイクルについていうと，昔から会社の寿命は30年といわれているが，本格的なIT時代の訪れとともにそれが段々短くなってきており，成熟期や衰退期がより早く訪れる状況になっているといわれている。

これら諸々の状況に鑑みると，事業承継問題の抜本的な解決は待ったなしの状況に追い込まれているといえる。

そこでM&A業界に目を向けてみると，M&Aテックの勃興などの環境変化を追い風にスモールM&A市場が大きく拡大し続けている状況にある。その結果，小さなM&Aであってもこれまでよりも安価で簡単に取引を実行できることから，M&Aに対する敷居が著しく低くなっている。したがって，急速な成長を遂げているスタートアップ，高い成長性を有する外国企業（主としてアジア企業），イノベーティブな視点を持った企業，経営資源を潤沢に持っている企業，十分な経験や資力を有する個人などがスモールM&Aの買主として名乗りを上げて，多額の借金，赤字継続，後継者難等で苦しむ衰退企業を事前にすくい上げると，廃業数の大幅な減少と衰退企業が息を吹き返すという二重のプラスの効果を生じさせる結果につながる。これは経済学上の「所得の再

---

2) ただし，事業再生を主たる業務としている弁護士などの専門家やコンサルタントは一定数存在する。

あとがき　299

分配」ならぬ、「外部を巻き込んだ経営資源の再分配」や「企業の輪廻転生」[3]
などといえるのではないだろうか。

　以前と比較して長く生きていけるようになったとしても、人の命には限りが
ある。一方で、理論上会社は倒産や廃業しない限り永遠に生き続けることがで
きる。スモール M&A の対象となるような中小企業は、オーナーの思いが非
常に強く、肉親や子供よりも愛しているような方々がごまんといる。オーナー
の命が途絶える前に、オーナーの分身である会社をスモール M&A で次の買
主にバトンタッチしていく。また、その買主も時期がくればスモール M&A
で次の買主にバトンタッチしていく。このサイクルを永遠に繰り返していけば、
会社の命は永遠に続くのである。とても素敵なことではないだろうか。会社に
は人にはないロマンティックな側面があり、M&A もまたしかりなのである。
　そのような淡い期待を持ちながら、私はこれからもスモール M&A という
仕事に取り組んでいきたいと思う。

---

3)　この部分に関しては、本書のP290「事業承継型スタートアップ」において触れているとおりで
　ある。

《著者紹介》

久禮　義継 （くれ　よしつぐ）

株式会社 H²オーケストレーター　代表取締役・CEO
一般社団法人 M&A テック協会　代表理事
公認会計士久禮義継事務所　代表

公認会計士，米国公認会計士（未登録），事業承継士
ミシガン大学 MBA，TOEIC980

　1994年，同志社大学経済学部在学中に公認会計士第2次試験合格。1995年，同大学を卒業後，中央監査法人に入所。1998年，日本興業銀行ストラクチャード・ファイナンス部へ出向。2000年，同法人金融部に配属。2001年，ドイツ証券投資銀行本部に転じる。2006年，ミシガン大学ビジネススクールを卒業後，The Bridgeford Group（ニューヨーク）にて勤務。2007年に帰国し，JP モルガン証券投資銀行本部，みずほ証券グローバル投資銀行部門など数社を渡り歩く。2013年，NEC 経営企画本部に転じ，2019年独立。

　これまで，大小，国内・海外を問わず数多くの M&A 案件を実行してきたことに加えて，退職給付信託の新規開発，各種証券化スキームの新規開発，事業法人グローバル IPO における共同主幹事（2002年度国内最大案件），特殊法人の民営化関連アドバイザー等，投資銀行における重要案件を幅広く担当した経験を有する。NEC では上級役員の参謀役として経営の中枢に携わり，中長期戦略・グローバル戦略の立案・実行部隊として，ダボス会議事務局，グローバルアライアンス推進などに従事。

　著書に『流動化・証券化の会計と税務』（中央経済社）等。また，2019年4月より，幻冬社ゴールドオンラインにて「令和時代に生き残る！　中小企業のための新しい経営戦略」を毎週連載中（https://gentosha-go.com/category/k0237_1）。

　なお，本書の読者につきましては，M&A にかかる情報交換などを目的としたクローズドコミュニティ（Hello, M&A World!）にご招待申し上げます。
https://www.facebook.com/groups/310311546286580/

　また，本書にかかるご意見・ご相談などありましたら，以下まで連絡ください。
住所：〒160-0023　東京都新宿区西新宿7-2-5　TH 西新宿ビル5階
FAX：03-6369-4233
SNS　Facebook: https://www.facebook.com/yoshitsugu.kure
　　　　Instagram: https://www.instagram.com/yoshitsugu.kure/
　　　　Twitter: https://twitter.com/yoshitsugukure

ホームページ

㈱H²オーケストレーター：　　　https://h2h.jp/
一般社団法人 M&A テック協会：　http://matech-association.org/
公認会計士　久禮義継事務所：　　https://kure-cpa.work/

　　H²オーケストレーター　　　　M&Aテック協会　　　　久禮義継事務所

Email

㈱H²オーケストレーター：（筆者）yoshitsugu.kure@h2h.jp（代表）info@h2h.jp
一般社団法人 M&A テック協会：　info@matech-association.org
公認会計士　久禮義継事務所：　　kure@ms01.jicpa.or.jp

スモール M&A の教科書
売買当事者が安心して取り組める実務知識

2019年9月20日　第1版第1刷発行

著　者　久　禮　義　継

発行者　山　本　　　継

発行所　㈱中央経済社

発売元　㈱中央経済グループ
　　　　パブリッシング

〒101-0051　東京都千代田区神田神保町1-31-2
電話　03 (3293) 3371 (編集代表)
　　　03 (3293) 3381 (営業代表)
http://www.chuokeizai.co.jp/
印刷／㈱堀内印刷所
製本／誠製本㈱

© 2019
Printed in Japan

＊頁の「欠落」や「順序違い」などがありましたらお取り替えいた
　しますので発売元までご送付ください。(送料小社負担)
ISBN978-4-502-31451-3　C3034

JCOPY〈出版者著作権管理機構委託出版物〉本書を無断で複写複製 (コピー) することは,
著作権法上の例外を除き,禁じられています。本書をコピーされる場合は事前に出版者著
作権管理機構 (JCOPY) の許諾を受けてください。
　JCOPY〈http://www.jcopy.or.jp　eメール:info@jcopy.or.jp〉

―― ■おすすめします■ ――――

学生・ビジネスマンに好評
■最新の会計諸法規を収録■

新版 会計法規集

中央経済社編

会計学の学習・受験や経理実務に役立つことを目的に，
最新の会計諸法規と企業会計基準委員会等が公表した会
計基準を完全収録した法規集です。

―――――――――――――――――――――――

《主要内容》

会計諸基準編＝企業会計原則／外貨建取引等会計処理基準／連結CF計算書
等作成基準／研究開発費等会計基準／税効果会計基準／減
損会計基準／自己株式会計基準／１株当たり当期純利益会
計基準／役員賞与会計基準／純資産会計基準／株主資本等
変動計算書会計基準／事業分離等会計基準／ストック・オ
プション会計基準／棚卸資産会計基準／金融商品会計基準
／関連当事者会計基準／四半期会計基準／リース会計基準
／工事契約会計基準／持分法会計基準／セグメント開示会
計基準／資産除去債務会計基準／賃貸等不動産会計基準／
企業結合会計基準／連結財務諸表会計基準／研究開発費等
会計基準の一部改正／変更・誤謬の訂正会計基準／包括利
益会計基準／退職給付会計基準／原価計算基準／監査基準
／連続意見書　他

会 社 法 編＝会社法・施行令・施行規則／会社計算規則

金 商 法 編＝金融商品取引法・施行令／企業内容等開示府令／財務諸表
等規則・ガイドライン／連結財務諸表規則・ガイドライン
／四半期財務諸表等規則・ガイドライン／四半期連結財務
諸表規則・ガイドライン　他

関 連 法 規 編＝税理士法／討議資料・財務会計の概念フレームワーク　他

―――――――――――――― ■中央経済社■ ――